Elogios a *Aprenda Domain-Driven Design*

"Vladik Khononov é um pensador único que vem aplicando DDD para resolver problemas de negócios reais há anos. Suas ideias constantemente impulsionam toda a comunidade DDD, e este livro irá inspirar os profissionais iniciantes em DDD."

— *Nick Tune, consultor de tecnologia*

"Refletindo sobre minhas leituras de esboços deste livro, o que me vem à cabeça, com muita alegria, é que ele realmente cumpre o que o título promete! Ele é um guia prático, atraente e informativo, que cobre o escopo do DDD desde o design estratégico até o técnico. Adquiri novas perspectivas e compreensão em áreas onde já tenho experiência e preenchi as lacunas em conceitos e práticas que não conhecia tão bem. Vlad é um professor incrível!"

— *Ruth Malan, consultora de arquitetura na Bredemeyer Consulting*

"O Vlad tem muita experiência como profissional de DDD que já trabalhou em alguns projetos extremamente complexos e tem sido generoso em compartilhar esse conhecimento. Neste livro, ele conta a história do DDD de maneira única, proporcionando uma ótima perspectiva para o aprendizado. Este livro é indicado para os novatos, mas, como profissional experiente que também fala e escreve sobre DDD, eu acho que aprendi muito com ele."

— *Julie Lerman, coach de software, autora da O'Reilly e defensora do DDD*

CB017492

Aprenda Domain-Driven Design

Alinhando Arquitetura de Software e Estratégia de Negócios

Vlad Khononov

ALTA BOOKS
GRUPO EDITORIAL
Rio de Janeiro, 2024

Aprenda Domain-Driven Design

Copyright © **2024** ALTA BOOKS

ALTA BOOKS é uma empresa do Grupo Editorial Alta Books (Starlin Alta Editora e Consultoria Ltda.)

Copyright © **2022** Vladislav Khononov.

ISBN: 978-85-508-1961-7

Authorized Portuguese translation of the English edition of Learning Domain-Driven Design ISBN 9781098100131 © 2022 Vladislav Khononov. This translation is published and sold by permission of O'Reilly Media, Inc., which owns or controls all rights to publish and sell the same. PORTUGUESE language edition published by Grupo Editorial Alta Books Ltda., Copyright © 2024 by STARLIN ALTA EDITORA E CONSULTORIA LTDA.

Impresso no Brasil — 1ª Edição, 2024 — Edição revisada conforme o Acordo Ortográfico da Língua Portuguesa de 2009.

Dados Internacionais de Catalogação na Publicação (CIP) de acordo com ISBD

K45a   Khononov, Vladislav

     Aprenda Domain-Driven Design: Alinhando Arquitetura de Software e Estratégia de Negócios / Vlad Khononov ; traduzido por Aline Amaral. - Rio de Janeiro : Alta Books, 2024.
     320 p. ; 15,7cm x 23cm.

     Tradução de: Learning Domain-Driven Design
     Inclui bibliografia, índice e apêndice.
     ISBN: 978-85-508-1961-7

     1. Ciência da Computação. 2. Domain-Driven Design. I. Amaral, Aline. II. Título.

2023-3648   CDD 004
              CDU 004

Elaborado por Vagner Rodolfo da Silva - CRB-8/9410

Índice para catálogo sistemático:
/'   Ciência da Computação 004
,'   Ciência da Computação 004

Produção Editorial: Grupo Editorial Alta Books
Diretor Editorial: Anderson Vieira
Vendas Governamentais: Cristiane Mutüs
Gerência Comercial: Claudio Lima
Gerência Marketing: Andréa Guatiello

Assistente Editorial: Isabella Gibara
Tradução: Aline Amaral
Copidesque: Eveline Machado
Revisão: Natália Pacheco; André Cavanha;
Diagramação: Joyce Matos
Revisão Técnica: William Pereira
(Analista e Desenvolvedor de Sistemas)

Rua Viúva Cláudio, 291 — Bairro Industrial do Jacaré
CEP: 20.970-031 — Rio de Janeiro (RJ)
Tels.: (21) 3278-8069 / 3278-8419
www.altabooks.com.br — altabooks@altabooks.com.br
Ouvidoria: ouvidoria@altabooks.com.br

ALTA BOOKS
GRUPO EDITORIAL

Editora
afiliada à:

Sumário

Apresentação

O domain-driven design proporciona um conjunto de práticas para uma abordagem colaborativa para projetar software a partir da perspectiva do negócio, isto é, o domínio e os problemas que você deve resolver. O termo foi usado originalmente por Eric Evans, em 2003, com a publicação do "Livro Azul", como é carinhosamente chamado na comunidade DDD. O título deste livro é *Domain-Driven Design: Atacando as Complexidades no Coração do Software*.

Embora atacar a complexidade e proporcionar um caminho para a clareza seja o objetivo do domain-driven design, há várias ideias boas que podem ser aplicadas a projetos de software ainda mais simples. O DDD nos lembra que os desenvolvedores de software não são as únicas pessoas envolvidas na construção de software. Os especialistas de domínio, para quem o software está sendo construído, trazem uma compreensão crítica dos problemas que estão sendo resolvidos. Fizemos uma parceria durante os estágios da criação quando aplicamos o "design estratégico" para entender o problema do negócio, ou seja, o domínio, e dividimos esse primeiro problema em problemas menores, interconectados e mais fáceis de solucionar. A parceria com os especialistas de domínio também incentiva a comunicação na linguagem do domínio, em vez de forçar quem está no negócio a aprender a linguagem técnica do software.

O segundo estágio de um projeto de DDD é o "design tático", quando transformamos as descobertas do design estratégico em arquitetura de software e implementação. Novamente, o DDD provê orientação e padrões para organizar esses domínios e evitar mais complexidade. O design tático mantém a parceria com os especialistas de domínio, que reconhecem a linguagem de domínio mesmo ao olhar o código criado pelas equipes de software.

Durante os anos desde a publicação de "O Livro Azul", não só muitas organizações se beneficiaram com as ideias, mas uma comunidade de profissionais de DDD experientes se desenvolveu. E a natureza colaborativa do DDD teve como resultado o compartilhamento de experiências, a perspectiva e a criação de ferramentas para ajudar as equipes a adotarem e se beneficiarem dessas ideias. Em palestra na Explore DDD, em 2019,

Eric Evans encorajou a comunidade a continuar desenvolvendo o DDD — não apenas suas práticas, mas também para encontrar novas maneiras de compartilhar suas ideias com mais eficiência.

E isso me traz ao motivo de eu ser tão fã do *Aprenda Domain-Driven Design*. Eu já era fã do Vlad pela sua palestra na conferência e outros textos. Ele ganhou muita experiência como profissional de DDD, trabalhando em projetos extremamente complexos, e tem sido generoso em compartilhar esse conhecimento. Neste livro, ele conta a "história" do DDD (não a história, mas seus conceitos) de forma única, proporcionando uma ótima perspectiva para o aprendizado. Este livro é indicado para novatos, mas, como profissional experiente em DDD, que também fala e escreve sobre o assunto, eu aprendi muita coisa nele. Estava ansioso para referenciar o livro no meu curso de DDD Básico no PluralSight antes mesmo de ser publicado e já compartilhei algumas perspectivas em conversas com clientes.

Começar com o DDD pode ser confuso. Assim como usamos o DDD para reduzir a complexidade de alguns projetos, o Vlad apresenta o DDD de uma forma que reduz a complexidade do próprio tópico. E ele faz mais do que explicar os princípios do DDD. A última parte do livro fala sobre algumas práticas importantes que se desenvolveram a partir do DDD, como o EventStorming, que trata do problema de desenvolver o foco do negócio ou a organização, como isso pode afetar o software, discute como o DDD se alinha com os microsserviços e como podemos integrá-lo com uma série de padrões de software conhecidos. Acredito que o *Aprenda Domain-Driven Design* será uma excelente apresentação do DDD para novatos e uma ótima leitura para profissionais experientes.

— Julie Lerman, coach de software, autora da O'Reilly e defensora do DDD

Prefácio

Eu me lembro muito bem do dia em que comecei no meu primeiro trabalho de engenharia de software. Eu estava empolgado e apavorado ao mesmo tempo. Após hackear software para empresas locais durante o ensino médio, eu estava ansioso para me tornar um "programador de verdade" e escrever códigos para uma das maiores empresas de terceirização do país.

Nos primeiros dias de empresa, meus novos colegas me mostraram o caminho das pedras. Após criar o e-mail corporativo e passar pelo sistema de monitoramento de tempo, finalmente passamos à parte interessante: o estilo e os padrões de codificação da empresa. Eles me disseram que "aqui, sempre escrevemos um código bem projetado e usamos a arquitetura em camadas". Revisamos a definição de cada uma das três camadas — o acesso aos dados, a lógica de negócio e a apresentação —, então discutimos as tecnologias e os esquemas para abordar as necessidades das camadas. Naquela época, a solução aceita para armazenar dados era o Microsoft SQL Server 2000, integrado com o ADO.NET na camada de acesso aos dados. A camada de apresentação afetou tanto o WinForms para aplicações desktop quanto o ASP.NET WebForms para a web. Passamos bastante tempo nessas duas camadas, então fiquei intrigado, pois a camada da lógica de negócio não recebeu nenhuma atenção.

— Mas e a camada da lógica de negócio?

— Essa é simples. É aqui que você implementa a lógica de negócio.

— Mas o que é lógica de negócio?

— Ah, lógica de negócio são os loops e as declarações "if-else" que você precisa para implementar os requisitos.

Esse foi o dia em que comecei minha jornada para descobrir exatamente o que é a lógica de negócio e de que forma ela deve ser implementada em código bem projetado. Levei mais de 3 anos para finalmente encontrar uma resposta.

A resposta estava no livro de referência de Eric Evans, o *Domain-Driven Design: Atacando a Complexidade no Coração do Software*. Descobri que eu não estava errado.

A lógica de negócio é importante, sim: está no coração do software! Infelizmente, no entanto, levei mais 3 anos para entender a sabedoria de Eric. O livro é muito avançado, e o fato de o inglês ser minha terceira língua não ajudou.

Mas, no fim das contas, tudo fez sentido, e fiz as pazes com a metodologia do domain-driven design (DDD). Aprendi seus princípios e padrões, as dificuldades de modelar e implementar a lógica de negócio e como atacar a complexidade no coração do software que eu estivesse construindo. Apesar dos obstáculos, definitivamente valeu a pena. Começar a trabalhar com domain-driven design foi uma experiência que mudou a minha carreira.

Por que Escrevi Este Livro

Nos últimos 10 anos, apresentei o domain-driven design para colegas em empresas diferentes, dei aulas presenciais e lecionei em cursos online. A perspectiva de professor não só ajudou a aprofundar o meu conhecimento, mas também permitiu que eu otimizasse a forma de explicar os princípios e padrões do DDD.

Como geralmente acontece, ensinar é mais difícil do que aprender. Eu sou um grande fã do trabalho e dos ensinamentos de Eliyahu M. Goldratt. Eliyahu costumava dizer que até os sistemas mais complexos são inerentemente simples quando vistos do ângulo correto. Durante os anos em que ensinei sobre DDD, procurei por um modelo da metodologia que revelasse a simplicidade inerente do domain-driven design.

Este livro é o resultado dos meus esforços. Seu objetivo é democratizar o domain-driven design; fazer com que ele seja mais fácil de entender e mais acessível para o uso. Creio que a metodologia do DDD é valiosa, especialmente ao projetar sistemas de software modernos. Este livro te dará as ferramentas para começar a aplicar o domain-driven design no seu trabalho diário.

Quem Deve Ler Este Livro

Acredito que o conhecimento sobre os princípios e os padrões do DDD serão úteis para engenheiros de software de todos os níveis: júnior, sênior e pleno. O DDD não só fornece ferramentas e técnicas para a modelagem e uma implementação eficaz de software, mas também joga luz sobre um aspecto da engenharia de software que é frequentemente ignorado: o contexto. Com o conhecimento sobre o problema de negócio do sistema, você estará muito mais preparado para escolher a solução adequada, uma que não seja pouco projetada ou projetada demais, mas que aborde as necessidades e os objetivos do negócio.

O domain-driven design é ainda mais importante para arquitetos de software e aqueles que são aspirantes a essa função. As ferramentas de decisão de design estratégico irão ajudá-lo a dividir um grande sistema em componentes (serviços, microsserviços ou subsistemas) e projetar como os componentes se integrarão para formar um sistema.

Por fim, neste livro falaremos não só sobre como projetar software, mas também sobre como desenvolvê-los em equipe, com mudanças em seu contexto de negócio. Esse aspecto crucial da engenharia de software o ajudará a manter o design do sistema "em forma" com o passar do tempo e prevenir que ele se torne uma big ball of mud (grande bola de lama).

Navegando o Livro

Este livro é dividido em quatro partes: design estratégico, design tático, DDD na prática e relação entre o DDD e outras metodologias e padrões. Na Parte I, falaremos sobre ferramentas e técnicas para tomar decisões de design de software em larga escala. Na Parte II, o foco é o código: as diferentes formas de implementar a lógica de negócio de um sistema. A Parte III discutirá técnicas e estratégias para aplicar no DDD em projetos reais. A Parte IV continua a discussão sobre domain-driven design, mas desta vez no contexto de outras metodologias e padrões.

Aqui está uma pequena síntese do que você encontrará em cada capítulo:

- O Capítulo 1 estabelece o contexto de um projeto de engenharia de software: o domínio de negócio, seus objetivos e como o software deve dar apoio a eles.
- O Capítulo 2 apresenta a noção de "linguagem ubíqua": a prática de domain-driven design para comunicação eficaz e compartilhamento de conhecimento.
- O Capítulo 3 fala sobre como atacar a complexidade dos domínios de negócio e projetar os componentes de arquitetura de alto nível do sistema: os contextos delimitados.
- O Capítulo 4 explora os diferentes padrões para organizar a comunicação e a integração entre os contextos delimitados.
- O Capítulo 5 começa a discussão sobre os padrões de implementação da lógica de negócio com dois padrões que abordam casos de lógica de negócio simples.
- O Capítulo 6 avança da lógica de negócio simples para a complexa e apresenta o padrão de modelo de domínio para lidar com sua complexidade.
- O Capítulo 7 acrescenta a perspectiva de tempo e apresenta uma forma ainda mais avançada de modelar e implementar a lógica de negócio: o modelo de domínio orientado a eventos.
- O Capítulo 8 muda o foco para um nível mais alto e descreve três padrões de arquitetura para estruturar componentes.
- O Capítulo 9 fornece os padrões necessários para orquestrar o trabalho dos componentes do sistema.

- O Capítulo 10 une os padrões discutidos nos capítulos anteriores em uma série de regras que simplificam o processo de tomada de decisões de design.

- O Capítulo 11 explora o design de software da perspectiva do tempo e como ele deve mudar e se desenvolver durante sua vida útil.

- O Capítulo 12 apresenta o EventStorming: uma maneira colaborativa de compartilhar conhecimento, criar uma compreensão mútua e projetar software.

- O Capítulo 13 fala sobre as dificuldades que podemos encontrar ao introduzir o domain-driven design em projetos brownfield.

- O Capítulo 14 discute a relação entre o estilo de arquitetura dos microsserviços e o domain-driven design: suas diferenças e onde se complementam.

- O Capítulo 15 explora os padrões e as ferramentas do domain-driven design no contexto da arquitetura orientada a eventos.

- O Capítulo 16 muda a discussão de sistemas operacionais para sistemas de gestão de dados analíticos e discute a interação entre o domain-driven design e a arquitetura de malha de dados.

Todos os capítulos terminam com exercícios para reforçar o aprendizado. Algumas perguntas utilizam a empresa fictícia "WolfDesk" para demonstrar os vários aspectos do domain-driven design. Leia a seguinte descrição da WolfDesk e volte a ela para responder às perguntas dos exercícios.

Exemplo de Domínio: WolfDesk

A WolfDesk fornece um sistema de gestão de tickets de help desk como serviço. Se sua startup precisa dar suporte aos clientes, com a solução da WolfDesk é possível começar a operar em pouco tempo.

A WolfDesk usa um modelo de pagamento diferente da concorrência. Em vez de cobrar uma taxa por usuário, ela permite que os locatários estabeleçam quantos usuários forem necessários, e os locatários são cobrados pelo número de tickets de suporte abertos por período de cobrança. Não há taxa mínima, e há descontos automáticos por volume para certos limites de tickets mensais: 10% para abrir mais de 500 tickets, 20% para abrir mais de 750 tickets e 30% para abrir mais de 1.000 tickets por mês.

Para evitar que os locatários abusem do modelo de negócio, o algoritmo de tickets da WolfDesk garante que os tickets inativos sejam fechados automaticamente, encorajando os consumidores a abrirem novos tickets quando precisam de mais suporte. Além do mais, a WolfDesk implementa um sistema de detecção de fraudes, que analisa mensagens e detecta casos de tópicos não relacionados sendo discutidos no mesmo ticket.

Para ajudar os locatários a organizarem o trabalho de suporte, a WolfDesk implementou um recurso de "suporte em piloto automático". O piloto automático analisa os novos tickets e tenta encontrar uma solução adequada a partir do histórico do locatário. A funcionalidade permite reduzir ainda mais o tempo de duração do ticket, o que incentiva os clientes a abrirem novos tickets para outras dúvidas.

A WolfDesk incorpora todos os padrões e medidas de segurança para autenticar e autorizar os usuários e também permite que os locatários configurem uma autenticação única (SSO, sigla de *Single Sign-On*, em inglês) com os sistemas de gestão de usuários existentes.

A interface de administração permite que os locatários configurem os possíveis valores para as categorias de tickets, assim como uma lista de produtos do locatário para os quais oferece suporte.

Para rotear novos tickets para os agentes de suporte do locatário apenas durante o horário comercial, a WolfDesk permite a inserção do cronograma de turnos de cada agente.

Como a WolfDesk oferece seu serviço sem taxa mínima, ela precisa otimizar sua infraestrutura de forma a minimizar os custos do onboarding do novo locatário. Para tal, ela aproveita a computação sem servidor, o que lhe permite escalar seus recursos computacionais de forma elástica, com base nas operações sobre tickets ativos.

Convenções Utilizadas Neste Livro

As seguintes convenções tipográficas são utilizadas neste livro:

Itálico
    Indica novos termos, URLs, endereços de e-mail, nomes de arquivo e extensões de arquivo.

`Fonte monoespaçada`
    Utilizada para as listagens do programa, assim como em parágrafos que se referem a elementos do programa, como nomes de variável ou função, bases de dados, tipos de dados, variáveis de ambiente, declarações e palavras-chave.

 Este elemento significa uma nota geral.

Utilizando Exemplos de Código

Materiais complementares (exemplos de código, exercícios etc.) estão disponíveis para download em *https://learning-ddd.com*.

Todas as amostras de código apresentadas neste livro são implementadas na linguagem C#. Geralmente, as amostras de código que vemos nos capítulos são trechos que demonstram os conceitos em discussão.

Obviamente, os conceitos e as técnicas discutidos no livro não se limitam à linguagem C# nem à abordagem de programação orientada a objetos. Tudo é relevante para outras linguagens e paradigmas da programação. Portanto, sinta-se livre para implementar as amostras do livro em sua linguagem favorita e compartilhe-as comigo. Ficarei feliz em acrescentá-las ao site do livro.

Se tiver uma pergunta técnica ou algum problema ao utilizar os exemplos de código, mande e-mail para *bookquestions@oreilly.com* [conteúdo em inglês].

Este livro existe para te ajudar a fazer o seu trabalho. Em geral, se um exemplo de código é oferecido com este livro, você pode usá-lo em seus programas e documentação. Não é necessário entrar em contato conosco para pedir permissão, a menos que você reproduza uma parte considerável do código. Por exemplo, escrever um programa que utilize várias partes do código deste livro não requer permissão. Vender ou distribuir exemplos dos livros requer permissão. Responder a uma pergunta mencionando este livro e citando exemplos de código não requer permissão. Incorporar uma grande quantidade de códigos deste livro na documentação de algum produto requer permissão.

Prezamos, mas geralmente não exigimos atribuição. Uma atribuição geralmente inclui título, autor, editora e ISBN. Por exemplo: *"Aprenda Domain-Driven Design,* de Vlad Khononov; Copyright 2022 Vladislav Khononov, 978-1-098-10013-1".

Se você acredita que sua utilização dos exemplos de código não está dentro do uso justo ou da permissão concedida acima, entre em contato conosco pelo e-mail *permissions@ oreilly.com* [conteúdo em inglês].

Agradecimentos

Originalmente, o título desde livro era "O que é Domain-Driven Design?", e ele foi publicado como relatório em 2019. O *Aprenda Domain-Driven Design* não teria visto a luz do dia sem o relatório, e sou obrigado a agradecer às pessoas que possibilitaram o "O que é Domain-Driven Design?": Chris Guzikowski, Ryan Shaw e Alicia Young.[1]

Este livro também não seria possível sem a diretora de conteúdo e líder em diversidade de talentos, Melissa Duffield, que apoiou o projeto e fez com que ele acontecesse. Obrigado, Melissa, por toda a sua ajuda!

Jill Leonard foi a editora de desenvolvimento, gestora de projeto e head coach deste livro. O papel de Jill neste trabalho não deve ser subestimado. Jill, muito obrigado por toda a sua ajuda e trabalho duro! Muito obrigado por me manter motivado, mesmo quando eu pensava em mudar meu nome e me esconder em outro país.

Muito obrigado à equipe de produção por tornar o livro não apenas possível de ser escrito, mas também possível de ler: Kristen Brown, Audrey Doyle, Kate Dullea, Robert Romano e Katherine Tozer. A esse respeito, quero agradecer a toda a equipe da O'Reilly pelo ótimo trabalho que vocês fazem. É um sonho realizado trabalhar com vocês!

---

[1] Sempre que eu mencionar um grupo de pessoas, a lista estará em ordem alfabética de sobrenomes.

Agradeço a todas as pessoas que entrevistei e consultei: Zsofia Herendi, Scott Hirleman, Trond Hjorteland, Mark Lisker, Chris Richardson, Vaughn Vernon e Ivan Zakrevsky. Obrigado por sua sabedoria e por estarem presentes quando precisei de ajuda!

Agradecimentos especiais à equipe de revisores que leu os primeiros esboços e me ajudou a dar forma ao livro final: Julie Lerman, Ruth Malan, Diana Montalion, Andrew Padilla, Rodion Promyshlennikov, Viktor Pshenitsyn, Alexei Torunov, Nick Tune, Vasiliy Vasilyuk e Rebecca Wirfs-Brock. Seu apoio, feedback e crítica ajudaram imensamente. Obrigado!

Também quero agradecer a Kenny Baas-Schwegler, Alberto Brandolini, Eric Evans, Marco Heimeshoff, Paul Rayner, Mathias Verraes e ao resto da incrível comunidade de domain-driven design. Vocês sabem quem são. Vocês são meus professores e mentores. Obrigado por compartilharem seus conhecimentos em mídias sociais, blogs e conferências!

Sou muito grato à minha querida esposa, Vera, por sempre me apoiar em meus projetos loucos e tentar me proteger de coisas que poderiam me distrair da escrita. Prometo finalmente arrumar o porão. Isso acontecerá em breve!

Por fim, quero dedicar este livro à nossa amada Galina Ivanovna Tyumentseva, que tanto me apoiou neste projeto e que infelizmente perdemos durante a redação deste livro. Sempre nos lembraremos de você.

#NãoCompreAdote

Introdução

A engenharia de software é difícil. Para ser bem-sucedido, temos que aprender constantemente, testando novas linguagens, explorando novas tecnologias ou mantendo-nos atualizados com novas estruturas populares. Entretanto, aprender uma nova estrutura JavaScript a cada semana não é o aspecto mais difícil de nosso trabalho. Compreender novos domínios de negócios pode ser muito mais desafiador.

Ao longo de nossas carreiras, não é raro que tenhamos que desenvolver software para uma gama diversificada de domínios de negócios: sistemas financeiros, software médicos, varejistas online, marketing e muitos outros. De certa forma, é isso que diferencia nosso trabalho da maioria das outras profissões. As pessoas que trabalham em outras áreas muitas vezes ficam surpresas quando descobrem o quanto de aprendizado está envolvido na engenharia de software, especialmente quando mudam de local de trabalho.

A incapacidade de compreender o domínio de negócio resulta em uma implementação não otimizada do software de negócio. Infelizmente, isso é bastante comum. De acordo com estudos, aproximadamente 70% dos projetos de software não são entregues dentro do prazo, do orçamento ou de acordo com as exigências do cliente. Em outras palavras, a grande maioria dos projetos de software fracassa. Essa questão é tão profunda e generalizada que temos até mesmo um termo para ela: crise de software.

O termo *crise de software* surgiu em 1968.[1] Supõe-se que as coisas teriam melhorado nos 50 anos que se seguiram. Durante esses anos, inúmeras abordagens, metodologias e disciplinas foram introduzidas para tornar a engenharia de software mais eficaz: Manifesto Ágil, programação extrema, test-driven development, linguagens de alto nível, DevOps e outros. Infelizmente, as coisas não mudaram muito. Os projetos ainda fracassam com bastante frequência, e a crise do software ainda existe.

---

[1] "Software Engineering". Relatório sobre uma conferência patrocinada pelo Comitê Científico da OTAN, Garmisch, Alemanha, 7–11 de outubro de 1968.

Muitos estudos foram feitos para investigar as razões dos fracassos comuns do proje-to.[2] Embora os pesquisadores não tenham sido capazes de identificar uma única causa, a maioria de suas descobertas compartilha um tema comum: a comunicação. As questões de comunicação que prejudicam os projetos podem se manifestar de diferentes maneiras; por exemplo, exigências pouco claras, objetivos incertos do projeto ou coordenação ineficaz de esforços entre as equipes. Mais uma vez, ao longo dos anos, temos tentado melhorar a comunicação entre as equipes e dentro delas, introduzindo novas oportunidades, processos e meios de comunicação. Infelizmente, as taxas de sucesso de nossos projetos ainda não mudaram muito.

O domain-driven design (DDD) se propõe a atacar a causa-raiz dos projetos de software fracassados, por um ângulo diferente. A comunicação eficaz é o tema central das ferramentas e das práticas de domain-driven design que você está prestes a aprender neste livro. O DDD pode ser dividido em duas partes: estratégica e tática.

As ferramentas estratégicas do DDD são utilizadas para analisar domínios e estratégias de negócios e fomentar uma compreensão compartilhada dos negócios entre as diferentes partes interessadas. Também usaremos esse conhecimento do domínio de negócio para conduzir decisões de design de alto nível: decompondo sistemas em componentes e definindo seus padrões de integração.

As ferramentas táticas do domain-driven design abordam um aspecto diferente das questões de comunicação. Os padrões táticos do DDD nos permitem escrever códigos de uma forma que reflete o domínio do negócio, atende seus objetivos e fala a linguagem do negócio.

Os padrões estratégicos e táticos e as práticas do DDD alinham o design do software com seu domínio de negócio. É daí que vem o nome: domain-driven (negócio) design (software).

O domain-driven design não permitirá colocar o conhecimento de novas bibliotecas JavaScript diretamente no seu cérebro, como no filme *Matrix*. No entanto, isso fará de você um engenheiro de software mais eficaz, aliviando o processo de dar sentido aos domínios de negócio e orientando as decisões do design de acordo com a estratégia de negócio. Como aprenderá nos últimos capítulos do livro, quanto mais estreita for a conexão entre o design do software e sua estratégia de negócio, mais fácil será manter e desenvolver o sistema para atender às necessidades futuras do negócio, levando a projetos de software mais bem-sucedidos.

Começaremos nossa jornada DDD explorando os padrões e as práticas estratégicas.

---

[2] Por exemplo, veja Kaur, Rupinder e Dr. Jyotsna Sengupta (2013), "Software Process Models and Analysis on Failure of Software Development Projects", https://arxiv.org/ftp/arxiv/papers/1306/1306.1068.pdf. Veja também Sudhakar, Goparaju Purna (2012), "A Model of Critical Success Factors for Software Projects". Journal of Enterprise Information Management 25(6), 537–558.

PARTE I

Design Estratégico

Não faz sentido falar sobre solução antes de identificarmos o problema, e não faz sentido falar sobre implementação antes de identificarmos qual é a solução.

— Efrat Goldratt-Ashlag[1]

A metodologia do domain-driven design (DDD) pode ser dividida em duas partes principais: design estratégico e design tático. O aspecto estratégico do DDD lida com responder as questões "qual?" e "por quê?" — qual software estamos construindo e por que estamos construindo. A parte tática diz respeito a "como" — como cada componente é implementado.

Começaremos nossa jornada explorando padrões de domain-driven design e princípios de design estratégico:

- No Capítulo 1, iremos aprender a analisar a estratégia comercial de uma empresa: que valor ela proporciona para seus consumidores e como compete com outras empresas naquele setor. Identificaremos blocos de construção de empresa mais sofisticados, avaliaremos seu valor estratégico e analisaremos como isso influencia as diferentes decisões de design de software.

- O Capítulo 2 apresenta a prática essencial de domain-driven design para entender o domínio de negócio: *a linguagem ubíqua*. Você irá aprender a cultivar uma linguagem ubíqua e usá-la para manter a compreensão entre todas as partes interessadas no projeto.

- O Capítulo 3 discute outra ferramenta principal de domain-driven design: o padrão *bounded context* (contexto delimitado). Você irá aprender por que essa ferramenta é essencial para cultivar uma linguagem ubíqua e como usá-la para transformar o conhecimento descoberto em um modelo de domínio de negócio. Por fim, utilizaremos os contextos delimitados para projetar componentes rudimentares do sistema de software.

---

[1]   Goldratt-Ashlag, E. (2010). "The Layers of Resistance — The Buy-In Process According to TOC".

- No Capítulo 4, você aprenderá sobre as restrições técnicas e sociais que afetam a forma como os componentes do sistema podem ser integrados, e modelos de integração que abordam situações e limitações diferentes. Discutiremos como cada modelo influencia a colaboração entre as equipes de desenvolvimento de software e o design das APIs dos componentes.

O capítulo se encerra apresentando o *mapa do contexto*: uma notação gráfica que traça a comunicação entre os contextos delimitados do sistema e proporciona uma visão panorâmica da integração do projeto e dos cenários de colaboração.

CAPÍTULO 1

Analisando os Domínios de Negócios

Se você for como eu, ama escrever códigos: resolver problemas complexos, criar soluções elegantes e construir novos mundos, cuidadosamente elaborando suas regras, estruturas e comportamentos. Acredito que é isso que tenha chamado a sua atenção para o domain-driven design (DDD): você quer ser melhor no seu ofício. No entanto, este capítulo nada tem a ver com escrita de código. Nele, você aprenderá como as empresas funcionam: por que elas existem, que objetivos elas buscam e quais são suas estratégias para atingir esses objetivos.

Quando ensino este material nas minhas aulas de domain-driven design, muitos alunos realmente me perguntam: "Precisamos aprender isso? Estamos desenvolvendo software, não administrando empresas." A resposta é um contundente "sim". Para projetar e construir uma solução eficiente, é preciso entender o problema. O problema, no nosso contexto, é o sistema de software que precisamos construir. Para entender o problema, é preciso entender o contexto em que ele existe — a estratégia de negócio da organização e que valor ela busca ganhar com a construção do software.

Neste capítulo, você aprenderá as ferramentas de domain-driven design necessárias para analisar o domínio de negócios de uma empresa e sua estrutura: seus subdomínios principais, genéricos e de suporte. Esse material é a base para projetar software. Nos capítulos restantes, aprenderá de que maneiras diferentes esses conceitos afetam o design do software.

O que É Domínio de Negócio?

O domínio de negócio define qual é a principal área de atividade de uma empresa. Em termos gerais, é o serviço que a empresa oferece a seus clientes. Por exemplo:

- A FedEx oferece o serviço de entrega.
- A Starbucks é mais conhecida pelo seu café.
- O Walmart é um dos estabelecimentos varejistas mais famosos.

Uma empresa pode operar em vários domínios de negócios. A Amazon, por exemplo, fornece varejo e serviços de computação em nuvem. A Uber é uma empresa de compartilhamento de viagens que também fornece entrega de alimentos e serviços de compartilhamento de bicicletas.

É importante notar que as empresas podem mudar seus domínios de negócios com frequência. Um exemplo aceito disso é a Nokia, que, ao longo dos anos, operou em campos tão diversos quanto processamento de madeira, manufatura de borracha, telecomunicações e comunicação móvel.

O que É Subdomínio?

Para atingir os objetivos e as metas do seu domínio de negócio, uma empresa precisa funcionar em múltiplos *subdomínios*. Um subdomínio é uma área de atividade comercial aprimorada. Todos os subdomínios de uma empresa formam seu domínio de negócio: o serviço que ela oferece aos seus clientes. Implementar um único subdomínio não é suficiente para que uma empresa tenha sucesso; é apenas um bloco de construção no sistema global. Os subdomínios têm que interagir uns com os outros para alcançar os objetivos da empresa em seu domínio de negócio. A Starbucks, por exemplo, pode até ser mais reconhecida pelo café, mas construir uma rede de cafeterias de sucesso exige muito mais do que apenas fazer um ótimo café. Também é necessário comprar ou alugar imóveis em locais eficazes, contratar pessoal e administrar finanças, entre outras atividades. Nenhum desses subdomínios isoladamente tornará uma empresa lucrativa. Todos juntos são necessários para que ela possa competir em seus domínios de negócio.

Tipos de Subdomínios

Assim como um sistema de software compreende vários componentes arquitetônicos — bancos de dados, aplicações de front-end, serviços de back-end e outros —, os subdomínios suportam diferentes valores estratégicos e comerciais. O domain-driven design se distingue entre três tipos de subdomínios: subdomínio principal, subdomínio genérico e subdomínio de suporte. Vejamos como eles são diferentes do ponto de vista estratégico de uma empresa.

Subdomínios principais

Um *subdomínio principal* é aquilo que a empresa faz de forma diferente de seus concorrentes. Isso pode envolver criar novos produtos e serviços ou reduzir os custos com a otimização de processos já existentes.

Vejamos a Uber como exemplo. Inicialmente, a empresa fornecia uma forma de transporte nova: o compartilhamento de viagens. Conforme a concorrência a alcançou, a Uber encontrou formas de otimizar e evoluir seu subdomínio principal: um exemplo é a redução de custos ao combinar usuários que vão na mesma direção.

Os subdomínios principais da Uber afetam seus resultados. Dessa forma, a empresa se diferencia da concorrência. Essa é a estratégia da empresa para proporcionar um melhor serviço para seus clientes e/ou maximizar sua lucratividade. Para manter uma vantagem competitiva, os subdomínios principais envolvem invenções, otimizações inteligentes, conhecimento de negócios ou outro tipo de propriedade intelectual.

Considere outro exemplo: o algoritmo de ranqueamento do Google Search. Até o momento em que escrevo este livro, a plataforma de publicidade do Google é responsável pela maior parte de seu lucro. Entretanto, o Google Ads não é um subdomínio, mas sim um domínio de negócio à parte com subdomínios próprios, entre eles um serviço de computação em nuvem (Google Cloud Platform), ferramentas de produtividade e colaboração (Google Workspaces) e outras áreas nas quais a Alphabet, empresa-mãe do Google, opera. Mas e o Google Search e seu algoritmo de ranqueamento? Embora a ferramenta de busca não seja um serviço pago, ela serve como a maior plataforma de exibição para o Google Ads. Sua habilidade de proporcionar excelentes resultados de busca é o que move o tráfego e, subsequentemente, é um componente importante da plataforma Ads. Se a empresa entregar resultados de busca inferiores devido a um bug no algoritmo ou um concorrente criar um serviço de busca ainda melhor, isso prejudicará o faturamento do negócio publicitário. Então, para o Google, o algoritmo de ranqueamento é um subdomínio principal.

Complexidade. Um subdomínio principal que seja simples de implementar pode fornecer apenas uma vantagem competitiva de curta duração. Portanto, os subdomínios principais são naturalmente complexos. Continuando com o exemplo da Uber, a empresa não só criou um novo mercado com o compartilhamento de viagens, mas também rompeu com uma arquitetura monolítica de décadas, a indústria do táxi, através do uso direcionado da tecnologia. Ao compreender seu domínio de negócio, a Uber conseguiu projetar um método de transporte mais confiável e transparente. É essencial que haja barreiras de entrada elevadas para o negócio principal de uma empresa; deve ser difícil para seus concorrentes copiar ou imitar a solução dela.

Fontes de vantagem competitiva. É importante notar que os subdomínios principais não são necessariamente técnicos. Nem todos os problemas de negócios são resolvidos com algoritmos ou outras soluções técnicas. A vantagem competitiva de uma empresa pode vir de várias fontes.

Considere, por exemplo, uma joalheria que vende seus produtos online. A loja virtual é importante, mas não é um subdomínio principal. O design das joias é. A empresa pode usar um modelo de loja virtual pronto para uso, mas não pode terceirizar o design de suas joias. O design é a razão pela qual os clientes compram os produtos da joalheria e se lembram da marca.

Como exemplo mais complexo, imagine uma empresa especializada em detectar fraudes *manualmente*. A empresa treina seus analistas para verificar documentos questionáveis e sinalizar casos de fraude em potencial. Você está construindo o sistema de software com o qual os analistas trabalham. Seria esse sistema um subdomínio principal? Não. O subdomínio principal é o trabalho que os analistas fazem. O sistema que você está construindo não tem nenhuma relação com a análise de fraude, ele apenas exibe os documentos e rastreia os comentários dos analistas.

Subdomínio Principal *Versus* Domínio Principal

Subdomínios principais também são chamados de domínios principais. Por exemplo, no livro de domain-driven design original, Eric Evans usa "subdomínio principal" e "domínio principal" como sinônimos. Embora o termo "domínio principal" seja usado com frequência, eu prefiro usar "subdomínio principal" por diversas razões. Em primeiro lugar, porque é um *subdomínio*, e prefiro evitar confusão com *domínios de negócios*. Em segundo lugar, você aprenderá no Capítulo 11 que não é incomum que os subdomínios evoluam com o passar do tempo e mudem de tipo. Por exemplo, o subdomínio principal pode se tornar um subdomínio genérico. Por isso, dizer que "um subdomínio *genérico* se tornou um subdomínio *principal*" é mais simples do que dizer "um *subdomínio* genérico se tornou um *domínio* principal".

Subdomínios genéricos

Subdomínios genéricos são atividades comerciais que todas as empresas realizam da mesma forma. Como os subdomínios principais, os subdomínios genéricos geralmente são complexos e difíceis de implementar. No entanto, os subdomínios genéricos não oferecem nenhuma margem competitiva para a empresa. Não há necessidade de inovação ou otimização aqui: implementações testadas em combate estão amplamente disponíveis, e todas as empresas as utilizam.

Por exemplo, a maioria dos sistemas precisa autenticar e autorizar seus usuários. Em vez de criar um mecanismo de autenticação próprio, faz mais sentido usar uma solução já existente. Tal solução provavelmente é mais confiável e segura, pois já foi testada por várias outras empresas que têm as mesmas necessidades.

Voltando ao exemplo da joalheria que vende seus produtos online, o design de joias é um subdomínio principal, mas a loja virtual é um subdomínio genérico. Usar a mesma plataforma virtual de vendas — a mesma solução genérica — de seus concorrentes não impactaria a vantagem competitiva da joalheria.

Subdomínios de suporte

Como o nome sugere, *subdomínios de suporte* dão suporte aos negócios da empresa. No entanto, ao contrário dos subdomínios principais, os subdomínios de suporte não fornecem vantagem competitiva alguma.

Considere, por exemplo, uma empresa de publicidade online cujos subdomínios principais incluam a correspondência de anúncios com os visitantes, otimizar a eficiência dos anúncios e minimizar o custo do espaço publicitário. Porém, para ter sucesso nessas áreas, a empresa precisa catalogar seu material criativo. A forma como ela armazena e faz a indexação de seus materiais criativos físicos, como banners e páginas de entrada, não causa impacto nos lucros. Não há nada para inventar ou otimizar nessa área. Por outro lado, o catálogo criativo é essencial para implementar os sistemas de gestão e serviço publicitário da empresa. Isso faz com que a solução de catalogação de conteúdo seja um dos subdomínios de suporte da empresa.

A característica singular dos subdomínios de suporte é a complexidade da lógica de negócio da solução. Subdomínios de suporte são simples. Sua lógica de negócio se assemelha à maioria das telas de entrada de dados e operações ETL (extrair, transformar, carregar — em inglês: extract, transform, load), ou seja, as chamadas interfaces CRUD (criar, ler, atualizar e excluir — em inglês: create, read, update e delete). Essas áreas de atividade não proporcionam nenhuma vantagem competitiva para a empresa, portanto não exigem barreiras de entrada elevadas.

Comparando Subdomínios

Agora que já temos uma melhor compreensão sobre os três tipos de subdomínios comerciais, iremos explorar suas diferenças adicionais e ver como afetam as decisões de design de software estratégico.

Vantagem competitiva

Apenas os subdomínios principais proporcionam vantagem competitiva a uma empresa. Os subdomínios principais são a estratégia da empresa para se diferenciar da concorrência.

Os subdomínios genéricos, por definição, não podem ser uma fonte de vantagem competitiva. Eles são soluções genéricas — as mesmas utilizadas pela empresa e por sua concorrência.

Os subdomínios de suporte têm barreiras de entrada baixas e também não proporcionam vantagem competitiva. Geralmente, a empresa não se importaria se sua concorrência copiasse esses subdomínios de suporte, pois isso não afetaria a competitividade da empresa. Pelo contrário, estrategicamente a empresa prefere que seus subdomínios de suporte sejam genéricos, soluções prontas, que eliminam a necessidade de projetar e construir sua implementação. Você aprenderá detalhadamente sobre tais casos de subdomínios de suporte que se tornam subdomínios genéricos, assim como outras possíveis permutações, no Capítulo 11. Um caso de estudo real desse cenário será descrito no Apêndice A.

Quanto mais complexos são os problemas que uma empresa consegue enfrentar, maior é o valor de negócio que pode fornecer. Problemas complexos não se resumem a entregar serviços a seus consumidores. Um problema complexo pode ser, por exemplo, tornar a empresa mais otimizada e eficiente. Por exemplo, proporcionar o mesmo nível de serviço da concorrência, mas a um custo operacional mais baixo, também é uma vantagem competitiva.

Complexidade

De uma perspectiva mais técnica, é importante identificar os subdomínios de uma organização, pois os diferentes tipos de subdomínio têm níveis de complexidade variados. Ao projetar software, temos que escolher ferramentas e técnicas que acomodem a complexidade das exigências do negócio. Portanto, identificar subdomínios é essencial para projetar uma solução de software de boa qualidade.

A lógica dos subdomínios de suporte é simples. Eles são operações básicas de ETL e interfaces CRUD, e a lógica do negócio é óbvia. Frequentemente, nada mais é do que validar inputs ou converter dados de uma estrutura em outra.

Os subdomínios genéricos são muito mais complicados. Deve haver uma boa razão para que os outros já tenham investido tempo e esforço para resolver esses problemas. Essas soluções não são nem simples nem triviais. Considere, por exemplo, os algoritmos de criptografia ou os mecanismos de autenticação.

Da perspectiva do conhecimento disponível, os subdomínios genéricos são "desconhecidos conhecidos". Eles são aquilo que você sabe que não sabe. Além disso, é um conhecimento prontamente disponível. Você pode utilizar tanto as melhores práticas aceitas pelo setor ou, se necessário, contratar um consultor especializado na área para ajudar a projetar uma solução personalizada.

Os subdomínios principais são complexos. Eles devem ser tão difíceis para a concorrência copiar quanto possível — a lucratividade da empresa depende disso. É por isso que, estrategicamente, as empresas procuram resolver problemas complexos em seus subdomínios principais.

Às vezes, pode ser desafiador diferenciar subdomínios principais e de suporte. A complexidade é um princípio norteador útil. Pergunte a si mesmo se o subdomínio em questão pode se transformar em um negócio paralelo. Alguém pagaria apenas por ele? Se sim, ele é um subdomínio principal. Um raciocínio similar pode ser aplicado para diferenciar subdomínios de suporte e genéricos: seria mais simples e barato obter uma implementação própria, em vez de integrar uma implementação externa? Se sim, estamos falando de um subdomínio de suporte.

Do ponto de vista mais técnico, é importante identificar os subdomínios cuja complexidade afetarão o design do software. Como discutido anteriormente, um subdomínio principal não é necessariamente relacionado ao software. Outro princípio norteador útil para identificar os subdomínios principais relacionados ao software é avaliar a complexidade da lógica de negócio que você terá que modelar e implementar em código. A lógica de negócio se assemelha às interfaces CRUD para a entrada de dados? Você tem que implementar algoritmos complexos ou processos comerciais orquestrados por regras de negócio complexas e invariantes? O primeiro caso é um sinal de subdomínio de suporte, enquanto o segundo é um típico caso de subdomínio principal.

O quadro na Figura 1-1 representa a inter-relação entre os três tipos de subdomínio em termos de diferenciação de negócios e complexidade da lógica de negócio. A interseção entre os subdomínios genéricos e de suporte é uma área indefinida (esquerda inferior): ela pode ir em ambas as direções. Se uma solução genérica para a funcionalidade de um subdomínio de suporte existe, o tipo de subdomínio resultante depende de ser mais simples e/ou mais barato integrar a solução genérica do que implementar essa funcionalidade do zero.

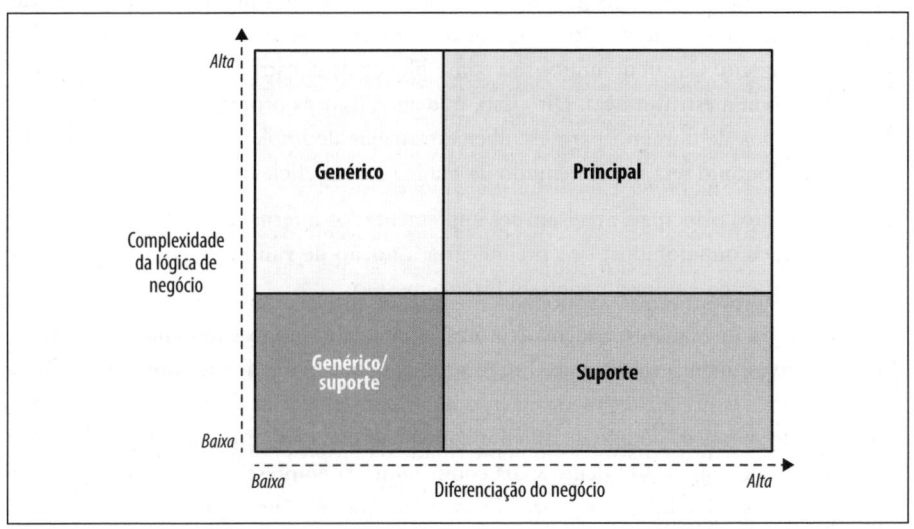

Figura 1-1. A diferenciação de negócios e a complexidade da lógica de negócio dos três tipos de subdomínio

Volatilidade

Como mencionado anteriormente, os subdomínios principais podem mudar com frequência. Se um problema pode ser resolvido na primeira tentativa, então provavelmente não é uma boa vantagem competitiva — a concorrência o alcançará rapidamente. Consequentemente, as soluções para os subdomínios principais são emergentes. É preciso testar, refinar e otimizar implementações diferentes. Além disso, o trabalho nos subdomínios principais nunca acaba. As empresas continuamente inovam e evoluem esses subdomínios. As mudanças vêm na forma de novos recursos adicionados ou da otimização da funcionalidade existente. De qualquer forma, a evolução constante de seu subdomínio principal é essencial para que uma empresa fique à frente da concorrência.

Ao contrário dos subdomínios principais, os subdomínios de suporte não mudam com frequência. Eles não oferecem nenhuma vantagem competitiva, e, por isso, a evolução de um subdomínio de suporte oferece pouco valor de negócio se comparada ao mesmo esforço investido em um subdomínio principal.

Apesar de terem soluções existentes, os subdomínios genéricos podem mudar com o passar do tempo. Essas mudanças podem vir na forma de correções na segurança, correção de bugs ou soluções completamente novas para os problemas genéricos.

Estratégia da solução

Os subdomínios principais proporcionam à empresa a habilidade de competir com outros jogadores no setor. É uma responsabilidade crítica para o negócio, mas isso significa que os subdomínios genéricos e de suporte não são importantes? Claro que não. Todos os subdomínios são obrigatórios para que a empresa trabalhe em seu domínio de negócio. Os subdomínios são como blocos de construção básicos: se tiramos um bloco, toda a estrutura cai. Dito isso, podemos usar as propriedades inerentes dos diferentes tipos de domínio para escolher estratégias de implementação em que cada tipo de subdomínio seja implementado da maneira mais eficiente.

Os subdomínios principais precisam ser implementados internamente. Eles não podem ser comprados ou adotados; isso prejudicaria a noção de vantagem competitiva, pois os concorrentes da empresa poderiam fazer o mesmo.

Também seria imprudente terceirizar a implementação de um subdomínio principal. Ele é um investimento estratégico. Pegar atalhos com um subdomínio principal não é arriscado apenas no curto prazo, mas pode ter consequências fatais no longo prazo: por exemplo, bases de código de difícil manutenção que não dão suporte aos objetivos e às metas da empresa. O talento mais competente da empresa deve ser alocado para trabalhar em seus subdomínios principais. Além disso, a implementação de subdomínios principais internamente permite que a empresa faça mudanças e desenvolva a solução mais rapidamente, criando a vantagem competitiva em menos tempo.

Como as exigências dos subdomínios principais mudam continuamente e com frequência, a solução deve ser passível de manutenção e fácil de desenvolver. Assim, os subdomínios principais exigem a implementação das técnicas de engenharia mais avançadas.

Como os subdomínios genéricos são problemas difíceis, mas já resolvidos, é mais econômico adquirir um produto pronto para uso ou adotar uma solução de código aberto do que investir tempo e esforço para implementar um subdomínio genérico internamente.

A falta de vantagem competitiva faz com que evitar a implementação dos subdomínios de suporte internamente seja justificável. No entanto, diferente dos subdomínios genéricos, nenhuma solução pronta está disponível. Então, a empresa não tem outra escolha, exceto implementar os subdomínios ela mesma. Dito isso, a simplicidade da lógica de negócio e a infrequência de mudanças facilita a busca por atalhos.

Os subdomínios de suporte não exigem modelos de design elaborados ou outras técnicas de engenharia avançadas. Uma estrutura de desenvolvimento de aplicação rápida é suficiente para implementar a lógica de negócio sem introduzir complexidades acidentais.

Do ponto de vista dos funcionários, os subdomínios de suporte não exigem tanta aptidão técnica e são uma grande oportunidade para treinar talentos em ascensão. Guarde os engenheiros da sua equipe que tenham experiência em lidar com desafios complexos para os subdomínios principais. Por último, a simplicidade da lógica de negócios transforma os subdomínios de suporte em bons candidatos para a terceirização.

A Tabela 1-1 resume os aspectos nos quais os três tipos de subdomínio se diferenciam.

Tabela 1-1. As diferenças entre os três tipos de subdomínios

Tipo de subdomínio	Vantagem competitiva	Complexidade	Volatilidade	Implementação	Problema
Principal	Sim	Alta	Alta	Interna	Interessante
Genérico	Não	Alta	Baixa	Comprar/adotar	Resolvido
De suporte	Não	Baixa	Baixa	Interna/terceirizada	Óbvio

Identificando os Limites dos Subdomínios

Como você pode perceber, identificar subdomínios e seus tipos pode ajudar muito a tomar decisões de design diferentes ao construir soluções de software. Nos próximos capítulos, você aprenderá mais outras maneiras de utilizar os subdomínios para simplificar o processo de design do software. Mas como realmente identificar os subdomínios e seus limites?

Os subdomínios e seus tipos são identificados e definidos pela estratégia de negócios da empresa: seus domínios de negócio e como ela se diferencia para concorrer com outras empresas no mesmo ramo. Na grande maioria dos projetos de software, de um jeito ou de outro, os subdomínios "já estão lá". Isso não significa, no entanto, que é sempre fácil e simples identificar seus limites. Se pedirmos a um CEO uma lista dos subdomínios de sua empresa, provavelmente ele não saberá sequer do que você está falando. Ele não conhece esse conceito. Portanto, você mesmo terá que analisar o domínio para identificar e categorizar os subdomínios em questão.

Um bom ponto de partida são os departamentos da empresa e outras unidades organizacionais. Por exemplo, uma loja varejista virtual pode incluir armazenamento, atendimento ao cliente, coleta, envio, controle de qualidade e departamentos de gestão de canais, entre outros. Essas, no entanto, são áreas de atividade relativamente não refinadas. Vejamos o exemplo do departamento de atendimento ao cliente. É razoável presumir que se trataria de um subdomínio de suporte, ou mesmo genérico, pois sua função geralmente é terceirizada para revendedores subcontratados. Mas essa informação seria o suficiente para tomarmos as decisões de design de software corretas?

Extraindo os subdomínios

Os subdomínios não refinados são um bom ponto de partida, mas os detalhes são o maior problema. Temos que nos certificar de que não estamos nos esquecendo das informações importantes escondidas nas complexidades da função de negócio.

Voltemos ao exemplo do departamento de atendimento ao cliente. Se investigarmos seu funcionamento interno, veremos que um departamento de atendimento ao consumidor normal tem componentes refinados, como um sistema de help desk, gestão e programação de turnos, sistema telefônico e assim por diante. Quando vistas como subdomínios individuais, essas atividades podem ter tipos diferentes: enquanto o help desk e o sistema telefônico são subdomínios genéricos, a gestão de turnos é um subdomínio de suporte. Uma empresa pode desenvolver um algoritmo engenhoso para encaminhar incidentes a agentes que obtiveram sucesso com casos similares no passado. O algoritmo de encaminhamento requer a análise dos casos recebidos e a identificação de semelhanças na experiência passada — ambas são tarefas não triviais. Uma vez que o algoritmo de encaminhamento permite que a empresa proporcione uma melhor experiência ao cliente do que seus concorrentes, o algoritmo de encaminhamento é um subdomínio principal. Esse exemplo é demonstrado na Figura 1-2.

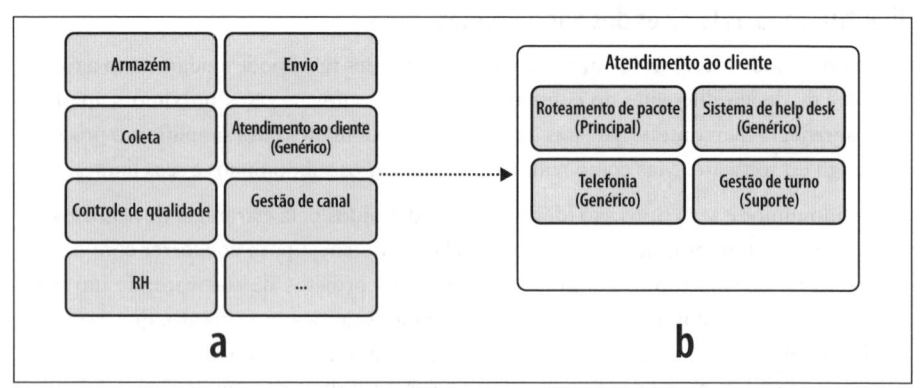

Figura 1-2. Analisando o funcionamento interno de um suposto domínio genérico para encontrar o subdomínio principal refinado, o subdomínio de suporte e dois subdomínios genéricos

Por outro lado, não podemos detalhar indefinidamente, procurando fazer descobertas em níveis cada vez mais baixos de refinamento. Quando devemos parar?

Os subdomínios como casos de uso coerentes

Da perspectiva técnica, os subdomínios se parecem com conjuntos de casos de uso inter-relacionados e coerentes. Tais conjuntos geralmente envolvem o mesmo ator, as entidades comerciais, e todos manipulam um conjunto de dados estreitamente relacionados.

Considere o diagrama de caso de uso de um gateway de pagamento com cartão de crédito mostrado na Figura 1-3. Os casos de uso são fortemente vinculados pelos dados com os quais eles trabalham e pelos atores envolvidos. Portanto, todos os casos de uso formam o subdomínio de pagamento com cartão de crédito.

Podemos usar a definição de "subdomínios como um conjunto coerente de casos de uso" como um princípio orientador para quando se deve parar de procurar subdomínios mais refinados. Esses são os limites mais precisos dos subdomínios.

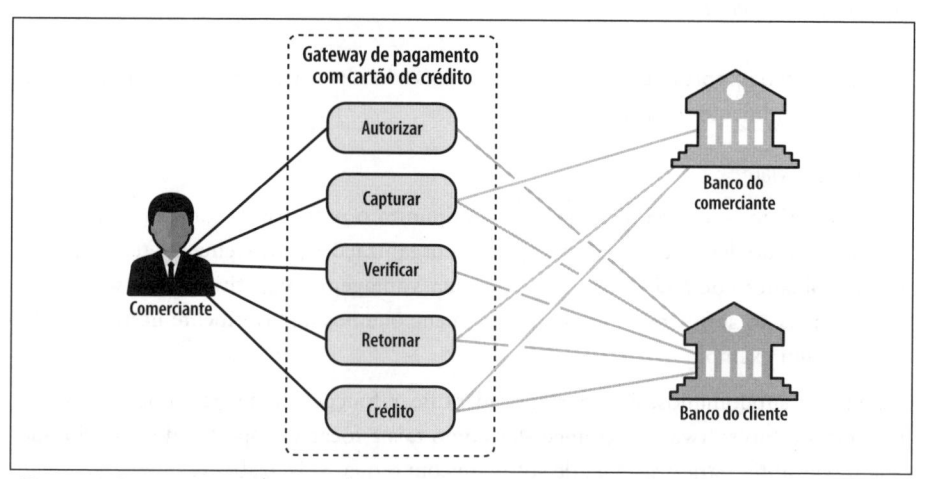

Figura 1-3. Diagrama de caso de uso para um subdomínio de pagamento com cartão de crédito

Devemos sempre tentar identificar limites de subdomínios tão específicos? Para os subdomínios principais, isso definitivamente é necessário. Os subdomínios principais são os mais importantes, voláteis e complexos. É essencial que eles sejam sintetizados ao máximo, pois isso nos permite extrair todas as funcionalidades genéricas e de suporte, investindo nosso esforço em uma funcionalidade muito mais específica.

A sintetização pode ser um pouco mais tranquila para os subdomínios de suporte e genéricos. Se detalhar não for revelar novos conhecimentos que possam ajudá-lo a tomar decisões de design de software, esse pode ser um bom lugar para parar. Isso pode acontecer, por exemplo, quando todos os subdomínios mais refinados são do mesmo tipo do subdomínio original.

Considere o exemplo na Figura 1-4. Continuar sintetizando o subdomínio de help desk é menos útil, pois não revela nenhuma informação estratégica, e uma ferramenta não refinada e pronta para uso será usada como solução.

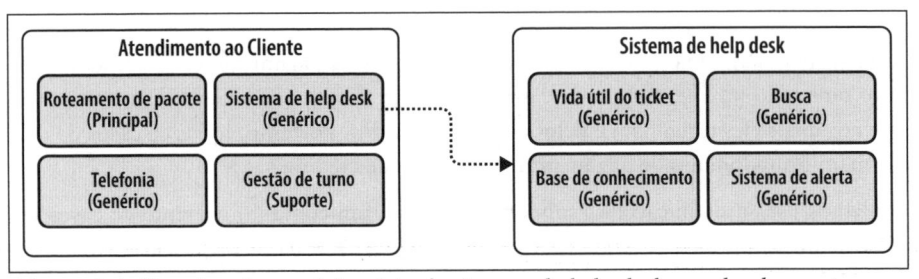

Figura 1-4. Sintetizando o subdomínio do sistema de help desk, revelando componentes internos genéricos

Outra questão importante a ser considerada quando identificamos os subdomínios é se todos eles realmente são necessários.

Foco no essencial

Os subdomínios são uma ferramenta que minimiza o processo de tomada de decisões relacionadas ao design de software. Todas as organizações provavelmente têm algumas funcionalidades comerciais que orientam sua vantagem competitiva, mas não estão relacionadas ao software. A joalheria que mencionamos anteriormente neste capítulo é apenas um exemplo.

Ao buscar subdomínios, é importante identificar funções comerciais que não sejam relacionadas ao software, reconhecê-las como tais e focar os aspectos do negócio que sejam relevantes para o sistema de software com o qual você trabalha.

Exemplos de Análise de Domínio

Vejamos como é possível aplicar a noção de subdomínios na prática e usá-la para tomar algumas decisões de design estratégico. Vou descrever duas empresas fictícias: Gigmaster e BusVNext. Como exercício, enquanto lê, analise os domínios de negócio delas. Tente identificar os três tipos de subdomínios de cada uma. Lembre-se de que, assim como na vida real, algumas das exigências do negócio estão implícitas.

Aviso: obviamente, não podemos identificar todos os subdomínios envolvidos em cada domínio de negócio apenas com a leitura de uma descrição tão curta. Dito isso, ela deve ser suficiente para que você possa treinar a habilidade de identificar e categorizar os subdomínios disponíveis.

Gigmaster

A Gigmaster é uma empresa de venda e distribuição de ingressos. Seu aplicativo móvel analisa as bibliotecas musicais dos usuários, contas de serviços de streaming e perfis de redes sociais para identificar shows nas proximidades que possam interessar aos usuários.

Os usuários da Gigmaster estão cientes da sua privacidade. Por isso, toda informação pessoal é criptografada. Além disso, para garantir que suas escolhas mais questionáveis não vazem de forma alguma, o algoritmo de recomendações da empresa trabalha exclusivamente com dados anônimos.

Para melhorar as recomendações, um novo módulo foi implementado. Ele permite que os usuários registrem os shows que assistiram no passado, mesmo que os ingressos não tenham sido adquiridos pela Gigmaster.

Domínios e subdomínios de negócio

O domínio de negócio da Gigmaster é a venda de ingressos. Esse é o serviço que ela presta aos clientes.

Subdomínios principais. A principal vantagem competitiva da Gigmaster é o mecanismo de recomendação. A empresa também leva a privacidade de seus usuários a sério e trabalha apenas com dados anônimos. Por último, embora não seja mencionado explicitamente, podemos presumir que a experiência do usuário do aplicativo móvel também é crucial. Portanto, os subdomínios principais da Gigmaster são:

- O mecanismo de recomendação
- O anonimato dos dados
- O aplicativo móvel

Subdomínios genéricos. É possível identificar e deduzir os seguintes subdomínios genéricos:

- Criptografia, para criptografar todos os dados
- Contabilidade, pois a empresa está no ramo de vendas
- Compensação, para cobrar seus clientes
- Autenticação e autorização, para identificar seus usuários

Subdomínios de suporte. Por último, os próximos são os subdomínios de suporte. Aqui a lógica de negócio é simples e se assemelha aos processos ETL ou às interfaces CRUD:

- Integração com serviços de streaming de música
- Integração com redes sociais
- Módulo de shows assistidos

Decisões de design

Agora que conhecemos os domínios em questão e as diferenças entre seus tipos, podemos tomar várias decisões de design estratégico:

- O mecanismo de recomendação, o anonimato dos dados e o aplicativo móvel têm que ser implementados internamente, usando as técnicas e as ferramentas de engenharia mais avançadas. Esses módulos passarão por mudanças com maior frequência.
- As soluções de código aberto ou prontas para uso podem ser usadas para a criptografia dos dados, a contabilidade, a compensação e a autenticação.
- A integração com serviços de streaming e redes sociais, assim como o módulo para shows assistidos, pode ser terceirizada.

BusVNext

A BusVNext é uma empresa de transporte público. Seu objetivo é fornecer aos consumidores viagens de ônibus que sejam confortáveis como pegar um táxi. A empresa administra frotas de ônibus em grandes cidades.

Um cliente da BusVNext pode pedir uma viagem pelo aplicativo móvel. No horário de partida marcado, a rota de um ônibus próximo será ajustada para buscar o cliente no horário de partida especificado.

O principal desafio da empresa foi implementar o algoritmo de roteamento. Seus requisitos são uma variante do "problema do caixeiro-viajante". A lógica de roteamento é continuamente ajustada e otimizada. Por exemplo, estatísticas mostram que a razão principal pela qual as viagens são canceladas é o longo tempo de espera para que o ônibus chegue. Então, a empresa ajustou o algoritmo de roteamento para priorizar partidas mais rápidas, mesmo que isso signifique atraso nas chegadas. Para otimizar o roteamento ainda mais, a BusVNext é integrada a provedores terceirizados para condições de trânsito e alertas em tempo real.

De tempos em tempos, a BusVNext oferece descontos especiais, tanto para atrair novos consumidores quanto para equilibrar as demandas por viagens em horário de pico e fora de pico.

Domínios e subdomínios do negócio

A BusVNext proporciona viagens de ônibus otimizadas para seus clientes. Seu domínio de negócio é o transporte público.

Subdomínios principais. A vantagem competitiva primária da BusVNext é seu algoritmo de roteamento, que busca resolver um problema complexo ("caixeiro-viajante") ao mesmo tempo em que prioriza objetivos comerciais diferentes: por exemplo, reduzir o tempo de embarque, mesmo que isso aumente a duração total da viagem.

Também vimos que os dados das viagens são continuamente analisados para entender melhor o comportamento dos clientes. Essas informações fazem com que a empresa aumente seus lucros, pois otimiza o algoritmo. Por fim, os aplicativos da BusVNext para seus clientes e motoristas devem ser fáceis de usar e fornecer uma interface de usuário conveniente.

Gerenciar uma frota não é simples. Os ônibus podem passar por problemas técnicos ou precisar de manutenção. Ignorar esses problemas pode levar a perdas financeiras e reduzir o nível do serviço.

Portanto, os subdomínios principais da BusVNext são:

- Roteamento
- Análise
- Experiência do usuário no aplicativo móvel
- Gestão da frota

Subdomínios genéricos. O algoritmo de roteamento também usa dados do tráfego e alertas provenientes de empresas terceirizadas — um subdomínio genérico. Além do mais, a BusVNext aceita pagamentos de seus clientes, então é preciso implementar funcionalidades de contabilidade e compensação. Os subdomínios genéricos da BusVNext são:

- Condições do tráfego
- Contabilidade
- Compensação
- Autorização

Subdomínios de suporte. O módulo para gerenciar promoções e descontos dá suporte ao negócio principal da empresa. Mesmo assim, não é um subdomínio principal. Sua gestão se assemelha a uma simples interface CRUD para a gestão de cupons ativos. Portanto, estamos falando de um típico subdomínio de suporte.

Decisões de design

Como já conhecemos os subdomínios em questão e as diferenças entre seus tipos, podemos tomar uma série de decisões de design estratégico:

- O algoritmo de roteamento, a análise de dados, a gestão da frota e a usabilidade do aplicativo devem ser implementados internamente, usando ferramentas e modelos técnicos mais elaborados.

- A implementação do módulo de gestão de promoções pode ser terceirizada.

- A identificação das condições de tráfego, a autorização dos usuários e a gestão de transações e registros financeiros podem ser delegadas para provedores de serviço externos.

Quem São os Especialistas de Domínio?

Agora que temos uma compreensão clara sobre domínios e subdomínios de negócio, vejamos outro termo do DDD que usaremos com frequência nos próximos capítulos: *especialistas de domínio*. Os especialistas de domínio são especialistas no assunto que conhecem todas as complexidades do negócio que iremos modelar e implementar no código. Em outras palavras, especialistas de domínio são autoridades no domínio de negócio do software.

Os especialistas de domínio não são os analistas que coletam os requisitos nem os engenheiros que projetam o sistema. Os especialistas de domínio representam a empresa. São as pessoas que identificaram o problema do negócio em primeiro lugar e de quem provêm todo o conhecimento sobre a empresa. Os analistas de sistemas e os engenheiros transformam seus modelos mentais do domínio de negócio em requisitos de software e código-fonte.

Como via de regra, os especialistas de domínio podem ser tanto as pessoas que criaram os requisitos quanto os usuários finais do software. O software deve resolver os problemas deles.

A expertise desses especialistas pode ter âmbitos diferentes. Alguns especialistas terão uma compreensão detalhada sobre como toda a empresa opera, enquanto outros se especializam em subdomínios particulares. Por exemplo, em uma agência de publicidade online, os especialistas de domínio seriam os gerentes de campanha, os compradores de mídia, os analistas e outros envolvidos no negócio.

Conclusão

Neste capítulo, falamos sobre ferramentas de domain-driven design para entender a atividade comercial de uma empresa. Como você pode ver, tudo começa com o domínio de negócio: a área em que a empresa opera e o serviço que ela oferece aos clientes.

Você também aprendeu sobre os diferentes blocos de construção necessários para ter sucesso em um domínio de negócio e como diferenciar a empresa dos concorrentes:

Subdomínios principais

Os problemas interessantes. São as atividades que a empresa exerce de forma diferente da concorrência e nas quais ganha vantagem competitiva.

Subdomínios genéricos

Os problemas resolvidos. São as coisas que todas as empresas fazem da mesma maneira. Não há espaço ou necessidade de inovação; em vez de criar implementações internas, é mais viável economicamente utilizar as soluções já existentes.

Subdomínios de suporte

Os problemas com soluções óbvias. São as atividades que a empresa provavelmente tem que implementar internamente, mas que não proporcionam nenhuma vantagem competitiva.

Por fim, você aprendeu que os especialistas de domínio são autoridades na área da empresa. Eles têm conhecimento profundo sobre o domínio de negócio da empresa, um ou mais de seus subdomínios e são cruciais para o sucesso do projeto.

Exercícios

1. Qual dos subdomínios não oferece vantagem competitiva?

   a. Principal

   b. Genérico

   c. De suporte

   d. B e C

2. Para qual subdomínio toda a concorrência pode utilizar as mesmas soluções?

   a. Principal.

   b. Genérico.

   c. De suporte.

   d. Nenhuma das opções. A empresa deve sempre se diferenciar dos concorrentes.

3. Qual subdomínio precisa ser alterado com maior frequência?

    a. Principal.

    b. Genérico.

    c. De suporte.

    d. Não há diferença de volatilidade entre os diferentes tipos de subdomínio.

Considere a descrição da WolfDesk (veja o Prefácio), uma empresa que fornece um sistema de gestão de tickets de help desk:

4. Qual é o domínio de negócio da WolfDesk?

5. Qual (ou quais) é/são o(s) subdomínio(s) principal(is) da WolfDesk?

6. Qual (ou quais) é/são o(s) subdomínio(s) de suporte da WolfDesk?

7. Qual (ou quais) é/são o(s) subdomínio(s) genérico(s) da WolfDesk?

CAPÍTULO 2

Descobrindo o Conhecimento de Domínio

É o (mal)entendimento dos desenvolvedores, não o conhecimento dos especialistas de domínio, que é liberado na produção.

— Alberto Brandolini

No capítulo anterior, começamos a explorar os domínios de negócio. Você aprendeu como identificar os domínios de negócio de uma empresa, ou as áreas de atividade, e analisar sua estratégia para competir dentro dela, ou seja, os limites e os tipos de subdomínios do negócio.

Este capítulo continua a falar sobre o tópico da análise de domínio de negócio, mas em uma dimensão diferente: profundidade. Focaremos o que acontece dentro de um subdomínio: sua função e lógica de negócio. Você aprenderá sobre a ferramenta de domain-driven design para uma comunicação eficiente e compartilhamento de conhecimento: a linguagem ubíqua. Aqui iremos usá-la para aprender sobre as complexidades do domínio de negócio. Posteriormente, usaremos para modelar e implementar sua lógica de negócio no software.

Problemas de Negócio

Os sistemas de software que estamos construindo são soluções para problemas de negócio. Nesse contexto, a palavra *problema* não quer dizer um problema matemático ou um enigma que pode ser resolvido e finalizado. No contexto dos domínios de negócios, "problema" tem um significado mais amplo. Problemas de negócio podem ser desafios associados a otimização de fluxos e processos de trabalho, redução da mão de obra manual, gestão de recursos, auxílio de decisões, gestão de dados, e assim por diante.

Os problemas de negócios aparecem nos níveis do domínio e do subdomínio de negócio. O objetivo de uma empresa é fornecer uma solução para os problemas de seus clientes. Voltando ao exemplo da FedEx, no Capítulo 1, seus clientes precisam enviar pacotes em um período limitado, por isso a empresa otimiza o processo de envio.

Subdomínios são domínios do problema mais refinados, cujo objetivo é fornecer soluções para capacidades de negócio específicas. Um subdomínio de gestão do conhecimento otimiza o processo de armazenamento e a recuperação de informações. Um subdomínio de compensação otimiza o processo de execução de transações financeiras. Um subdomínio de contabilidade registra o controle dos fundos da empresa.

A Descoberta de Conhecimento

Para projetar uma solução de software eficiente, devemos ter ao menos um conhecimento básico sobre o domínio de negócio. Como discutido no Capítulo 1, esse conhecimento pertence aos especialistas de domínio: é o trabalho deles se especializar e compreender todas as complexidades do domínio de negócio. De forma alguma devemos, ou podemos, nos tornar especialistas de domínio. Dito isso, é crucial que entendamos os especialistas de domínios e usemos a mesma terminologia que eles.

Para ser eficiente, o software precisa imitar a forma como os especialistas de domínio pensam sobre o problema — seus modelos mentais. Sem entender o problema de negócio e o raciocínio por trás dos requisitos, nossas soluções se limitarão a "traduzir" as exigências do negócio no código-fonte. E se os requisitos não incluírem um caso crucial? Ou não conseguirem descrever um conceito de negócio, limitando a capacidade de implementar um modelo que dê suporte a exigências futuras?

Como diz Alberto Brandolini,[1] desenvolvimento de software é um processo de aprendizado; trabalhar com código é um efeito colateral. O sucesso de um projeto de software depende da eficiência do compartilhamento de conhecimento entre especialistas de domínio e engenheiros de software. Precisamos entender o problema para poder resolvê-lo.

O compartilhamento de conhecimento eficiente entre especialistas de domínio e engenheiros de software exige uma comunicação eficaz. Vejamos quais são os impedimentos comuns à comunicação eficaz em projetos de software.

Comunicação

Pode-se dizer que quase todos os projetos de software exigem a colaboração das partes interessadas em diferentes funções: especialistas de domínio, proprietários de produtos, engenheiros, designers de UI e UX, gerentes de projeto, testador, analistas e outros. Como em qualquer esforço colaborativo, o resultado depende de quão bem as partes trabalham juntas. Por exemplo, todos os envolvidos concordam sobre qual problema está sendo resolvido? E a solução que estão construindo — há algum pressuposto con-

---

[1] Brandolini, Alberto. (n.d.). *Introducing EventStorming*. Leanpub.

flitante sobre seus requisitos funcionais e não funcionais? O acordo e o alinhamento em todos os assuntos relacionados ao projeto são essenciais para o seu sucesso.

Pesquisas sobre por que projetos de software fracassam têm mostrado que a comunicação eficaz é essencial para compartilhar o conhecimento e ter sucesso no projeto.[2] Mesmo assim, apesar de sua importância, a comunicação eficaz raramente é observada em projetos de software. Muitas vezes, empresários e engenheiros não interagem diretamente. Em vez disso, o conhecimento de domínio é transferido dos especialistas de domínio para os engenheiros. Ele é passado por meio de pessoas que desempenham o papel de mediadores, ou "tradutores", analistas de sistemas/negócios, proprietários de produtos e gerentes de projetos. Esse fluxo comum de compartilhamento de conhecimento está ilustrado na Figura 2-1.

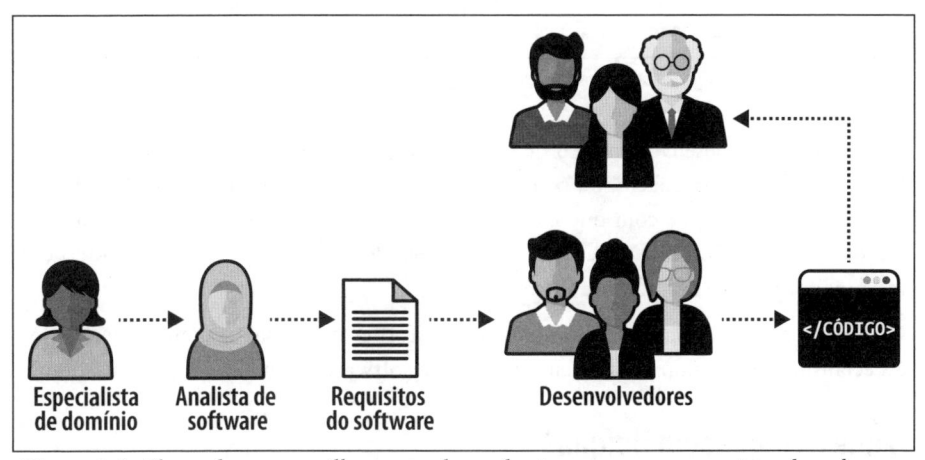

Figura 2-1. Fluxo de compartilhamento de conhecimentos em um projeto de software.

Durante o ciclo de vida tradicional do desenvolvimento de software, o conhecimento de domínio é "traduzido" para o engenheiro de uma forma simples, conhecida como *modelo de análise*, que é uma descrição das exigências do sistema, não uma compreensão do domínio de negócio por trás dele. As intenções podem ser boas, mas tal mediação é perigosa para o compartilhamento de informação. Em qualquer tradução, alguma informação é perdida; nesse caso, o conhecimento de domínio essencial para resolver os problemas de negócio se perde no caminho até os engenheiros de software. E essa não é a única tradução em um projeto de software típico. O modelo de análise é traduzido no modelo de projeto de software (um documento de design de software, que é traduzido em um modelo de implementação ou no próprio código-fonte). Como frequentemente acontece, os documentos se desatualizam rápido. O código-fonte é uti-

---

[2] Sudhakar, Goparaju Purna. (2012). "A Model of Critical Success Factors for Software Projects". *Journal of Enterprise Information Management, 25*(6), 537–558.

lizado para comunicar o conhecimento de domínio de negócio para os engenheiros de software que manterão o projeto posteriormente. A Figura 2-2 ilustra as diferentes traduções necessárias para o conhecimento de domínio ser implementado no código.

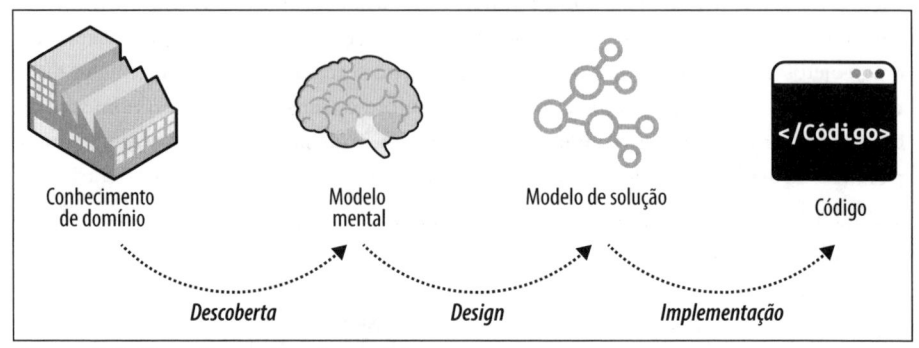

Figura 2-2. Transformações do modelo

Esse processo de desenvolvimento de software se assemelha à brincadeira infantil Telefone sem fio:[3] a mensagem, ou o conhecimento de domínio, muitas vezes fica distorcida. A informação faz com que os engenheiros de software implementem a solução errada ou a solução certa para os problemas errados. Em todo caso, o resultado é o mesmo: um projeto de software fracassado.

O domain-driven design propõe uma melhor forma de passar o conhecimento dos especialistas de domínio para os engenheiros de software: usando a linguagem ubíqua.

O que é Linguagem Ubíqua?

O uso da linguagem ubíqua é a prática alicerce do domain-driven design. A ideia é simples e direta: se as partes precisam se comunicar com eficiência, em vez de usar traduções, eles precisam falar a mesma língua.

Embora essa noção seja quase um senso comum, Voltaire dizia que "o senso comum não é tão comum". O ciclo de vida tradicional do desenvolvimento de um software implica nas seguintes traduções:

- Do conhecimento de domínio para um modelo de análise
- Do modelo de análise para os requisitos
- Das exigências para o design de sistema
- Do design de sistema para o código-fonte

---

[3] Os jogadores formam uma fila, e o primeiro jogador inventa uma mensagem e a sussurra no ouvido do segundo jogador. O segundo jogador repete a mensagem para o terceiro jogador e assim por diante. O último jogador anuncia a mensagem que ouviu para todo o grupo. O primeiro jogador então compara a mensagem original com a versão final. Embora o objetivo seja comunicar a mesma mensagem, ela geralmente é alterada, e o último jogador recebe uma mensagem bem diferente da original.

Em vez de traduzir constantemente o conhecimento de domínio, o domain-driven design exige o cultivo de uma linguagem única para descrever o domínio de negócio: a linguagem ubíqua.

Todos os envolvidos no projeto — engenheiros de software, proprietários de produtos, especialistas de domínio, designers de UI/UX — devem usar a linguagem ubíqua ao descrever o domínio de negócio. Sobretudo, os especialistas de domínio devem usar a linguagem ubíqua confortavelmente ao falar do raciocínio por trás do domínio de negócio; a linguagem representará tanto o domínio de negócio quanto os modelos mentais dos especialistas de domínio.

Apenas pelo uso contínuo da linguagem ubíqua e seus termos podemos cultivar uma compreensão entre todos os envolvidos no projeto.

Linguagem do Negócio

É crucial enfatizar que a linguagem ubíqua é a linguagem do negócio. Como tal, deve consistir apenas de termos relacionados ao domínio de negócio. Sem jargão técnico! Ensinar os especialistas de domínio sobre singletons e abstract factories não é o seu objetivo. O objetivo da linguagem ubíqua é estruturar a compreensão e os modelos mentais dos especialistas de domínio em termos que sejam fáceis de entender.

Cenários

Iremos supor que estamos trabalhando em um sistema de gestão de campanha publicitária. Considere as seguintes declarações:

- Uma campanha publicitária pode exibir diferentes materiais criativos.
- Uma campanha só pode ser publicada se pelo menos uma de suas inserções está ativa.
- As comissões de vendas são contabilizadas após as transações serem aprovadas.

Todas essas declarações são formuladas na linguagem do negócio, isto é, elas refletem a visão do domínio de negócio dos especialistas de domínio.

Por outro lado, as seguintes declarações são estritamente técnicas e por isso não se encaixam na noção de linguagem ubíqua:

- O iframe da propaganda exibe um arquivo HTML.
- Uma campanha pode ser publicada apenas se tem ao menos um registro associado na tabela de inserções ativas.
- As comissões de vendas são baseadas em registros correlatos das transações e das tabelas de vendas aprovadas.

Essas últimas afirmações são puramente técnicas e serão obscuras para os especialistas de domínio. Suponha que os engenheiros só estejam familiarizados com essa visão técnica, orientada para soluções, do domínio de negócio. Nesse caso, eles não serão capazes de compreender a lógica de negócio e por que ela opera dessa forma, o que limitará sua habilidade de modelar e implementar uma solução eficaz.

Consistência

A linguagem ubíqua deve ser precisa e consistente. Ela deve eliminar a necessidade de premissas e deve tornar a lógica de domínio de negócio explícita.

Como a ambiguidade prejudica a comunicação, cada termo da linguagem ubíqua deve ter apenas um significado. Vejamos alguns exemplos de terminologia obscura e como ela pode ser melhorada.

Termos ambíguos

Digamos que, em um domínio de negócio, o termo *policy (em inglês, política ou apólice)* tem múltiplos significados: pode ser uma regra reguladora ou um contrato de seguro. O significado exato pode ser entendido na interação humana, dependendo do contexto. O software, no entanto, não lida bem com a ambiguidade, e pode ser incômodo e desafiador modelar a entidade "policy" no código.

A linguagem ubíqua exige um único significado para cada termo, então "policy" pode ser modelada explicitamente usando os dois termos, *regra reguladora* e *contrato de seguro*.

Termos sinônimos

Não podemos utilizar dois termos de forma intercambiável em uma linguagem ubíqua. Por exemplo, muitos sistemas utilizam o termo *usuário*. No entanto, uma observação cuidadosa do jargão dos especialistas de domínio pode revelar que *usuário* e outros termos são usados de forma intercambiável: por exemplo, *usuário, visitante, administrador, conta* etc.

Termos sinônimos podem parecer inofensivos à primeira vista. Entretanto, na maioria dos casos, eles denotam conceitos diferentes. Nesse exemplo, *visitante* e *conta* tecnicamente referem-se aos usuários do sistema; no entanto, na maioria dos sistemas, usuários registrados e não registrados representam diferentes papéis e diferentes comportamentos. Por exemplo, os dados de "visitante" são usados principalmente para análise, enquanto as "contas" realmente usam o sistema e suas funcionalidades.

É recomendável usar cada termo explicitamente em seu contexto específico. Compreender as diferenças entre os termos em uso permite construir modelos e implementações das entidades do domínio de negócio mais simples e precisas.

Modelo de Domínio de Negócio

Agora vejamos a linguagem ubíqua de uma perspectiva diferente: modelagem.

O que é um Modelo?

> *Um modelo é uma representação simplificada de uma coisa ou um fenômeno que intencionalmente enfatiza certos aspectos e ignora outros. Abstração com um uso específico em mente.*
>
> — Rebecca Wirfs-Brock

Modelo não é uma cópia do mundo real, mas uma construção humana que nos ajuda a entender os sistemas do mundo real.

Um exemplo geral de modelo é um mapa. Qualquer mapa é um modelo, incluindo mapas de navegação, mapas de relevo, mapas-múndi, mapas do metrô e outros, como mostra a Figura 2-3.

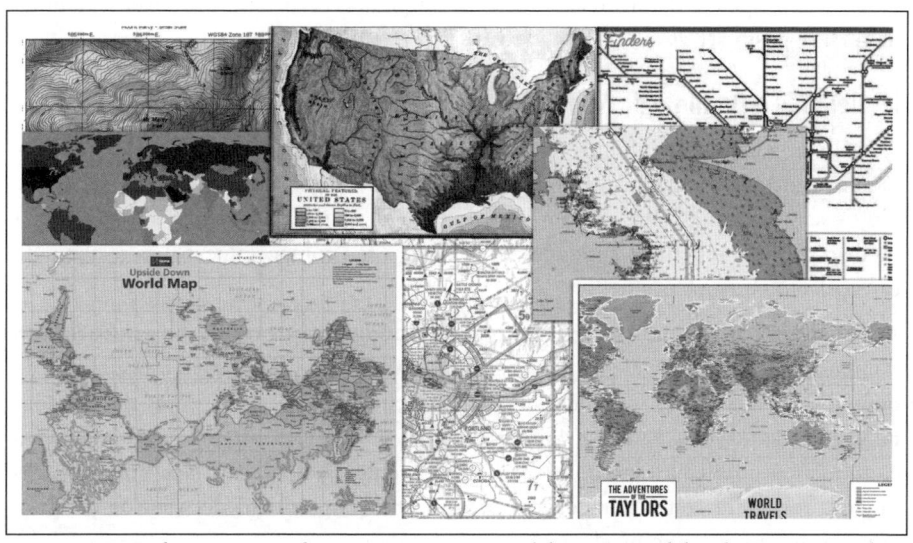

Figura 2-3. Diferentes tipos de mapa que mostram diferentes modelos da Terra: estradas, fusos horários, navegação náutica, relevo, navegação aeronáutica e linhas do metrô.

Nenhum mapa representa todos os detalhes do nosso planeta. Porém cada mapa contém toda a informação suficiente para o seu propósito particular: o problema que deve solucionar.

Modelagem Eficaz

Todos os modelos têm um propósito, e um modelo eficaz contém apenas os detalhes necessários para que se cumpra esse propósito. Por exemplo, você não verá paradas de metrô em um mapa-múndi. Por outro lado, não podemos usar um mapa do metrô para estimar distâncias. Cada mapa contém apenas a informação que deve fornecer.

Vale a pena reiterar esse ponto: um modelo útil não é uma cópia do mundo real. Na verdade, pretende-se que o modelo resolva um problema, e ele deve ter apenas a informação necessária para seu propósito. Ou, como diz o estatístico George Box, "Todos os modelos são errados, mas alguns são úteis".

Em sua essência, um modelo é uma abstração. A noção de abstração nos permite lidar com a complexidade, omitindo os detalhes desnecessários e deixando apenas o que é necessário para solucionar o problema em questão. Por outro lado, uma abstração ineficaz remove a informação necessária ou produz ruído por incluir informações desnecessárias. Como observou Edsger W. Dijkstra em seu artigo "O Programador Humilde",[4] o propósito da abstração não é ser vago, mas criar um novo nível semântico no qual se possa ser *absolutamente preciso*.

Modelando o Domínio de Negócio

Ao cultivar a linguagem ubíqua, estamos efetivamente construindo o modelo do domínio de negócio. O modelo deve capturar os modelos mentais dos especialistas de domínio — seu raciocínio sobre como o negócio funciona para implementar sua função. O modelo tem que refletir as entidades de negócio e seu comportamento, as relações de causa e efeito e as invariantes.

A linguagem ubíqua que usamos não precisa abranger todos os detalhes possíveis do domínio. Isso seria equivalente a transformar todos os envolvidos em especialistas de domínio. Na realidade, o modelo deve implementar apenas os aspectos do domínio de negócio suficientes para possibilitar a implementação do sistema requisitado, isto é, abordar o problema específico que o software deve solucionar. Nos próximos capítulos, você verá como a linguagem ubíqua pode impulsionar decisões de design e implementação de baixo nível.

A comunicação eficaz entre as equipes de engenharia e especialistas de domínio é vital. A importância dessa comunicação cresce com a complexidade do domínio de negócio. Quanto mais complexo é o domínio de negócio, mais difícil é modelar e implementar sua lógica de negócio no código. Até um leve desentendimento em um domínio de negócio, ou em seus princípios fundamentais, conduzirá inadvertidamente a uma implementação propensa a bugs graves. A única forma confiável de verificar a compreensão

---

[4] Edsger W. Dijkstra, "O Programador Humilde".

de um domínio de negócio é conversar com os especialistas de domínio na linguagem que eles entendem: a linguagem do negócio.

Esforço Contínuo

A formulação de uma linguagem ubíqua exige interação com seus falantes nativos, os especialistas de domínio. Apenas as interações com os verdadeiros especialistas de domínio podem desvendar imprecisões, suposições erradas e uma compreensão falha do domínio de negócio.

Todos os envolvidos no negócio devem utilizar a linguagem ubíqua consistentemente em todas as comunicações relacionadas ao projeto, para disseminar o conhecimento e aumentar uma compreensão compartilhada do domínio de negócio. A linguagem deve ser continuamente reforçada em todo o projeto: solicitações, testes, documentação e até o próprio código-fonte deve usar essa linguagem.

Sobretudo, cultivar uma linguagem ubíqua é um processo contínuo. Ela deve ser constantemente validada e evoluída. O uso diário da linguagem, com o passar do tempo, revelará perspectivas mais profundas no domínio de negócio. Quando tais inovações ocorrem, a linguagem ubíqua deve evoluir para acompanhar o conhecimento de domínio recém-adquirido.

Ferramentas

Há ferramentas e tecnologias que podem atenuar os processos de captura e gestão de uma linguagem ubíqua.

Por exemplo, uma wiki pode ser usada como *glossário* para capturar e documentar a linguagem ubíqua. Tal glossário minimiza o processo de integração de novos membros da equipe, pois serve como ponto de partida para informações sobre a terminologia do domínio de negócio.

É importante transformar a manutenção do glossário em um esforço conjunto. Quando uma linguagem ubíqua é alterada, todos os membros da equipe devem ser encorajados a atualizar o glossário. A abordagem é contrária à centralização, na qual apenas os líderes da equipe ou os arquitetos têm a função de fazer a manutenção do glossário.

Apesar das vantagens óbvias de manter um glossário de terminologia relacionada ao projeto, há uma limitação inerente. Os glossários funcionam melhor para "substantivos": nomes de entidades, processos, funções e outros. Embora os substantivos sejam importantes, capturar o comportamento é crucial. O comportamento não é uma mera lista de verbos associados aos substantivos, mas é a real lógica do negócio, com suas regras, suposições e invariantes. Tais conceitos são muito mais difíceis de documentar em um glossário. Consequentemente, os glossários são utilizados junto com outras ferramentas que são mais adequadas para capturar o comportamento; casos de uso ou *testes Gherkin*, por exemplo.

Testes automatizados escritos na linguagem Gherkin são ótimas ferramentas não apenas para capturar a linguagem ubíqua, mas também atuam como ferramenta adicional para fazer a ponte entre especialistas de domínio e engenheiros de software. Especialistas de domínio podem ler os testes e verificar o comportamento esperado do sistema.[5] Por exemplo, veja o seguinte teste escrito em linguagem Gherkin:

```
Cenário: Notifique o agente sobre um novo caso de atendimento
    Dado que Vincent Jules envia um novo caso de atendimento, dizendo:
    """
    Preciso de ajuda para configurar o AWS Infinidash
    """
    Quando o ticket é alocado para o Sr. Wolf
    Então o agente recebe uma notificação sobre o novo ticket
```

Gerenciar um conjunto de testes baseados em Gherkin pode ser um desafio às vezes, especialmente nos estágios iniciais de um projeto. No entanto, definitivamente vale a pena para domínios de negócio complexos.

Por último, há até ferramentas de análise de código que podem verificar o uso de termos de uma linguagem ubíqua. Um exemplo notável desse tipo de ferramenta é o NDepend.

Embora essas ferramentas sejam úteis, elas são secundárias para o uso de uma linguagem ubíqua nas interações diárias. Use as ferramentas para ajudar na gestão da linguagem ubíqua, mas não espere que a documentação substitua o uso. Como diz o Manifesto Ágil, "Indivíduos e interações acima de processos e ferramentas".

Desafios

Teoricamente, cultivar uma linguagem ubíqua parece ser um processo simples e direto. Na prática, não é. A única maneira confiável de coletar conhecimento de domínio é conversar com os especialistas de domínio. Frequentemente, o conhecimento mais importante está implícito. Não está documentado nem codificado, mas reside apenas nas mentes dos especialistas de domínio. A única maneira de acessá-lo é fazendo perguntas.

Conforme você ganha experiência nessa prática, nota que, frequentemente, esse processo não se trata apenas de descobrir uma informação que já existe, mas cocriar o modelo em conjunto com os especialistas de domínio. Pode haver ambiguidades e até pontos cegos no entendimento do domínio de negócio dos próprios especialistas de domínio; por exemplo, definir apenas o cenário "feliz", mas não considerar casos mais difíceis e que vão contra as suposições aceitas. E mais, você pode encontrar conceitos do domínio de negócio que não têm definições explícitas. Fazer perguntas sobre a natureza do

---

[5]   Mas não caia na armadilha de pensar que especialistas de domínio escreverão testes Gherkin.

domínio de negócio geralmente torna explícitos tais conflitos e pontos cegos implícitos. Isso é especialmente comum nos subdomínios principais. No caso, o processo de aprendizagem é mútuo, pois você está ajudando os especialistas de domínio a entenderem melhor a área deles.

Ao introduzir práticas de domain-driven design em um projeto brownfield, você notará que já existe uma linguagem formada para descrever o domínio de negócio e que as partes interessadas a utilizam. Entretanto, como os princípios do DDD não orientam essa linguagem, ela não refletirá necessariamente o domínio de negócio de forma eficaz. Por exemplo, ela pode utilizar termos técnicos, como nomes de tabelas do banco de dados. Mudar uma linguagem que já está sendo usada na organização não é fácil. A ferramenta essencial nesse caso é a paciência. É preciso garantir que a linguagem correta seja usada onde ela é fácil de controlar: na documentação e no código-fonte.

Por fim, a pergunta sobre linguagem ubíqua que recebo com frequência nas conferências é qual idioma devemos utilizar se a empresa está em um país que não fala inglês. Meu conselho é utilizar pelo menos substantivos de língua inglesa para as entidades do domínio de negócio. Isso facilitará o uso da mesma terminologia no código.

Conclusão

Comunicação eficaz e compartilhamento de conhecimento são cruciais para um projeto de software bem-sucedido. Os engenheiros de software precisam entender o domínio de negócio para construir uma solução de software.

A linguagem ubíqua no domain-driven design é uma ferramenta eficaz para preencher a lacuna de conhecimento entre especialistas de domínio e engenheiros de software. Ela promove a comunicação e o compartilhamento de conhecimento ao cultivar uma linguagem comum que pode ser usada por todos os interessados no projeto: em conversas, documentação, testes, diagramas, código-fonte e assim por diante.

Para garantir uma comunicação eficiente, a linguagem ubíqua deve eliminar ambiguidades e suposições implícitas. Todos os termos de uma linguagem precisam ser consistentes — sem termos ambíguos ou sinônimos.

Cultivar uma linguagem ubíqua é um processo contínuo. Conforme o projeto evolui, mais conhecimento de domínio é descoberto. É importante que tais descobertas sejam refletidas na linguagem ubíqua.

Ferramentas como os glossários do tipo wiki e testes Gherkin podem facilitar muito o processo de documentação e manutenção de uma linguagem ubíqua. No entanto, o principal pré-requisito para uma linguagem ubíqua eficaz é o uso: a linguagem deve ser usada consistentemente em todas as comunicações relacionadas ao projeto.

Exercícios

1. Quem deve contribuir para a definição de uma linguagem ubíqua?

    a. Especialistas de domínio
    b. Engenheiros de software
    c. Usuários finais
    d. Todos os envolvidos no projeto

2. Onde a linguagem ubíqua deve ser usada?

    a. Conversas
    b. Documentação
    c. Código
    d. Todas as alternativas anteriores

3. Reveja, no Prefácio, a descrição da empresa fictícia WolfDesk. Qual terminologia de domínio de negócio você consegue identificar na descrição?

4. Considere um projeto de software no qual você esteja trabalhando no momento ou tenha trabalhado no passado:

    a. Tente criar conceitos do domínio de negócio que possa usar em conversas com os especialistas de domínio.

    b. Tente identificar exemplos de termos inconsistentes: conceitos de domínio de negócio que tenham significados diferentes ou conceitos idênticos representados por termos diferentes.

    c. Você encontrou alguma ineficiência no desenvolvimento do software que tenha resultado de uma comunicação inadequada?

5. Suponha que você esteja trabalhando em um projeto e percebe que especialistas de domínio de diferentes unidades organizacionais usam o mesmo termo, por exemplo, *policy*, para descrever conceitos diferentes do domínio de negócio.

    A linguagem ubíqua resultante é baseada nos modelos mentais dos especialistas de domínio, mas não consegue cumprir a exigência de que cada termo deve ter apenas um significado.

    Antes de irmos para o próximo capítulo, como você resolveria esse enigma?

CAPÍTULO 3

Administrando a Complexidade do Domínio

Como vimos no capítulo anterior, para assegurar o sucesso de um projeto, é essencial que você desenvolva uma linguagem ubíqua que possa ser usada na comunicação com todos os envolvidos no projeto, desde os engenheiros de software até os especialistas de domínio. Essa linguagem deve refletir os modelos mentais dos especialistas de domínio sobre o funcionamento interno do domínio do negócio e seus princípios subjacentes.

Como nosso objetivo é usar a linguagem ubíqua para orientar decisões de design de software, a linguagem deve ser clara e consistente. Ela não deve conter ambiguidade, suposições implícitas e detalhes desnecessários. Entretanto, em escala organizacional, é possível que os próprios modelos mentais dos especialistas de domínio sejam inconsistentes. Especialistas de domínio diferentes podem usar modelos diferentes do mesmo domínio de negócio. Vejamos um exemplo.

Modelos Inconsistentes

Voltemos ao exemplo da empresa de telemarketing, do Capítulo 2. O departamento de telemarketing dela gera leads através de anúncios online. O departamento de vendas é responsável por solicitar que possíveis consumidores comprem seus produtos e serviços, em uma cadeia que é mostrada na Figura 3-1.

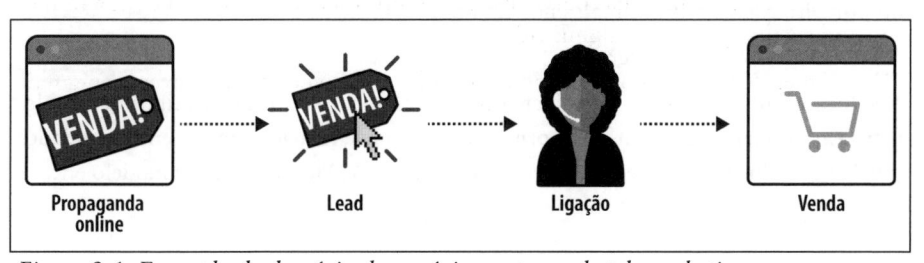

Figura 3-1. Exemplo de domínio de negócio: empresa de telemarketing

Uma investigação da linguagem dos especialistas de domínio revela uma observação em particular. O termo *lead* tem significados diferentes nos departamentos de vendas e marketing:

Departamento de marketing

Para o pessoal do marketing, lead representa uma notificação de que alguém está interessado em um dos produtos. O evento de receber as informações de contato do cliente em potencial é considerado um lead.

Departamento de vendas

No contexto do departamento de vendas, lead é uma entidade muito mais complexa. Ela representa todo o ciclo do processo de vendas. Não é um mero evento, mas um longo processo.

Como formular uma linguagem ubíqua no caso dessa empresa de telemarketing?

De um lado, sabemos que a linguagem ubíqua tem que ser consistente — cada termo deve ter um significado. Por outro lado, sabemos que a linguagem ubíqua deve refletir os modelos mentais dos especialistas de domínio. Nesse caso, o modelo mental de "lead" é inconsistente entre os especialistas de domínio nos departamentos de vendas e marketing.

Essa ambiguidade não apresenta grande dificuldade nas comunicações interpessoais. É fato que a comunicação pode ser mais difícil entre pessoas de departamentos diferentes, mas é relativamente fácil para as pessoas compreenderem o significado correto de uma palavra dentro do contexto de interação.

No entanto, é mais difícil representar um modelo de negócio tão divergente no software. O código-fonte não lida bem com ambiguidade. Se fôssemos trazer o modelo complicado do departamento de vendas para o de marketing, isso traria complexidade onde ela não é necessária — muito mais detalhes e comportamento do que o necessário para o pessoal do marketing otimizar as campanhas publicitárias. Mas, se tentássemos simplificar o modelo de vendas de acordo com o ponto de vista do marketing, isso não atenderia às necessidades do subdomínio de marketing, por ser simples demais para administrar e otimizar o processo de vendas. Teríamos uma solução muito complexa no primeiro caso e muito simples no segundo.

Como resolver esse impasse?

A solução tradicional para o problema pode ser usada para todos os tipos de problemas. Tais modelos resultam em enormes diagramas de relacionamento entre entidades (DREs) que abrangem paredes inteiras de escritórios. A Figura 3-2 é um modelo eficaz?

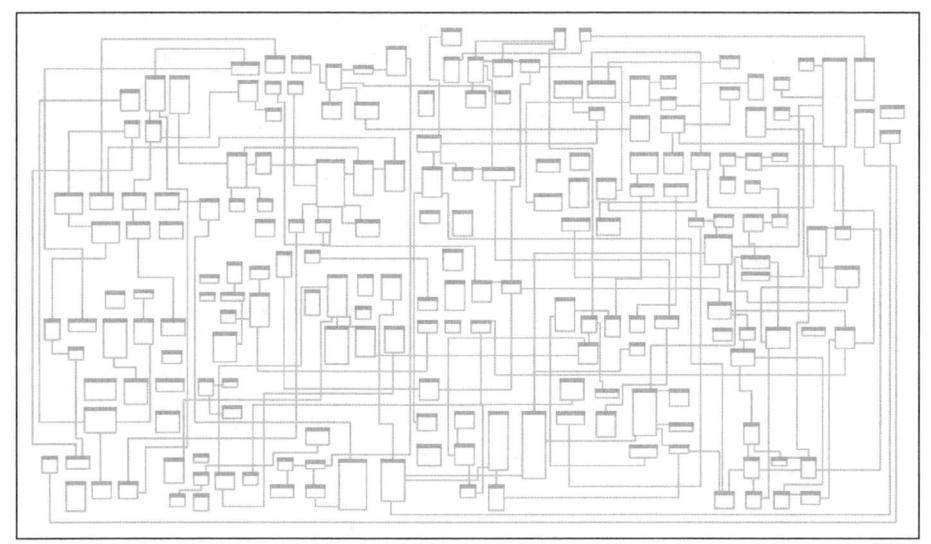

Figura 3-2. Diagrama de relacionamento entre entidades que abrange toda a empresa

Mas quem tenta ser bom em tudo acaba não sendo bom em nada. Esses modelos deveriam ser adequados para tudo, mas acabam não sendo eficazes em nada. Não importa o que faça, você sempre lida com a complexidade: a complexidade de filtrar os detalhes desnecessários, a complexidade de encontrar o que precisa e, o mais importante, a complexidade de manter os dados em um estado consistente.

Outra solução seria acrescentar uma palavra ao termo problemático para a definição do contexto: "lead de marketing" e "lead de vendas". Isso permitiria a implementação dos dois modelos no código. Contudo, essa abordagem tem duas desvantagens principais. Em primeiro lugar, ela provoca uma carga cognitiva. Quando cada modelo deve ser utilizado? Quanto mais próximas são as implementações dos modelos conflitantes, mais fácil é cometer um erro. Em segundo lugar, a implementação do modelo não estará alinhada com a linguagem ubíqua. Ninguém usaria as palavras extras nas conversas. As pessoas não precisam da informação extra; elas podem inferir pelo contexto.

Voltemos ao padrão de domain-driven design para lidar com tais cenários: o padrão de contexto delimitado.

O que É Contexto Delimitado?

A solução no domain-driven design é simples: dividir a linguagem ubíqua em várias linguagens menores e depois designar cada uma ao contexto específico onde devem ser aplicadas: seu *contexto delimitado*.

No exemplo anterior, podemos identificar dois contextos delimitados: marketing e vendas. O termo *lead* existe nos dois contextos delimitados, como mostra a Figura 3-3. Contanto que tenha apenas um significado em cada contexto, cada linguagem ubíqua refinada é consistente e segue o modelo mental dos especialistas de domínio.

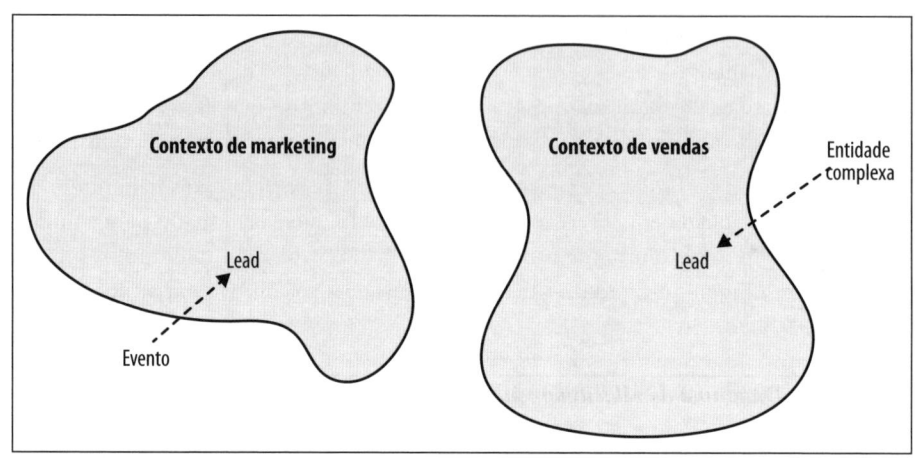

Figura 3-3. Lidando com as inconsistências na linguagem ubíqua com a divisão em contextos delimitados

De certa forma, conflitos de terminologia e contextos implícitos são uma parte inerente de qualquer negócio de tamanho razoável. Com o padrão de contexto delimitado, os contextos são modelados como uma parte explícita e fundamental do domínio de negócio.

Limites do Modelo

Como vimos no capítulo anterior, modelo não é uma cópia do mundo real, mas um conceito que nos ajuda a entender um sistema complexo. O problema que ele precisa resolver é uma parte inerente de um modelo — seu propósito. Um modelo não pode existir sem limite; ele expandirá para se tornar uma cópia do mundo real. Por isso, definir o limite de um modelo — seu contexto delimitado — é uma parte intrínseca do processo de modelagem.

Voltemos ao exemplo dos mapas como modelos. Vimos que cada mapa tem seu contexto específico — aéreo, náutico, relevo, metrô etc. O mapa é útil e consistente apenas dentro do escopo de seu propósito específico.

Assim como um mapa do metrô é inútil para a navegação náutica, uma linguagem ubíqua em um contexto delimitado pode ser completamente irrelevante para o escopo de outro contexto delimitado. Os contextos delimitados definem a aplicabilidade de uma linguagem ubíqua e o modelo que ela representa. Eles permitem definir modelos distinto de acordo com diferentes domínios do problema. Em outras palavras, os contextos delimitados são os limites consistentes das linguagens ubíquas. A terminologia, os princípios e as regras de negócio de uma linguagem só são consistentes dentro de seu contexto delimitado.

Linguagem Ubíqua Refinada

Os contextos delimitados nos permitem completar a definição de uma linguagem ubíqua. Uma linguagem ubíqua *não* é "ubíqua" no sentido de que deve ser usada "de maneira onipresente" em toda a organização. Uma linguagem ubíqua *não* é universal.

Ao contrário, ela é ubíqua apenas dentro dos limites de seu contexto delimitado. A linguagem está focada em descrever apenas o modelo que é englobado pelo contexto delimitado. Como um modelo não existe sem um problema que deve resolver, a linguagem ubíqua não pode ser definida ou usada sem um contexto explícito de sua aplicabilidade.

Escopo de um Contexto Delimitado

O exemplo no começo deste capítulo demonstra uma barreira inerente do domínio do negócio. Especialistas de domínio diferentes tinham modelos mentais conflitantes da mesma entidade de negócio. Para modelar o domínio de negócio, tivemos que dividir o modelo e definir um contexto de aplicabilidade específico para cada modelo refinado — seu contexto delimitado.

A consistência da linguagem ubíqua ajuda a identificar o limite mais amplo da linguagem. Ela não pode ser maior, porque haverá modelos e terminologia inconsistentes. No entanto, podemos dividi-los em contextos ainda menores, como mostra a Figura 3-4.

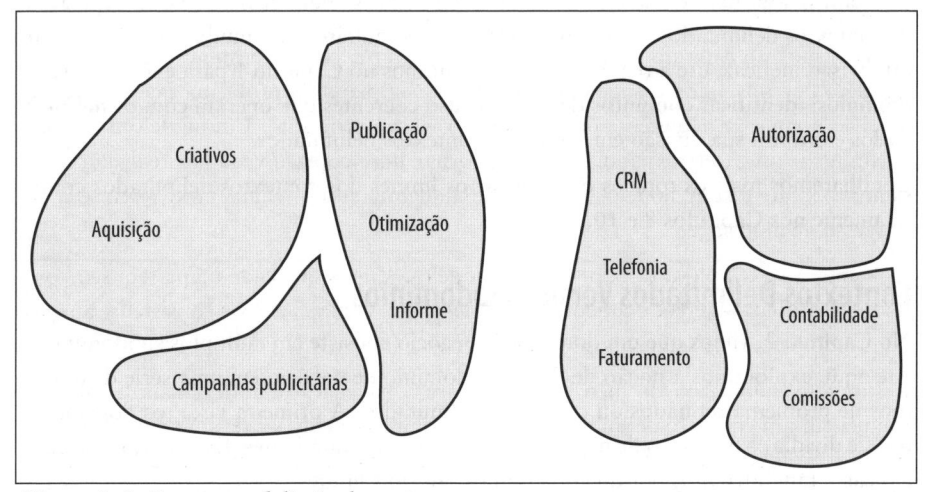

Figura 3-4. Contextos delimitados menores

Definir o escopo de uma linguagem ubíqua — seu contexto delimitado — é uma decisão estratégica. Os limites podem ser amplos, seguindo os contextos inerentes do domínio de negócio, ou estreitos, dividindo o domínio de negócio em domínios de problema menores.

O tamanho de um contexto delimitado, por si só, não é um fator decisivo. Os modelos não precisam ser necessariamente grandes ou pequenos. Os modelos precisam ser úteis. Quanto mais amplo é o limite de uma linguagem ubíqua, mais difícil é mantê-la consistente. Pode ser vantajoso dividir uma linguagem ubíqua grande em domínios menores e mais fáceis de administrar, mas tentar criar contextos delimitados menores também pode dar errado. Quanto menores forem, mais integração o design causará.

Portanto, a decisão sobre o tamanho dos contextos delimitados deve depender do domínio de problema específico. Às vezes, o uso de um limite amplo será mais claro, já em outros momentos, a sua divisão fará mais sentido.

As razões para extrair contextos delimitados mais refinados de um contexto delimitado maior incluem formar novas equipes de engenharia de software ou atender a alguns dos requisitos não funcionais do sistema; por exemplo, quando você precisa separar o ciclo de desenvolvimento de alguns dos componentes que originalmente residem em um único contexto delimitado. Outra razão comum para extrair uma funcionalidade é a capacidade de dimensioná-la independentemente do resto das funcionalidades do contexto delimitado.

Portanto, mantenha seus modelos úteis e alinhe os tamanhos dos contextos delimitados com as necessidades do negócio e as restrições organizacionais. Uma coisa para se prestar atenção é a divisão de uma funcionalidade coerente em múltiplos contextos delimitados. Essa divisão prejudicará a habilidade de desenvolver cada contexto independentemente. Em vez disso, os mesmos requisitos e mudanças de negócio afetarão os contextos delimitados e exigirão implantação simultânea das mudanças. Para evitar tal divisão ineficaz, use a regra geral que discutimos no Capítulo 1 para encontrar subdomínios: identificar conjuntos de casos de uso coerentes que operam com os mesmos dados e evitar a sua divisão em múltiplos contextos delimitados.

Detalharemos mais os tópicos de otimizar os limites dos contextos delimitados continuamente nos Capítulos 8 e 10.

Contextos Delimitados Versus Subdomínios

No Capítulo 2, vimos que um domínio de negócio consiste em múltiplos subdomínios. Até aqui, exploramos a noção de dividir o domínio de negócio em uma série de domínios de problema refinados ou contextos delimitados. À primeira vista, os dois métodos de dividir os domínios de negócio podem parecer redundantes. Entretanto, esse não é o caso. Entenderemos por que precisamos dos dois limites.

Subdomínios

Para compreender a estratégia de negócio de uma empresa, temos que analisar seu domínio de negócio. De acordo com a metodologia do domain-driven design, a fase de análise envolve a identificação de subdomínios diferentes (principal, de suporte e genérico). É assim que a organização opera e planeja sua estratégia competitiva.

Como você aprendeu no Capítulo 1, um subdomínio se assemelha a um conjunto de casos de uso inter-relacionados. Esses casos são definidos pelo domínio de negócio e pelas exigências do sistema. Como engenheiros de software, não definimos as exigências; isso é responsabilidade do negócio. Em vez disso, analisamos o domínio de negócio para identificar os subdomínios.

Contextos Delimitados

Os contextos delimitados, por outro lado, são projetados. Escolher limites de modelos é uma decisão de design estratégico. Decidimos como dividir o domínio de negócio em domínios menores e mais fáceis de administrar.

A Inter-relação Entre Subdomínios e Contextos Delimitados

Teoricamente, embora não seja viável, um único modelo pode abranger todo o domínio de negócio. Essa estratégia pode funcionar para um sistema pequeno, como mostra a Figura 3-5.

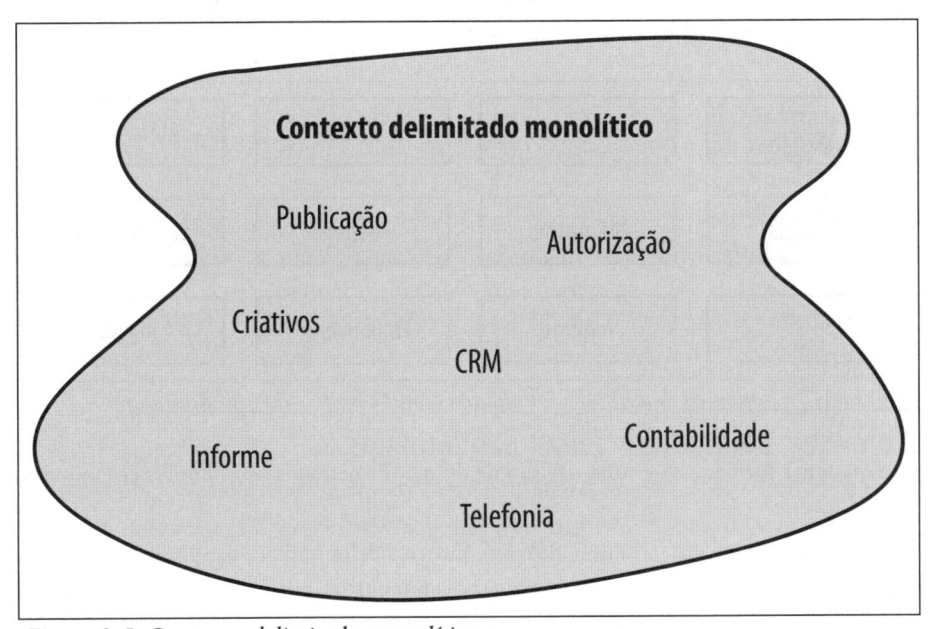

Figura 3-5. Contexto delimitado monolítico

Quando surgem modelos conflitantes, podemos seguir os modelos mentais dos especialistas do domínio e dividir os sistemas em contextos delimitados, como mostra a Figura 3-6.

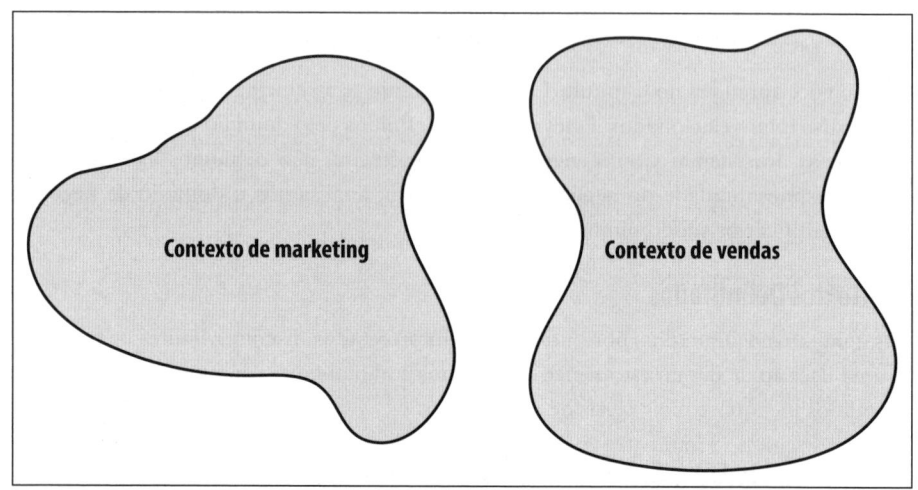

Figura 3-6. Contextos delimitados orientados pela consistência da linguagem ubíqua

Se os modelos ainda estiverem grandes e difíceis de manter, podemos dividi-los em contextos delimitados ainda menores; por exemplo, com um contexto delimitado para cada subdomínio, como mostra a Figura 3-7.

Figura 3-7. Contextos delimitados alinhados com os limites dos subdomínios

De qualquer forma, essa é uma decisão de design. Projetamos esses limites como parte da solução.

Ter uma relação de um para um entre os contextos delimitados e os subdomínios pode ser perfeitamente razoável em alguns cenários. Em outros, porém, diferentes estratégias de divisão podem ser mais adequadas.

É crucial lembrarmos que os subdomínios são descobertos e que os contextos delimitados são projetados.[1] Os subdomínios são definidos pela estratégia de negócio. No entanto, podemos projetar a solução de software e seus contextos delimitados para abordar os contextos e restrições específicas do projeto.

Por fim, como você aprendeu no Capítulo 1, um modelo tem a intenção de resolver um problema específico. Em alguns casos, pode ser vantajoso usar múltiplos modelos do mesmo conceito simultaneamente para resolver problemas diferentes. Assim como tipos de mapas diferentes fornecem tipos de informação diferentes sobre nosso planeta, é razoável utilizar modelos diferentes do mesmo subdomínio para resolver problemas diferentes. Limitar o design a relações de um para um entre os contextos delimitados inibiria essa flexibilidade e nos forçaria a usar um modelo único de um subdomínio em seu contexto delimitado.

Limites

Como diz Ruth Malan, o design de arquitetura é inerentemente sobre limites:

> O design de arquitetura é o design de sistema. O design de sistema é um design contextual — é inerentemente sobre limites (o que está dentro, o que está fora, o que se estende, o que se move entre eles) e sobre trade-offs.[2]

O contexto delimitado é a ferramenta de domain-driven design para definir os limites físicos e de propriedade.

Limites Físicos

Os contextos delimitados servem não apenas como limites de modelo, mas também como limites físicos dos sistemas que os implementam. Cada contexto delimitado deve ser implementado como um projeto/serviço individual, o que significa que ele é implementado, desenvolvido e atualizado independentemente dos outros contextos delimitados.

Limites físicos claros entre contextos delimitados nos permitem implementar cada contexto delimitado com o empilhamento de tecnologias mais adequado às suas necessidades.

Como vimos anteriormente, um contexto delimitado pode conter múltiplos subdomínios. Em casos assim, o contexto delimitado é um limite físico, enquanto cada um de seus subdomínios é um limite lógico. Limites lógicos têm nomes diferentes em diferentes linguagens de programação: namespaces, módulos ou pacotes.

---

[1] Há uma exceção que vale a pena mencionar. Dependendo da organização em que trabalha, você pode estar em duas funções, encarregando-se tanto da engenharia de software quanto do desenvolvimento de negócio. Como resultado, você tem a capacidade de afetar tanto o design do software (contextos delimitados) quanto a estratégia de negócio (subdomínios). Portanto, no contexto (delimitado) de nossa discussão aqui, estamos nos concentrando apenas na engenharia de software.

[2] Bredemeyer Consulting, "What Is Software Architecture". Recuperado em 22 de setembro de 2021, *https://www.brede meyer.com/who.htm*

Limites de Propriedade

Estudos mostram que boas cercas realmente fazem bons vizinhos. Em projetos de software, podemos aproveitar os limites de modelo — contextos delimitados — para a coexistência pacífica das equipes. A divisão do trabalho entre equipes é outra decisão estratégica que pode ser tomada utilizando o padrão de contexto delimitado.

Um contexto delimitado deve ser implementado, desenvolvido e mantido por apenas uma equipe. Duas equipes não podem trabalhar no mesmo contexto delimitado. Essa segregação elimina suposições implícitas que as equipes poderiam fazer sobre os modelos umas das outras. Em vez disso, elas têm que definir protocolos de comunicação para integrar explicitamente seus modelos e sistemas.

É importante notar que a relação entre equipes e contextos delimitados é unidirecional: um contexto delimitado deve ser de propriedade de apenas uma equipe. Entretanto, uma única equipe pode ter múltiplos contextos delimitados, como ilustra a Figura 3-8.

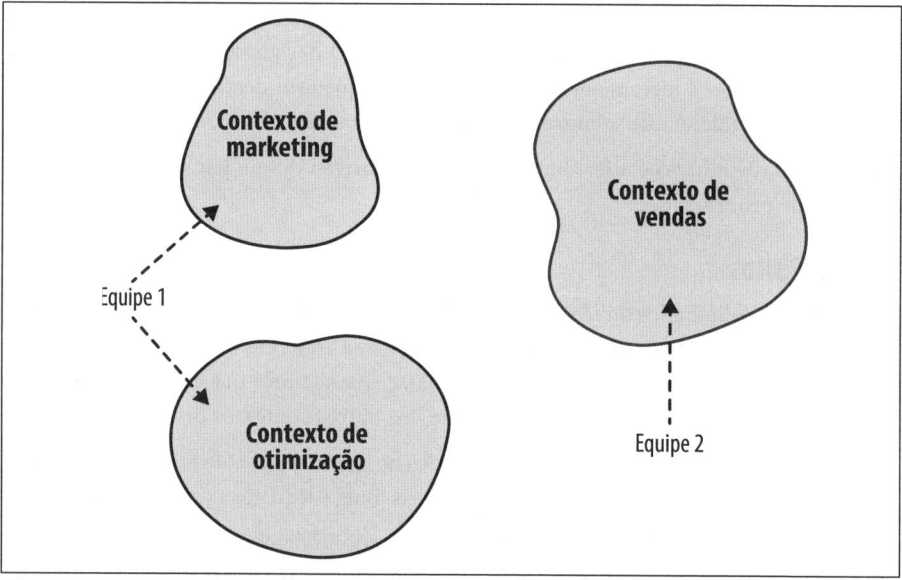

Figura 3-8. Equipe 1 trabalhando nos contextos delimitados de Marketing e Otimização, enquanto a Equipe 2 trabalha no contexto delimitado de Vendas

Contextos Delimitados na Prática

Em uma de minhas aulas sobre domain-driven design, certa vez um participante comentou: "Você disse que o DDD é sobre alinhar o design de software com domínios de negócios. Mas onde estão os contextos delimitados na prática? Não há contextos delimitados nos domínios de negócio."

Realmente, os contextos delimitados não são tão evidentes quanto os domínios e os subdomínios de negócios, mas eles estão lá, assim como estão os modelos mentais dos especialistas de negócio. Você apenas deve estar alerta a como os especialistas de domínio pensam sobre diferentes entidades e processos de negócio.

Quero encerrar este capítulo examinando exemplos que demonstram que não só os contextos delimitados estão lá quando modelamos os domínios de negócio no software, mas que a noção de usar modelos diferentes em contextos diferentes é amplamente difundida na prática.

Domínios Semânticos

Pode-se dizer que os contextos delimitados do domain-driven design são baseados na noção lexicográfica dos domínios semânticos. Um *domínio semântico* é definido como uma área de significado e as palavras que utilizamos para falar sobre ela. Por exemplo, as palavras *monitor*, *porta* e *processador* têm significados diferentes nos domínios semânticos das engenharias de software e hardware.

Um exemplo bastante peculiar de diferentes domínios semânticos é o significado da palavra *tomate*.

De acordo com a definição botânica, fruta é a forma como a planta espalha suas sementes. Uma fruta deve crescer a partir da flor da planta e carregar pelo menos uma semente. Por outro lado, legume é um termo geral que engloba todas as outras partes de uma planta: raízes, caule e folhas. Com base nessa definição, *o tomate é uma fruta*.

Essa definição, entretanto, não é muito útil no contexto das artes culinárias. Nesse contexto, frutas e legumes são definidos com base em perfis de sabor. A fruta tem textura macia, pode ser doce ou cítrica e pode ser saboreada crua, enquanto um legume tem textura mais dura, sabor mais suave e geralmente requer cozimento. De acordo com essa definição, *o tomate é um legume*.

Portanto, no *contexto delimitado da botânica*, o tomate é uma fruta e, no *contexto delimitado da culinária*, é um legume. Mas não é só isso.

Em 1883, os Estados Unidos estabeleceram um imposto de 10% para legumes importados, mas não para frutas. A definição botânica de tomate como fruta permitiu a importação de tomates para os Estados Unidos, sem o pagamento do imposto. Para fechar a brecha, em 1893, a Suprema Corte dos Estados Unidos tomou a decisão de classificar o tomate como um vegetal. Portanto, no *contexto delimitado da tributação*, o tomate é um legume.

Além disso, como diz meu amigo Romeu Moura, *no contexto das performances teatrais*, o tomate é um mecanismo de feedback.

Ciência

Como diz o historiador Yuval Noah Harari, "Os cientistas geralmente concordam que nenhuma teoria é 100% correta. Assim, o teste real de conhecimento não é a verdade, mas a utilidade." Em outras palavras, nenhuma teoria científica está correta em todos os casos. Teorias diferentes são úteis em casos diferentes.

Essa noção pode ser demonstrada pelos diferentes modelos de gravidade apresentados por Sir Isaac Newton e Albert Einstein. De acordo com as Leis de Newton, o espaço e o tempo são absolutos. Eles são o estágio no qual o movimento dos objetos acontece. Na teoria da relatividade de Einstein, o espaço e o tempo não são absolutos, mas diferentes para observadores diferentes.

Mesmo que os dois modelos pareçam contraditórios, ambos são úteis em seus contextos (delimitados).

Comprando uma Geladeira

Por último, vejamos um exemplo mais realista de contextos delimitados na prática. O que você vê na Figura 3-9?

Figura 3-9. Um pedaço de papelão

É apenas um pedaço de papelão? Não, é um modelo. Um modelo da geladeira Siemens KG86NAI31L. Se você pesquisar, poderá dizer que o pedaço de papelão não se parece em nada com uma geladeira. Ele não tem portas, e mesmo a cor é diferente.

Embora seja verdade, não é relevante. Como discutimos, um modelo não deve copiar uma entidade real. Em vez disso, deve ter um propósito — um problema que deve resolver. Consequentemente, a pergunta correta a se fazer sobre o papelão é: qual problema esse modelo resolve?

Em nosso apartamento, não temos uma entrada padrão para a cozinha. O papelão foi cortado na largura e na profundidade exatas da geladeira. O problema que ela resolve é se a geladeira passa pela porta da cozinha (veja a Figura 3-10).

Figura 3-10. O modelo de papelão na entrada da cozinha

Apesar de o papelão não se parecer em nada com a geladeira, ele se mostrou extremamente útil quando tivemos que decidir se compraríamos esse modelo ou optamos por um menor. Mais uma vez, todos os modelos estão errados, mas alguns são úteis. A construção de um modelo 3D da geladeira seria definitivamente um projeto divertido. Mas será que isso resolveria o problema de forma mais eficiente do que o papelão? Não. Se o papelão couber, o modelo 3D também caberá, e vice-versa. Em termos de engenharia de software, a construção de um modelo 3D da geladeira seria um exagero.

Mas e a altura da geladeira? E se a base entra, mas ela for muito alta para passar pela entrada? Isso justificaria criar um modelo 3D da geladeira? Não. O problema pode ser resolvido de maneira muito mais rápida e fácil usando uma simples fita métrica para checar a altura da entrada. O que é a fita métrica nesse caso? Outro modelo simples.

Assim, acabamos com dois modelos da mesma geladeira. Usar dois modelos, cada um otimizado para sua tarefa específica, reflete a abordagem DDD para a modelagem de domínios de negócio. Cada modelo tem seu contexto específico: o papelão verifica se a base da geladeira pode passar pela entrada da cozinha e a fita métrica verifica se não é muito alta. *Um modelo deve omitir a informação extra irrelevante para a tarefa em questão*. Não há necessidade de construir um modelo complexo se múltiplos modelos mais simples podem resolver cada problema individual com eficácia.

Alguns dias após eu ter publicado este story no Twitter, recebi uma resposta dizendo que, em vez de ficar brincando com papelão, eu deveria simplesmente ter utilizado um celular com scanner LiDAR e um aplicativo de realidade aumentada (RA). Analisaremos essa sugestão pela perspectiva de domain-driven design.

O autor do comentário diz que outras pessoas já resolveram esse problema e que a solução está facilmente disponível. Nem preciso dizer que tanto a tecnologia de escaneamento quanto o aplicativo de RA são complexos. No jargão do DDD, isso faz do problema de checar se a geladeira passará pela entrada um subdomínio genérico.

Conclusão

Sempre que encontramos um conflito inerente aos modelos mentais dos especialistas de domínio, temos que dividir a linguagem ubíqua em múltiplos contextos delimitados. Uma linguagem ubíqua deve ser consistente dentro do escopo de seu contexto delimitado. No entanto, nos contextos delimitados, os mesmos termos podem ter significados diferentes.

Enquanto os subdomínios são descobertos, os contextos delimitados são projetados. A divisão de um domínio em contextos delimitados é uma decisão de design estratégico.

Um contexto delimitado e sua linguagem ubíqua podem ser implementados e mantidos por uma equipe. Duas equipes não podem trabalhar no mesmo contexto delimitado. Porém, uma equipe pode trabalhar em múltiplos contextos delimitados.

Os contextos delimitados dividem um sistema em componentes físicos — serviços, subsistemas e assim por diante. O ciclo de vida de cada contexto delimitado é separado do resto. Cada contexto delimitado pode evoluir independentemente do resto do sistema. Entretanto, os contextos delimitados têm que trabalhar em conjunto para formar um sistema. Algumas mudanças afetarão sem querer o outro contexto delimitado. No próximo capítulo, falaremos sobre os diferentes padrões de integração de contextos delimitados que podem ser usados para protegê-los das mudanças em cascata.

Exercícios

1. Qual é a diferença entre subdomínio e contextos delimitados?

    a. Os subdomínios são projetados, enquanto os contextos delimitados são descobertos.

    b. Os contextos delimitados são projetados, enquanto os subdomínios são descobertos.

    c. Os contextos delimitados e os subdomínios são essencialmente a mesma coisa.

    d. Nenhuma das opções é verdadeira.

2. Um contexto delimitado é um limite de:

    a. Um modelo

    b. Um ciclo de vida

    c. Propriedade

    d. Todas as alternativas

3. Qual das opções seguintes é verdadeira com relação ao tamanho de um contexto delimitado?

    a. Quanto menor é o contexto delimitado, mais flexível é o sistema.

    b. Os contextos delimitados devem sempre se alinhar com os limites dos subdomínios.

    c. Quanto mais amplo é o contexto delimitado, melhor.

    d. Depende.

4. Qual das opções seguintes é verdadeira com relação à propriedade da equipe de um contexto delimitado?

    a. Múltiplas equipes podem trabalhar no mesmo contexto delimitado.

    b. Uma única equipe pode ter vários contextos delimitados.

    c. Um contexto delimitado pode ser de propriedade de apenas uma equipe.

    d. As opções B e C estão corretas.

5. Revise o exemplo da empresa WolfDesk no Prefácio e tente identificar funcionalidades do sistema que possam exigir modelos diferentes de um ticket de suporte.

6. Tente encontrar exemplos de contextos delimitados na prática, além daqueles descritos neste capítulo.

CAPÍTULO 4

Integrando Contextos Delimitados

O padrão de contexto delimitado não apenas protege a consistência da linguagem ubíqua, mas também facilita sua modelagem. Não podemos construir um modelo sem especificar seu propósito — seu limite. O limite divide a responsabilidade das linguagens. Uma linguagem em um contexto delimitado pode modelar o domínio de negócio para resolver um problema em particular. Outro contexto delimitado pode representar as mesmas entidades de negócio, mas fazer a modelagem delas de forma a resolver um problema diferente.

Além disso, modelos em contextos delimitados diferentes podem ser desenvolvidos e implementados independentemente. Dito isso, os contextos delimitados em si não são independentes. Assim como um sistema não pode ser construído a partir de componentes independentes — os componentes precisam interagir uns com os outros para atingir os objetivos principais do sistema —, as implementações nos contextos delimitados também não podem. Embora eles possam se desenvolver independentemente, precisam se integrar uns com os outros. Como resultado, sempre haverá pontos de contato entre os contextos delimitados. Chamamos esses pontos de *contratos*.

A necessidade de contratos é resultado das diferenças nos modelos e nas linguagens dos contextos delimitados. Uma vez que cada contrato afeta mais de uma parte, eles precisam ser definidos e coordenados. Adicionalmente, por definição, dois contextos delimitados usam linguagens ubíquas diferentes. Qual linguagem será usada para a integração? Essas preocupações na integração devem ser avaliadas e abordadas no design da solução.

Neste capítulo, você aprenderá sobre os padrões de domain-driven design para definir relações e integrações entre os contextos delimitados. Esses padrões são orientados pela natureza da colaboração entre as equipes que trabalham nos contextos delimitados. Dividiremos os padrões em três grupos, cada um representando um tipo de colaboração em equipe: cooperação, cliente-fornecedor e caminhos separados.

Cooperação

Os padrões de cooperação se relacionam com os contextos delimitados implantados por equipes com uma comunicação bem estabelecida.

No caso mais simples, esses contextos delimitados são implantados por uma única equipe. Isso também se aplica às equipes com objetivos dependentes, em que o sucesso de uma equipe depende do sucesso da outra e vice-versa. O critério principal aqui é a qualidade da comunicação e da colaboração entre as equipes.

Vejamos dois padrões de DDD apropriados para as equipes em colaboração: o padrão de parceria e o padrão de núcleo compartilhado.

Parceria

No modelo de parceria, a integração entre os contextos delimitados é coordenada de maneira específica. Uma equipe pode notificar a outra sobre alguma mudança na API, e a segunda equipe irá cooperar e se adaptar — sem dramas ou conflitos (veja a Figura 4-1).

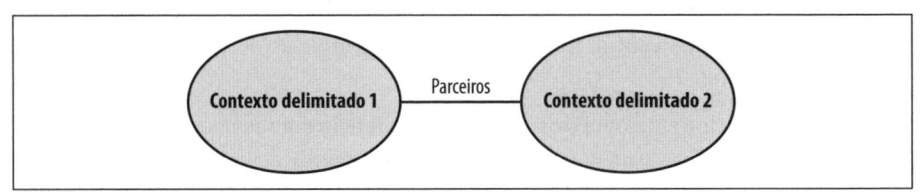

Figura 4-1. Modelo de parceria

A coordenação de integração nesse caso é recíproca. Nenhuma das equipes dita a linguagem que é usada para definir os contratos. As equipes resolvem suas diferenças e escolhem a solução mais apropriada. Além disso, os dois lados cooperam para resolver quaisquer problemas de integração que apareçam. Nenhuma das equipes está interessada em bloquear a outra.

Práticas de colaboração bem estabelecidas, altos níveis de comprometimento e sincronizações frequentes entre as equipes são exigidas nessa forma de integração. De uma perspectiva técnica, a integração contínua das mudanças aplicadas por ambas as equipes é necessária para minimizar ainda mais o ciclo de feedback da integração.

Esse padrão pode não ser o ideal para as equipes geograficamente distantes, já que pode apresentar desafios na sincronização e na comunicação.

Núcleo Compartilhado

Apesar de os contextos delimitados serem limites de modelo, ainda pode haver casos em que o mesmo modelo de um subdomínio, ou parte dele, será implementado em múltiplos contextos delimitados. É importante enfatizar que o modelo compartilhado é projetado de acordo com as necessidades de todos os contextos compartilhados. Além disso, o modelo compartilhado precisa ser consistente em todos os contextos compartilhados que o utilizam.

Por exemplo, considere um sistema de empresa que usa um modelo feito sob medida para a gestão de permissão dos usuários. Cada usuário pode ter a permissão concedida diretamente ou a partir de uma das unidades organizacionais às quais pertence. Adicionalmente, cada contexto delimitado pode modificar o modelo de autorização, e as mudanças que cada contexto delimitado aplica devem afetar todos os outros contextos delimitados que usam o modelo (veja a Figura 4-2).

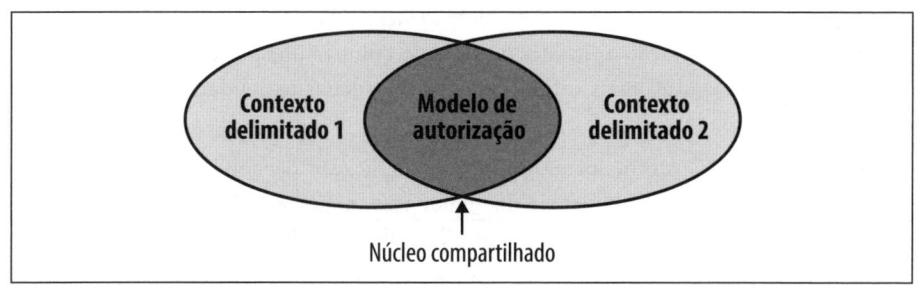

Figura 4-2. Núcleo compartilhado

Escopo compartilhado

O modelo sobreposto une os ciclos de vida dos contextos delimitados participantes. Uma mudança feita no modelo compartilhado tem efeito imediato em todos os contextos delimitados. Desse modo, para minimizar os efeitos em cascata das mudanças, o modelo sobreposto deve ser limitado, expondo apenas a parte do modelo que deve ser implementada por ambos os contextos delimitados. Preferencialmente, o núcleo compartilhado consistirá apenas nos contratos de integração e nas estruturas de dados que devem passar pelos limites dos contextos delimitados.

Implementação

O núcleo compartilhado é implementado de maneira que qualquer modificação em seu código-fonte é imediatamente refletida em todos os contextos delimitados que o utilizam.

Se a empresa utiliza a abordagem de repositório único, estes podem ser os mesmos arquivos-fonte referenciados em múltiplos contextos delimitados. Se usar um repositório compartilhado não for possível, o núcleo compartilhado pode ser extraído em um projeto dedicado e referenciado nos contextos delimitados como uma biblioteca vinculada. De qualquer forma, cada mudança no núcleo compartilhado deve desencadear testes de integração para todos os contextos delimitados afetados.

A contínua integração de mudanças é exigida, pois o núcleo compartilhado pertence a múltiplos contextos compartilhados. Não propagar as mudanças no núcleo compartilhado para todos os contextos compartilhados leva a inconsistências no modelo: os contextos delimitados podem contar apenas com as implementações obsoletas do núcleo compartilhado, o que leva à corrupção de dados e/ou gera problemas durante a execução.

Quando utilizar o núcleo compartilhado

O critério de aplicabilidade global para o núcleo compartilhado é o custo de duplicação versus o custo de coordenação. Como o padrão apresenta uma forte dependência entre os contextos delimitados participantes, ele deve ser aplicado apenas quando o custo de duplicação é mais alto que o de coordenação, em outras palavras, apenas as mudanças de integração aplicadas ao modelo compartilhado pelos dois contextos compartilhados exigirão mais esforço do que coordenar as mudanças nas bases de dados compartilhadas.

A diferença entre o custo de integração e o de duplicação depende da volatilidade do modelo. Quanto maior a frequência das mudanças, maior é o custo das integrações. Portanto, o núcleo compartilhado será naturalmente aplicado para os subdomínios que mudam com mais frequência: os subdomínios principais.

De certa maneira, o padrão de núcleo compartilhado contraria os princípios do contexto delimitado que foram apresentados no capítulo anterior. Se os contextos delimitados participantes não forem implementados pela mesma equipe, introduzir um núcleo compartilhado contraria o princípio de que uma única equipe deve ter um contexto delimitado. Esse modelo sobreposto — o núcleo compartilhado — é, de fato, desenvolvido por múltiplas equipes.

É por isso que a utilização de um núcleo compartilhado tem que ser justificada. É uma exceção pragmática que deve ser considerada com cuidado. Um caso de uso comum para implementar um núcleo compartilhado é quando problemas de comunicação ou colaboração impedem a implementação de um padrão de parceria — por exemplo, por causa de restrições geográficas ou políticas organizacionais. Implementar uma funcionalidade estreitamente relacionada sem uma coordenação adequada resultará em problemas de integração, modelos não sincronizados e discussões sobre qual modelo é mais bem projetado. Minimizar o escopo do núcleo compartilhado controla o escopo das mudanças em cascata, e fazer testes de integração para cada mudança é uma forma de impor uma rápida detecção dos problemas de integração.

Outro caso de uso comum para a aplicação do padrão de núcleo compartilhado, embora seja um caso temporário, é a modernização gradual de um sistema antigo. Nesse cenário, a base de código compartilhada pode ser uma solução intermediária pragmática para dividir o sistema em contextos delimitados gradualmente.

Por último, um núcleo compartilhado pode ser uma boa opção para integrar contextos compartilhados que são da mesma equipe e implementados por ela. Nesse caso, uma integração específica dos contextos delimitados — uma parceria — pode "apagar" os limites dos contextos com o passar do tempo. Um núcleo compartilhado pode ser usado para definir explicitamente os contratos de integração dos contextos delimitados.

Cliente-Fornecedor

O segundo grupo de padrões de colaboração que analisaremos é o padrão de cliente--fornecedor. Como mostra a Figura 4-3, um dos contextos delimitados — o fornecedor — oferece um serviço para seus consumidores. O prestador de serviços é "ascendente", e o cliente ou o consumidor é "descendente".

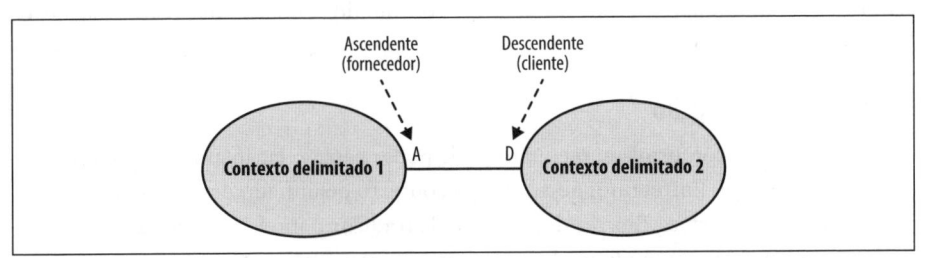

Figura 4-3. Relação entre cliente-fornecedor

Ao contrário do caso de cooperação, as duas equipes (ascendente e descendente) podem ter sucesso independentemente. Como consequência, na maioria dos casos, teremos um desequilíbrio de poder: a equipe ascendente ou descendente pode ditar o contrato de integração.

Esta seção examinará os três padrões que abordam essas diferenças de poder: conformista, camada anticorrupção e serviço de host aberto.

Conformista

Em alguns casos, o equilíbrio de poder favorece a equipe ascendente, que não tem motivação real para dar suporte às necessidades dos clientes. Pelo contrário, só fornece o contrato de integração, definido de acordo com seu próprio modelo — é pegar ou largar. Esse desequilíbrio de poder pode ser causado pela integração com provedores de serviço que são de fora da organização ou simplesmente pela política da organização.

Se a equipe descendente pode aceitar o modelo da equipe ascendente, a relação dos contextos delimitados é chamada de *conformista*. O descendente se conforma com o modelo de contexto delimitado do ascendente, como mostra a Figura 4-4.

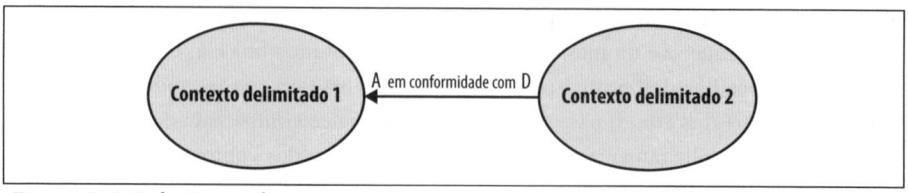

Figura 4-4. Relação conformista

A decisão da equipe descendente de abrir mão de um pouco de autonomia pode ser justificada de várias formas. Por exemplo, o contrato exposto pela equipe ascendente pode ser um modelo padrão e estabelecido ou pode ser apenas bom o suficiente para as necessidades da equipe descendente.

O próximo padrão aborda o caso em que o consumidor não está disposto a aceitar o padrão do fornecedor.

Camada Anticorrupção

Como no padrão conformista, o equilíbrio de poder nessa relação ainda inclina para o serviço ascendente. Entretanto, nesse caso, o contexto delimitado descendente não está disposto a se conformar. Em vez disso, ele pode traduzir o modelo do contexto delimitado ascendente em um modelo adaptado às suas necessidades através de uma camada anticorrupção, como mostra a Figura 4-5.

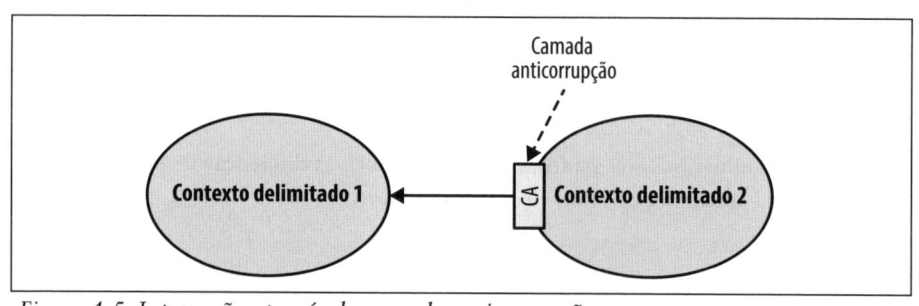

Figura 4-5. Integração através da camada anticorrupção

A camada anticorrupção é direcionada aos cenários em que não é desejável ou não vale a pena se conformar com o modelo do fornecedor, como os seguintes cenários:

Quando o contexto delimitado descendente é um subdomínio principal
O modelo de um subdomínio principal requer atenção extra, e seguir o modelo do fornecedor pode impedir a modelagem do domínio do problema.

Quando o modelo ascendente é ineficaz ou inconveniente para as necessidades do cliente

Se um contexto delimitado se conforma com uma bagunça, aceita o risco de se tornar uma bagunça também. Esse geralmente é o caso da integração com sistemas antigos.

Quando o contrato do fornecedor muda com frequência

O consumidor quer proteger seu modelo das mudanças frequentes. Com uma camada anticorrupção, as mudanças no modelo do consumidor afetam somente o mecanismo de tradução.

Da perspectiva da modelagem, a tradução de um modelo do fornecedor isola o cliente descendente dos conceitos desconhecidos que não são relevantes para seu contexto delimitado. Assim, simplifica o modelo e a linguagem ubíqua do cliente.

No Capítulo 9, iremos explorar as diferentes formas de implementar uma camada anticorrupção.

Serviço de Host Aberto

Esse padrão é para os casos em que o poder tende para os clientes. O fornecedor está interessado em proteger seus clientes e prover o melhor serviço possível.

Para proteger os clientes das mudanças em seu modelo de implementação, o fornecedor ascendente separa o modelo de implementação da interface pública. Essa separação permite que o fornecedor desenvolva a implementação e o modelo público em ritmos diferentes, como mostra a Figura 4-6.

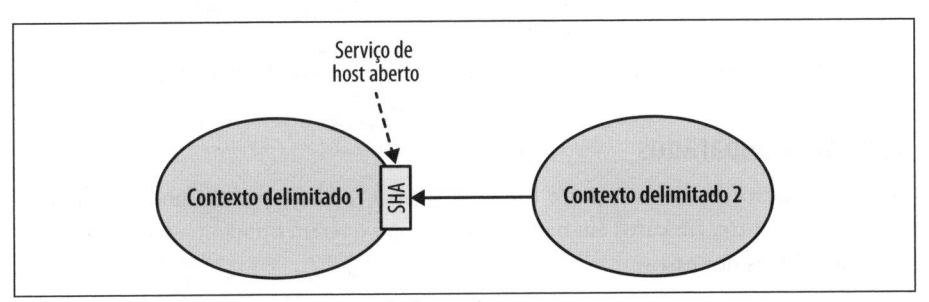

Figura 4-6. Integração por serviço de host aberto

A interface pública do fornecedor não tem intenção de se conformar com sua linguagem ubíqua. Em vez disso, sua intenção é expor um protocolo conveniente para os clientes, o que é expresso em uma linguagem orientada à integração. Como tal, o protocolo público é chamado de *linguagem publicada*.

De certa maneira, o padrão do serviço de host aberto é o inverso do padrão da camada anticorrupção: em vez do cliente, o fornecedor implementa a tradução de seu modelo interno.

Separar os modelos de implementação e integração do contexto delimitado dá ao contexto delimitado ascendente a liberdade para desenvolver sua implementação sem afetar os contextos descendentes. Obviamente, isso só é possível se o modelo de implementação modificado pode ser traduzido na linguagem publicada que os clientes já estão utilizando.

Além disso, a separação do modelo de integração permite que o contexto delimitado ascendente exponha simultaneamente múltiplas versões da linguagem publicada, permitindo que o cliente migre para a nova versão gradualmente (veja a Figura 4-7).

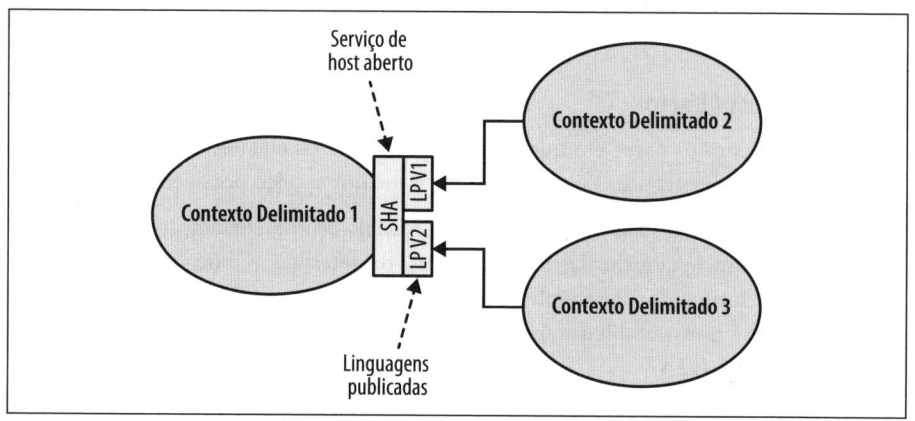

Figura 4-7. Serviço de host aberto expondo várias versões da linguagem publicada

Caminhos Separados

A última opção de colaboração é a não colaboração. Esse padrão pode surgir por motivos diferentes, em casos em que as equipes não querem ou não podem colaborar. Vejamos alguns dos casos.

Problemas de Comunicação

Um motivo comum para evitar a colaboração é a dificuldade de comunicação advinda do tamanho da organização ou de sua política interna. Quando as equipes têm dificuldade para colaborar e acordar, pode ser mais econômico que elas se separem e dupliquem a funcionalidade em vários contextos delimitados.

Subdomínios Genéricos

A natureza do subdomínio duplicado também pode ser um motivo para que as equipes sigam caminhos separados. Quando o subdomínio em questão é genérico, e se a solução genérica é fácil de integrar, pode ser mais econômico integrá-lo localmente em cada contexto delimitado. Um exemplo é uma estrutura de log; não faria muito sentido para um dos contextos delimitados expor isso como serviço. A complexidade adicional de integrar tal solução seria maior que a vantagem de não duplicar a funcionalidade em vários contextos. Duplicar a funcionalidade seria mais barato do que a colaboração.

Diferenças de Modelo

As diferenças nos modelos dos contextos delimitados também podem ser um motivo para seguir caminhos separados na colaboração. Os modelos podem ser tão diferentes que uma relação conformista seria impossível, e implementar uma camada anticorrupção sairia mais caro do que duplicar a funcionalidade. Nesse caso, também é mais viável economicamente que as equipes sigam caminhos separados.

 O padrão de caminhos separados deve ser evitado ao integrar os subdomínios principais. Duplicar a implementação de tais subdomínios desafiaria a estratégia da empresa de implementá-los da forma mais eficaz e otimizada possível.

Mapa de Contexto

Após analisar os padrões de integração entre os contextos delimitados de um sistema, podemos colocá-los em um mapa de contexto, como mostra a Figura 4-8.

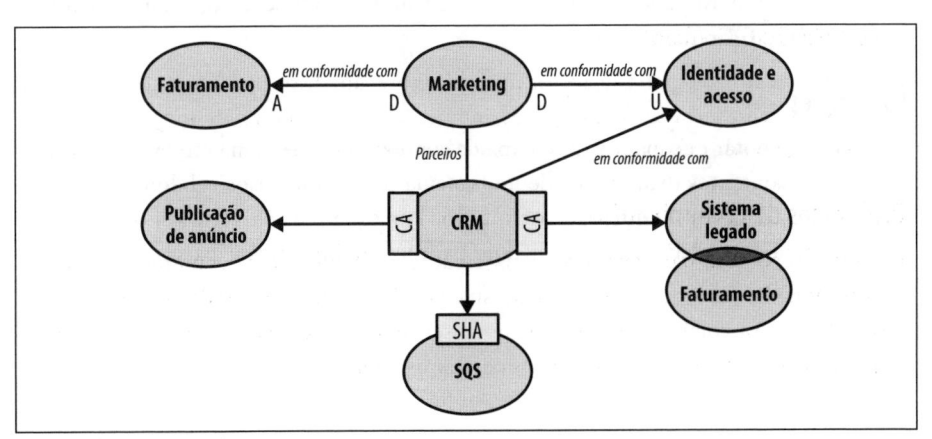

Figura 4-8. Mapa de contexto

O mapa de contexto é uma representação visual dos contextos delimitados do sistema e das integrações entre eles. Esse registro visual dá uma visão estratégica valiosa em vários níveis:

Design de alto nível

O mapa de contexto oferece uma visão geral dos componentes do sistema e dos modelos que eles implementam.

Padrões de comunicação

Um mapa de contexto mostra os padrões de comunicação entre as equipes — por exemplo, quais equipes estão colaborando e quais preferem padrões de integração "menos intimistas", tais como os padrões da camada anticorrupção e dos caminhos separados.

Problemas organizacionais

Um mapa de contexto pode dar uma visão sobre os problemas organizacionais. Por exemplo, o que significa se todos os consumidores de determinada equipe ascendente decidem implementar uma camada anticorrupção ou se todas as implementações do padrão de caminhos separados estão concentradas na mesma equipe?

Manutenção

Em condições ideais, um mapa de contexto pode ser introduzido em um projeto desde o início e ser atualizado para refletir o acréscimo de novos contextos delimitados e modificações ao já existente.

Como o mapa de contexto potencialmente contém informações de várias equipes, é melhor definir a manutenção dele como um esforço compartilhado: cada equipe é responsável por atualizar suas próprias integrações com os outros contextos delimitados.

O mapa de contexto pode ser administrado e mantido como código, usando uma ferramenta como o Context Mapper.

Limitações

É importante notar que mapear um mapa de contexto pode ser uma tarefa complicada. Quando os contextos delimitados de um sistema englobam vários subdomínios, pode haver vários padrões de integração em ação. Por exemplo, na Figura 4-9, podemos ver dois contextos delimitados com dois padrões de integração: parceria e camada anticorrupção.

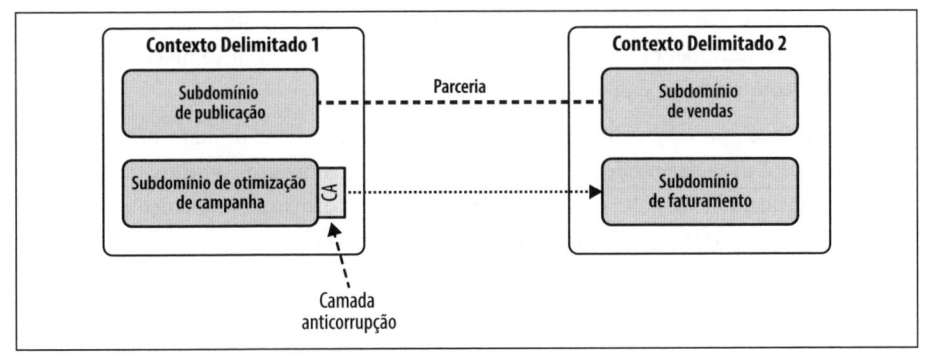

Figura 4-9. Mapa de contexto complicado

Adicionalmente, mesmo que os contextos delimitados estejam limitados a um único subdomínio, ainda pode haver vários padrões de integração em ação — por exemplo, se os módulos dos subdomínios exigem estratégias de integração diferentes.

Conclusão

Os contextos delimitados não são independentes. Eles têm que interagir uns com os outros. Os seguintes padrões definem diferentes formas de integrar os contextos delimitados:

Parceria
Os contextos delimitados são integrados de maneira específica.

Núcleo compartilhado
Dois ou mais contextos delimitados são integrados, compartilhando um modelo sobreposto que pertence a todos os contextos delimitados participantes.

Conformista
O cliente se conforma com o modelo do provedor de serviço.

Camada anticorrupção
O cliente traduz o modelo do provedor de serviço em um modelo que atende às necessidades do consumidor.

Serviço de host aberto
O provedor de serviço implementa uma linguagem publicada — um modelo otimizado para as necessidades do cliente.

Caminhos separados
É mais barato duplicar uma funcionalidade específica do que colaborar e integrá-la.

As integrações entre os contextos delimitados podem ser traçadas em um mapa de contexto. Essa ferramenta oferece uma perspectiva do design de alto nível do sistema, padrões de comunicação e problemas organizacionais.

Agora que você aprendeu sobre as ferramentas e as técnicas de domain-driven design para analisar e modelar modelos de negócio, mudaremos nossa perspectiva da estratégia para a tática. Na Parte II, você aprenderá diferentes formas de implementar a lógica de domínio, organizar a arquitetura de alto nível e coordenar a comunicação entre os componentes do sistema.

Exercícios

1. Qual padrão de integração nunca deve ser usado para um subdomínio principal?
   a. Núcleo compartilhado
   b. Serviço de host aberto
   c. Camada anticorrupção
   d. Caminhos separados

2. Qual subdomínio descendente é mais propenso a implementar uma camada anticorrupção?
   a. Subdomínio principal
   b. Subdomínio de suporte
   c. Subdomínio genérico
   d. B e C

3. Qual subdomínio ascendente é mais propenso a implementar um serviço de host aberto?
   a. Subdomínio principal
   b. Subdomínio de suporte
   c. Subdomínio genérico
   d. A e B

4. Qual padrão de integração, de certa forma, viola os limites de propriedade dos contextos delimitados?
   a. Parceria.
   b. Núcleo compartilhado
   c. Caminhos separados.
   d. Nenhum padrão de integração deve romper com os limites de parceria dos contextos delimitados.

PARTE II

Design Tático

Na Parte I, falamos sobre "o quê" e "por quê" do software: você aprendeu a analisar os domínios de negócios, identificar os subdomínios e seu valor estratégico e transformar o conhecimento de domínios de negócio em design de contextos delimitados — componentes do software que implementam diferentes modelos do domínio de negócio.

Nesta parte do livro, mudaremos o foco da estratégia para a tática: a parte "como" do design de software:

- Nos Capítulos 5 a 7, aprenderemos sobre os padrões de implementação da lógica de negócio que permitem ao código utilizar a linguagem ubíqua de seu contexto delimitado. O Capítulo 5 apresenta dois padrões que aceitam uma lógica de negócio relativamente simples: o script de transação e o registro ativo. O Capítulo 6 fala de casos mais desafiadores e apresenta o padrão de modelo de domínio: a forma DDD de implementar uma lógica de negócio complexa. No Capítulo 7, você aprenderá a expandir o modelo de domínio, modelando a dimensão de tempo.

- No Capítulo 8, iremos explorar as diferentes formas de organizar a arquitetura de um contexto delimitado: arquitetura em camadas, portas e adaptadores, e padrões CQRS. Você aprenderá sobre a essência de cada padrão de arquitetura e em quais casos cada padrão deve ser utilizado.

- O Capítulo 9 abordará as preocupações técnicas e as estratégias de implementação para orquestrar as interações entre os componentes de um sistema. Aprenderemos sobre os padrões que dão suporte à implementação dos padrões de integração dos contextos delimitados, como implementar a publicação confiável de mensagens e os padrões para definir fluxos de trabalho complexos e de multicomponentes.

CAPÍTULO 5

Implementando uma Lógica de Negócio Simples

A lógica de negócio é a parte mais importante do software. É a razão pela qual o software é implementando. A interface de usuário de um sistema pode ser interessante, e scu banco de dados pode ser super-rápido e escalonável. Mas, se o software não for útil para o negócio, não será nada além de uma demonstração tecnológica cara.

Como vimos no Capítulo 2, nem todos os subdomínios de negócio são iguais. Subdomínios diferentes têm diferentes níveis de importância estratégica e complexidade. Este capítulo inicia nossa exploração das diferentes formas de modelar e implementar o código da lógica de negócio. Começaremos com dois padrões que são adequados para uma lógica de negócios relativamente simples: script de transação e registro ativo.

Script de Transação

Organiza a lógica de negócio em procedimentos em que cada procedimento lida com uma única solicitação da apresentação.
— Martin Fowler[1]

A interface pública de um sistema pode ser vista como uma coleção de transações de negócios que os clientes podem executar, como mostra a Figura 5-1. Essas transações podem recuperar informações gerenciadas pelo sistema e/ou modificá-las. O padrão organiza a lógica de negócio do sistema baseado no procedimento, em que cada procedimento implementa uma operação que é executada pelo cliente do sistema via interface pública. Na realidade, as operações públicas do sistema são utilizadas como limites de encapsulamento.

---

[1]   Fowler, M. (2002). *Patterns of Enterprise Application Architecture*. Boston: Addison-Wesley.

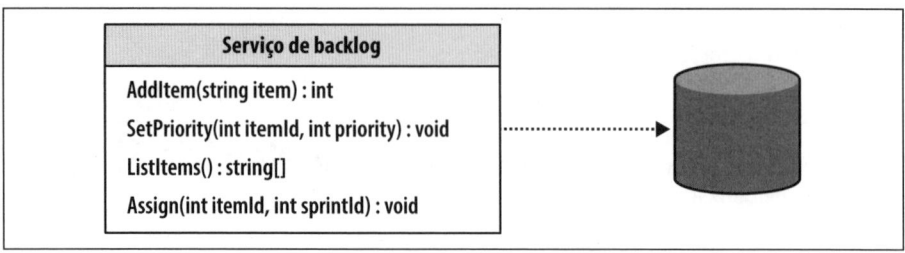

Figura 5-1. Interface do script de transação

Implementação

Cada procedimento é implementado como um script procedural simples e direto. Pode usar uma fina camada de abstração para integrar mecanismos de armazenamento, mas também é livre para acessar as bases de dados diretamente.

A única exigência que os procedimentos devem seguir é o comportamento transacional. *Cada operação deve ser bem-sucedida ou falhar, mas nunca pode resultar em um estado inválido.* Mesmo que a execução de um script de transação falhe no momento mais inconveniente, o sistema deve se manter consistente, revertendo quaisquer mudanças que tenha feito até a falha ou executando ações compensatórias. O comportamento transacional é refletido no nome do padrão: script de transação.

Aqui está um exemplo de script de transação que converte lotes de arquivos JSON em arquivos XML:

```
DB.StartTransaction();

var job = DB.LoadNextJob();
var json = LoadFile(job.Source);
var xml = ConvertJsonToXml(json);
WriteFile(job.Destination, xml.ToString());
DB.MarkJobAsCompleted(job);

DB.Commit()
```

Não é Tão Fácil Assim!

Quando eu apresento o padrão do script de transação em minhas aulas de domain-driven design, meus alunos geralmente levantam as sobrancelhas, e alguns até perguntam: "Vale a pena falar disso? Não estamos aqui para aprender sobre padrões e técnicas mais avançados?"

A questão é que o padrão do script de transação é a *base* para os padrões de implementação da lógica de negócio mais avançados que aprenderemos nos próximos capítulos. Além do mais, apesar de ser aparentemente simples, é o padrão mais fácil de errar. Uma quantidade considerável de problemas de produção que eu ajudei a consertar, de uma forma ou de outra, aconteceu devido a uma má implementação do comportamento transacional da lógica de negócio do sistema.

Vejamos três exemplos comuns e reais de corrupção de dados que resultam da implementação falha de um script de transação.

Falta de comportamento transacional

Um exemplo trivial de falha na implementação do comportamento transacional é a emissão de múltiplas atualizações sem uma transação global. Considere o seguinte método que atualiza um registro na tabela Users e insere um registro na tabela VisitsLog:

```
01  public class LogVisit
02  {
03      ...
04
05      public void Execute(Guid userId, DataTime visitedOn)
06      {
07          _db.Execute("UPDATE Users SET last_visit=@p1 WHERE user_id=@p2",
08              visitedOn, userId);
09          _db.Execute(@"INSERT INTO VisitsLog(user_id, visit_date)
10                  VALUES(@p1, @p2)", userId, visitedOn);
11      }
12  }
```

Se algum problema acontecer após o registro na tabela Users ser atualizado (linha 7), mas antes de a anexação do registro de log na linha 9 ser bem-sucedida, o sistema acabará em um estado inconsistente. A tabela Users será atualizada, mas nenhum registro correspondente será gravado na tabela VisitsLog. O problema pode ser devido a qualquer coisa, desde uma interrupção da rede até um timeout ou um impasse do banco de dados, ou mesmo uma falha do servidor que executa o processo.

Isso pode ser consertado com a introdução de uma transação apropriada que englobe as duas mudanças de dados:

```
public class LogVisit
{
    ...

    public void Execute(Guid userId, DataTime visitedOn)
    {
        try
        {
            _db.StartTransaction();

            _db.Execute(@"UPDATE Users SET last_visit=@p1
                    WHERE user_id=@p2",
                    visitedOn, userId);
```

```
        _db.Execute(@"INSERT INTO VisitsLog(user_id, visit_date)
                VALUES(@p1, @p2)",
                userId, visitedOn);

        _db.Commit();
    } catch {
        _db.Rollback();
        throw;
    }
  }
}
```

A correção é fácil de implementar devido ao suporte nativo das transações pelos bancos de dados relacionais que abrangem vários registros. As coisas ficam mais complicadas quando temos que emitir múltiplas atualizações em um banco de dados que não suporta transações com múltiplos registros ou quando trabalhamos com múltiplos mecanismos de armazenamento que são impossíveis de unir em uma transação distribuída. Vejamos um exemplo do último caso.

Transações distribuídas

Nos sistemas de distribuição modernos, é comum fazer mudanças nos dados de um banco de dados e depois notificar outros componentes do sistema sobre as mudanças, publicando mensagens em um barramento de mensagens. Considere que, no exemplo anterior, em vez de registrar uma visita na tabela, temos que publicá-la em um barramento de mensagens:

```
01  public class LogVisit
02  {
03      ...
04
05      public void Execute(Guid userId, DataTime visitedOn)
06      {
07          _db.Execute("UPDATE Users SET last_visit=@p1 WHERE user_id=@p2",
08                  visitedOn,userId);
09          _messageBus.Publish("VISITS_TOPIC",
10                      new { UserId = userId, VisitDate = visitedOn });
11      }
12  }
```

Como no exemplo anterior, qualquer falha ocorrida após a linha 7, mas antes que a linha 9 tenha sucesso, corromperá o estado do sistema. A tabela Users será atualizada, mas os outros componentes não serão notificados, pois a publicação no barramento de mensagens falhou.

Infelizmente, corrigir esse problema não é tão fácil quanto no exemplo anterior. Transações distribuídas que abrangem vários mecanismos de armazenamento são complexas, difíceis de dimensionar, suscetíveis a erros e, por isso, geralmente são evitadas.

No Capítulo 8, você aprenderá a usar o padrão de arquitetura CQRS para preencher múltiplos mecanismos de armazenamento. E mais, o Capítulo 9 apresentará o padrão da caixa de saída, que permite uma publicação confiável de mensagens após enviar alterações para outro banco de dados.

Vejamos um exemplo mais elaborado de implantação inadequada de comportamento transacional.

Transações distribuídas implícitas

Considere o método aparentemente simples a seguir:

```
public class LogVisit
{
    ...

    public void Execute(Guid userId)
    {
        _db.Execute("UPDATE Users SET visits=visits+1 WHERE user_id=@p1",
                userId);
    }
}
```

Em vez de rastrear a data da última visita como nos exemplos anteriores, esse método mantém um contador de visitas para cada usuário. Chamar o método aumenta o valor do contador correspondente em 1. Tudo que o método faz é atualizar um valor, em uma tabela, que reside em um banco de dados. Mesmo assim, ainda é uma transação distribuída que pode potencialmente levar a um estado inconsistente.

Esse exemplo constitui uma transação distribuída, pois comunica informações para os bancos de dado e o processo externo que chamou o método, como demonstra a Figura 5-2.

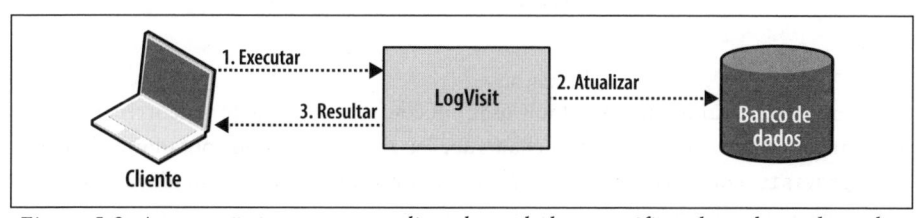

Figura 5-2. A operação LogVisit *atualizando os dados e notificando o chamador sobre seu sucesso ou falha*

Embora o método de execução seja do tipo void, ou seja, não devolve nenhum dado, ainda assim comunica se a operação foi bem-sucedida ou falhou: se falhou, o chamador terá uma exceção. E se o método for bem-sucedido, mas a comunicação do resultado ao chamador falhar?

Por exemplo:

- Se `LogVisit` for parte de um serviço REST e houver interrupção de rede; ou
- Se tanto `LogVisit` quanto o chamador estiverem rodando no mesmo processo, mas o processo falhar antes que o chamador possa rastrear a execução bem-sucedida da ação `LogVisit`?

Nos dois casos, o cliente presumirá falha e tentará chamar `LogVisit` de novo. A execução da lógica `LogVisit` novamente resultará em um aumento incorreto do valor do contador. Em geral, será aumentado em 2, em vez de 1. Como nos dois exemplos anteriores, o código falha em implementar corretamente o padrão do script de transação e, sem querer, leva à corrupção do estado do sistema.

Como no exemplo anterior, não há uma solução simples para essa questão. Tudo depende do domínio de negócio e de suas necessidades. Nesse exemplo específico, uma maneira de garantir o comportamento transacional é tornar a operação *idempotente*, isto é, chega ao mesmo resultado, mesmo que a operação se repita várias vezes.

Por exemplo, podemos pedir ao cliente que passe o valor do contador. Para fornecer o valor do contador, o chamador terá que ler primeiro o valor atual, aumentá-lo localmente e fornecer o valor atualizado como parâmetro. Mesmo que a operação seja executada várias vezes, o resultado não será alterado:

```
public class LogVisit
{
    ...

    public void Execute(Guid userId, long visits)
    {
        _db.Execute("UPDATE Users SET visits = @p1 WHERE user_id=@p2",
                visits, userId);
    }
}
```

Outra maneira de abordar a questão é usar um controle otimista de concorrência: antes de chamar a operação `LogVisit`, o chamador leu o valor atual do contador e o passou para `LogVisit` como parâmetro. `LogVisit` atualizará o valor do contador somente se ele for igual ao valor lido inicialmente pelo chamador:

```
public class LogVisit
{
    ...

    public void Execute(Guid userId, long expectedVisits)
      {
        _db.Execute(@"UPDATE Users SET visits=visits+1
                WHERE user_id=@p1 and visits = @p2",
                userId, visits);
    }
}
```

As execuções posteriores de `LogVisit` com os mesmos parâmetros de entrada não mudarão os dados, pois a condição `WHERE...visits = @p2` não será atendida.

Quando Utilizar o Script de Transação

O padrão do script de transação é bem adaptado aos domínios de problema mais simples, nos quais a lógica de negócio se assemelha a simples operações procedurais. Por exemplo, nas operações ETL (extrair-transformar-carregar), cada operação extrai os dados de uma fonte, aplica a lógica de transformação para convertê-los em outra forma e carrega o resultado no armazenamento de destino. Esse processo é mostrado na Figura 5-3.

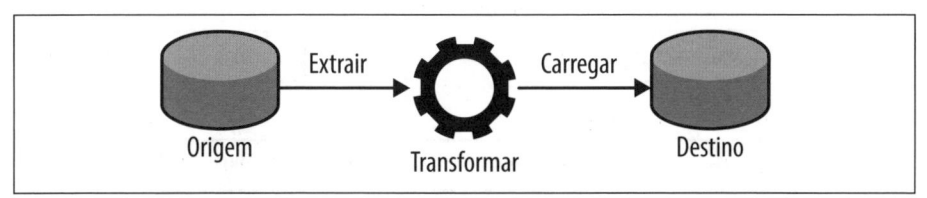

Figura 5-3. Fluxo de dados extrair-transformar-carregar

O padrão do script de transação se encaixa naturalmente nos subdomínios de suporte nos quais, por definição, a lógica de negócio é simples. Também pode ser usado como um adaptador para a integração com sistemas externos, por exemplo, subdomínios genéricos ou como parte de uma camada anticorrupção (mais sobre isso no Capítulo 9).

A principal vantagem do padrão do script de transação é a sua simplicidade. Ele introduz abstrações mínimas e minimiza o overhead tanto no desempenho durante a execução quanto na compreensão da lógica de negócio. Dito isso, essa simplicidade é também a desvantagem do padrão. Quanto mais complexa a lógica comercial se torna, mais tende a se duplicar nas transações e, consequentemente, resultar em um comportamento inconsistente, quando o código duplicado fica fora de sincronia. Como resultado, o script de transação nunca deve ser usado para subdomínios centrais, já que esse padrão não lidará bem com a alta complexidade da lógica de negócio de tal subdomínio.

Essa simplicidade fez com que o script de transação ganhasse uma reputação duvidosa. Às vezes, esse padrão chega a ser tratado como um antipadrão. Afinal, se a lógica de negócio complexa for implementada como um script de transação, cedo ou tarde ela se transformará em uma grande bola de lama não sustentável. Deve-se notar, entretanto, que, apesar da simplicidade, o padrão do script de transação é onipresente no desenvolvimento de software. Todos os padrões de implementação da lógica de negócio que discutiremos neste e nos capítulos seguintes, de uma forma ou de outra, são baseados no padrão do script de transação.

Registro Ativo

Um objeto que envolve uma linha em uma tabela ou uma visão do banco de dados encapsula o acesso ao banco de dados e adiciona a lógica de domínio nesses dados.

— Martin Fowler[2]

Assim como o padrão do script de transação, o registro ativo dá suporte a casos em que a lógica de negócio é simples. Aqui, entretanto, a lógica de negócio pode funcionar em estruturas de dados mais complexas. Por exemplo, em vez de registros planos, podemos ter árvores de objetos e hierarquias mais complicadas, como mostrado na Figura 5-4.

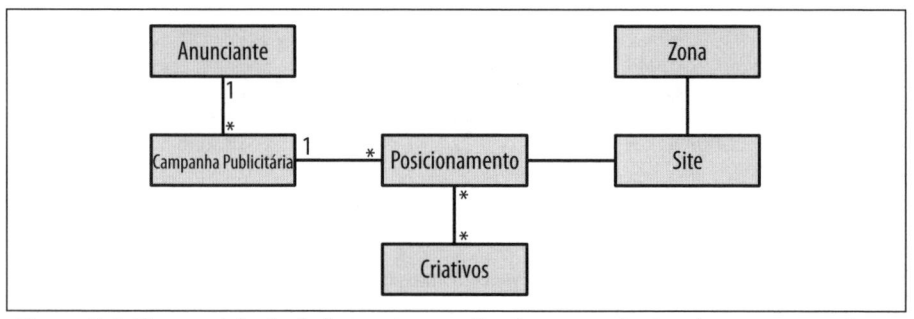

Figura 5-4. Um modelo de dados mais complicado, com relações de um para muitos e muitos para muitos

Trabalhar nessas estruturas de dados com um simples script de transação resultaria em muitos códigos repetitivos. O mapeamento dos dados em uma representação na memória seria duplicado por toda parte.

Implementação

Consequentemente, esse padrão utiliza objetos dedicados, conhecidos como registros ativos, para representar as estruturas de dados complicadas. Além da estrutura de dados, esses objetos também implementam métodos de acesso aos dados para criar, ler, atualizar e excluir registros, as chamadas operações CRUD. Como resultado, os objetos de registros ativos são acoplados a um mapeamento objeto-relacional (ORM) ou a alguma outra estrutura de acesso aos dados. O nome do padrão é derivado do fato de que cada estrutura de dados é "ativa", ou seja, implementa a lógica de acesso aos dados.

Como no padrão anterior, a lógica de negócio do sistema está organizada em um script de transação. A diferença entre os dois padrões é que, nesse caso, em vez de acessar o

---

[2]   Fowler, M. (2002). *Patterns of Enterprise Application Architecture*. Boston: Addison-Wesley.

banco de dados diretamente, o script manipula os objetos de registro ativo. Quando termina, a operação deve estar completa ou falhar como uma transação atômica:

```
public class CreateUser
{
    ...

    public void Execute(userDetails)
    {
        try
        {
            _db.StartTransaction();

            var user = new User();
            user.Name = userDetails.Name;
            user.Email = userDetails.Email;
            user.Save();
            _db.Commit();
        } catch {
            _db.Rollback();
            throw;
        }
    }
}
```

O objetivo do padrão é encapsular a complexidade de mapear o objeto na memória para o esquema do banco de dados. Além de ser responsável pela persistência, os objetos do registro ativo podem conter a lógica de negócio; por exemplo, validar novos valores atribuídos aos campos ou até implementar procedimentos de negócio que manipulam os dados de um objeto. Dito isso, a característica distinta de um objeto de registro ativo é a separação das estruturas de dados e do comportamento (lógica de negócio). Normalmente, os campos de um registro ativo têm getters e setters públicos que permitem procedimentos externos para modificar seu estado.

Quando Utilizar o Registro Ativo

Como um registro ativo é essencialmente um script de transação que otimiza o acesso aos bancos de dados, esse padrão só suporta uma lógica de negócio relativamente simples, como as operações CRUD, que, no máximo, validam a entrada do usuário.

Assim, como é o caso do padrão do script de transação, o padrão do registro ativo é indicado para subdomínios de suporte, a integração de soluções externas para subdomínios genéricos ou tarefas de transformação do modelo. A diferença entre os padrões que é o registro ativo lida com a complexidade de mapear as estruturas de dados complexas para o esquema de um banco de dados.

O padrão de registro ativo também é conhecido como *antipadrão do modelo de domínio anêmico*, isto é, um modelo de domínio mal projetado. Prefiro me abster da conotação negativa das palavras *anêmico* e *antipadrão*. Esse padrão é uma ferramenta. Como qualquer ferramenta, pode resolver problemas, mas pode potencialmente trazer mais danos do que benefícios quando aplicado no contexto errado. Não há nada de errado em usar registros ativos quando a lógica de negócio é simples. Além disso, o uso de um padrão mais elaborado ao implementar uma lógica de negócio simples também resultará em danos ao introduzir uma complexidade acidental. No próximo capítulo, você aprenderá o que é modelo de domínio e como ele difere do padrão de registro ativo.

 É importante destacar que, nesse contexto, *registro ativo* se refere ao padrão de design, não à estrutura Active Record. O nome do padrão foi criado no livro *Padrões de arquitetura de aplicações corporativas* (Bookman), de Martin Fowler. A estrutura veio depois como uma forma de implementar o padrão. No nosso contexto, falamos sobre o padrão de design e os conceitos por trás dele, não de uma implementação específica.

Seja Pragmático

Embora os dados do negócio sejam importantes e o código que projetamos e construímos devam proteger sua integridade, há casos em que uma abordagem pragmática é mais desejável.

Especialmente nos altos níveis de escala, há casos em que as garantias de consistência de dados podem ser relaxadas. Verifique se corromper o estado de um registro em 1 milhão é realmente um problema para o negócio e se pode afetar negativamente o desempenho e a rentabilidade. Por exemplo, imagine que você esteja construindo um sistema que consome bilhões de eventos por dia a partir de dispositivos IoT. Seria um grande problema se 0,001% dos eventos fossem duplicados ou perdidos?

Como sempre, não existem leis universais. Tudo depende do domínio de negócio com o qual se está trabalhando. É possível "criar atalhos" onde for possível; apenas verifique os riscos e as implicações no negócio.

Conclusão

Neste capítulo, vimos dois padrões para a implementação da lógica de negócio:

Script de transação
   Esse padrão organiza as operações do sistema como scripts procedurais simples e diretos. Os procedimentos garantem que cada operação seja transacional — é bem-sucedida ou falha. O padrão do script transacional é melhor para os subdomínios de suporte, com uma lógica de negócio que se assemelha a operações ETL simples.

Registro ativo

Quando a lógica de negócio é simples, mas opera em estruturas de dados complexas, é possível implementar esses dados como registros ativos. Um objeto de registro ativo é uma estrutura de dados que provê métodos simples de acesso a dados CRUD.

Os dois padrões neste capítulo são orientados para casos da lógica de negócio bem simples. No próximo capítulo, veremos a lógica de negócio complexa e como lidar com essa complexidade usando o padrão do modelo de domínio.

Exercícios

1. Qual dos padrões discutidos deve ser usado para implementar a lógica de negócio de um subdomínio principal?

   a. Script de transação.

   b. Registro ativo.

   c. Nenhum padrão pode ser usado para implementar um subdomínio principal.

   d. Ambos podem ser usados para implementá-lo.

2. Considere o seguinte código:

```
public void CreateTicket(TicketData data)
{
    var agent = FindLeastBusyAgent();

    agent.ActiveTickets = agent.ActiveTickets + 1;
    agent.Save();

    var ticket = new Ticket();
    ticket.Id = Guid.New();
    ticket.Data = data;
    ticket.AssignedAgent = agent;
    ticket.Save();

    _alerts.Send(agent, "You have a new ticket!");
}
```

Supondo que não haja um mecanismo de transação de alto nível, quais problemas potenciais de consistência de dados você detecta aqui?

   a. Ao receber um novo bilhete, o contador de bilhetes ativos do agente designado pode ser aumentado em mais de 1.

   b. O contador de bilhetes ativos de um agente pode ser aumentado em 1, mas o agente não receberá nenhum novo bilhete.

   c. Um agente pode obter um novo bilhete, mas não será notificado.

   d. Todos os problemas acima são possíveis.

3. No código anterior, há pelo menos mais um caso extremo possível que pode corromper o estado do sistema. Você pode identificá-lo?

4. Voltando ao exemplo do WolfDesk no prefácio do livro, quais partes do sistema poderiam potencialmente ser implementadas como um script de transação ou um registro ativo?

CAPÍTULO 6

Lidando com a Lógica de Negócio Complexa

O capítulo anterior discutiu dois padrões que são dirigidos à lógica de negócio relativamente simples: o script de transação e o registro ativo. Este capítulo continua no tópico de implementar a lógica de negócio e apresenta um padrão orientado à lógica de negócio complexa: o padrão de modelo de domínio.

História

Assim como nos padrões do script de transação e registro ativo, o padrão de modelo de domínio foi apresentado inicialmente por Martin Fowler no livro *Padrões de Arquitetura de Aplicações Corporativas* (Bookman). Fowler conclui sua discussão desse padrão com "Eric Evans está escrevendo um livro sobre construir Modelos de Domínio." O livro que ele mencionou é o trabalho referencial de Evans, *Domain-Driven Design: Atacando as Complexidades no Coração do Software* (Alta Books).

Em seu livro, Evans apresenta um conjunto de padrões, com o objetivo de relacionar estreitamente o código com o modelo subjacente do domínio de negócio: agregado, objetos de valor, repositórios e outros. Esses padrões continuam de onde Fowler parou em seu livro e se assemelham a um conjunto eficaz de ferramentas para implementar o padrão do modelo de domínio.

Frequentemente, nos referimos aos padrões que Evans apresentou como *domain-driven design tático*. Para acabar com a confusão de pensar que a implementação de domain-driven design implica necessariamente o uso desses padrões para implementar a lógica de negócio, prefiro me ater à terminologia original de Fowler. O padrão é "modelo de domínio", e os agregados e os objetos de valor são seus blocos de construção.

Modelo de Domínio

O padrão de modelo de domínio é para lidar com casos de lógica de negócio complexa. Ao invés de interfaces CRUD, lidaremos com transições de estado complexas, regras de negócio e invariantes: regras que devem ser cumpridas o tempo todo.

Imagine que estamos implementando um sistema de help desk. Considere o seguinte trecho dos requisitos que descrevem a lógica que controla os ciclos de vida dos tickets de suporte:

- Os clientes abrem tickets de suporte, descrevendo os problemas que têm.
- Tanto o cliente quanto o agente de suporte anexam mensagens, e toda a correspondência é rastreada pelo ticket de suporte.
- Cada ticket tem uma prioridade: baixa, média, alta ou urgente.
- Um agente deve oferecer uma solução dentro de um limite de tempo definido (SLA) que se baseia na prioridade do ticket.
- Se o agente não responder dentro do SLA, o cliente pode escalar o ticket para o gerente do agente.
- A escalada reduz o tempo limite de resposta do agente em 33%.
- Se o agente não abriu um ticket escalado dentro de 50% do tempo limite de resposta, a realocação para um agente diferente é automática.
- Os tickets são automaticamente fechados se o cliente não responde às perguntas do agente no prazo de sete dias.
- Os tickets escalonados não podem ser fechados automaticamente pelo agente, apenas pelo cliente ou pelo gerente do agente.
- Um cliente só pode reabrir um ticket fechado se este foi fechado nos últimos sete dias.

Essas exigências formam uma rede emaranhada de dependências entre as diferentes regras, todas elas afetando a lógica de gestão do ciclo de vida do ticket de suporte. Esta não é uma tela de entrada de dados CRUD, como vimos no capítulo anterior. Tentar implementar essa lógica usando objetos de registro ativos facilitará a duplicação da lógica e corromperá o estado do sistema ao implementar erroneamente algumas das regras de negócio.

Implementação

Modelo de domínio é um modelo de objeto do domínio que incorpora o comportamento e os dados.[1] Os padrões táticos do DDD — agregações, objetos de valor, eventos de domínio e serviços de domínio — são os blocos de construção de tal modelo de objeto.[2]

---

[1] Fowler, M. (2002). *Patterns of Enterprise Application Architecture.* Boston: Addison-Wesley.

[2] Todas as amostras de código neste capítulo utilizarão uma linguagem de programação orientada a objetos. Entretanto, os conceitos discutidos não estão limitados ao OOP e são relevantes para o paradigma da programação funcional.

Todos esses padrões compartilham um tema comum: eles colocam a lógica de negócio em primeiro lugar. Vejamos como o modelo de domínio atende a diferentes preocupações de design.

Complexidade

A lógica de negócio do domínio já é inerentemente complexa, portanto os objetos utilizados para modelá-la não devem introduzir nenhuma complexidade acidental extra. O modelo não deve ter qualquer preocupação de infraestrutura ou tecnológica, como a implementação de chamadas a bancos de dados ou outros componentes externos do sistema. Essa restrição exige que os objetos de modelo sejam *objetos antigos e simples*, que implementam a lógica de negócio sem depender ou incorporar diretamente quaisquer componentes ou estruturas.[3]

Linguagem ubíqua

A ênfase na lógica de negócio, em vez de preocupações técnicas, facilita que os objetos do modelo de domínio sigam a terminologia da linguagem ubíqua do contexto delimitado, ou seja, esse padrão permite que o código "fale" a linguagem ubíqua e siga os modelos mentais dos especialistas do domínio.

Blocos de Construção

Vejamos os blocos de construção do modelo de domínio central, ou padrões táticos, oferecidos pelo DDD: objetos de valor, agregados e serviços de domínio.

Objeto de valor

Objeto de valor é um objeto que pode ser identificado pela composição de seus valores. Por exemplo, considere um objeto color:

```
class Color
{
    int _red;
    int _green;
    int _blue;
}
```

A composição dos valores dos três campos vermelho, verde e azul define uma cor. A alteração do valor de um dos campos resultará em uma nova cor. Duas cores não podem ter os mesmos valores. Além disso, duas instâncias da mesma cor devem ter os mesmos valores. Portanto, nenhum campo de identificação explícito é necessário para identificar cores.

---

[3] POCOs em .NET, POJOs em Java, POPOs em Python etc.

O campo `ColorId` mostrado na Figura 6-1 não só é redundante, mas de fato cria uma abertura para bugs. Você poderia criar duas linhas com os mesmos valores `red`, `green` e `blue`, mas comparar os valores de `ColorId` não refletiria que essa é a mesma cor.

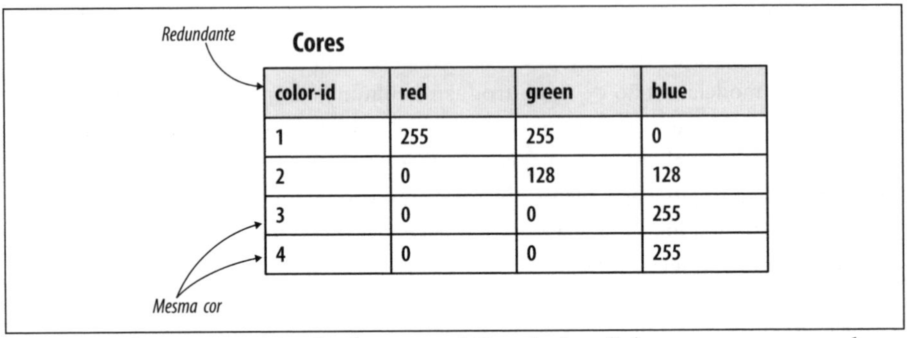

Cores

color-id	red	green	blue
1	255	255	0
2	0	128	128
3	0	0	255
4	0	0	255

Figura 6-1. Campo `ColorId` redundante, possibilitando duas linhas com os mesmos valores

Linguagem Ubíqua. Confiar exclusivamente nos tipos de dados primitivos da biblioteca padrão da língua, como strings, inteiros ou dicionários, para representar conceitos do domínio de negócio é conhecido como cheiro de código (code smell) de obsessão primitiva.[4] Por exemplo, considere a seguinte classe:

```
class Person
{
    private int    _id;
    private string _firstName;
    private string _lastName;
    private string _landlinePhone;
    private string _mobilePhone;
    private string _email;
    private int    _heightMetric;
    private string _countryCode;

    public Person(...) {...}
}

static void Main(string[] args)
{
    var dave = new Person(
        id: 30217,
        firstName: "Dave",
        lastName: "Ancelovici",
        landlinePhone: "023745001",
        mobilePhone: "0873712503",
        email: "dave@learning-ddd.com",
        heightMetric: 180,
        countryCode: "BG");
}
```

---

[4]   "Primitive Obsession" (sem data). Recuperado em 13 de junho de 2021, em https://wiki. c2.com/?PrimitiveObsession (conteúdo em inglês).

Na implementação anterior da classe `Person`, a maioria dos valores é do tipo `String` e atribuída com base na convenção. Por exemplo, a entrada para `landlinePhone` deve ser um número de telefone fixo válido, e `countryCode` deve ser um código de país válido, de duas letras, em maiúsculas. Naturalmente, o sistema não pode confiar no usuário para sempre fornecer valores corretos e, como resultado, a classe tem que validar todos os campos de entrada.

Essa abordagem apresenta múltiplos riscos de design. Em primeiro lugar, a lógica de validação tende a ser duplicada. Segundo, é difícil aplicar a chamada da lógica de validação antes que os valores sejam usados. Isso ficará ainda mais desafiador no futuro, quando a base de código for desenvolvida por outros engenheiros.

Compare o seguinte design alternativo do mesmo objeto, desta vez empregando objetos de valor:

```
class Person {
    private PersonId     _id;
    private Name         _name;
    private PhoneNumber  _landline;
    private PhoneNumber  _mobile;
    private EmailAddress _email;
    private Height       _height;
    private CountryCode  _country;

    public Person(...) { ... }
}

static void Main(string[] args)
{
    var dave = new Person(
        id:        new PersonId(30217),
        name:      new Name("Dave", "Ancelovici"),
        landline:  PhoneNumber.Parse("023745001"),
        mobile:    PhoneNumber.Parse("0873712503"),
        email:     Email.Parse("dave@learning-ddd.com"),
        height:    Height.FromMetric(180),
        country:   CountryCode.Parse("BG"));
}
```

Primeiro, observe a maior clareza. Tomemos, por exemplo, a variável `country`. Não há necessidade de chamá-la de "countryCode" para comunicar a intenção de ter um código de país, e não, por exemplo, um nome completo do país. O objeto de valor deixa clara a intenção, mesmo com nomes de variáveis menores.

Em segundo lugar, não há necessidade de validar os valores antes da atribuição, pois a lógica de validação reside nos próprios objetos de valor. Entretanto, o comportamento de um objeto de valor não se limita à mera validação. Os objetos de valor se destacam mais quando centralizam a lógica comercial que manipula os valores. A lógica coesa é implementada em um só lugar e é fácil de testar. Mais importante ainda, os objetos de valor expressam os conceitos do domínio de negócio: eles fazem o código falar a linguagem ubíqua.

Vejamos como representar os conceitos de altura, números de telefone e cores como objetos de valor torna o sistema do tipo resultante rico e fácil de usar.

Comparado a um valor inteiro, o objeto de valor Height torna a intenção clara e desacopla a medição de uma unidade de medição específica. Por exemplo, o objeto de valor Height pode ser inicializado usando unidades métricas e imperiais, facilitando a conversão de uma unidade em outra, gerando uma representação de string e comparando valores de diferentes unidades:

```
var heightMetric = Height.Metric(180);
var heightImperial = Height.Imperial(5, 3);

var string1 = heightMetric.ToString();              // "180cm"
var string2 = heightImperial.ToString();            // "5 pés 3 pol."
var string3 = heightMetric.ToImperial().ToString(); // "5 pés 11 pol."

var firstIsHigher = heightMetric > heightImperial; // true
```

O objeto de valor PhoneNumber pode encapsular a lógica de analisar um valor de string, validando-o e extraindo diferentes atributos do número de telefone; por exemplo, o país a que pertence e o tipo de linha telefônica — celular ou telefone fixo:

```
var phone = PhoneNumber.Parse("+359877123503");
var country = phone.Country;                      // "BG"
var phoneType = phone.PhoneType;                  // "CELULAR"
var isValid = PhoneNumber.IsValid("+972120266680"); // false
```

O exemplo seguinte demonstra o poder de um objeto de valor quando ele encapsula toda a lógica de negócio, que manipula os dados e produz novas instâncias do objeto de valor:

```
var red = Color.FromRGB(255, 0, 0);
var green = Color.Green;
var yellow = red.MixWith(green);
var yellowString = yellow.ToString();              // "#FFFF00"
```

Como você pode ver nos exemplos anteriores, os objetos de valor eliminam a necessidade de convenções — por exemplo, a necessidade de ter em mente que a string é um e-mail e a outra string é um número de telefone — e, em vez disso, torna o uso do modelo de objeto menos propenso a erros e mais intuitivo.

Implementação. Como a mudança em qualquer campo de um objeto de valor resulta em um valor diferente, os objetos de valor são implementados como objetos imutáveis. Uma modificação em um dos campos do objeto de valor cria conceitualmente um valor diferente, ou seja, uma instância diferente de um objeto de valor. Portanto, quando uma ação executada resulta em um novo valor, como no caso seguinte, que usa o método MixWith, ela não modifica a instância original, mas instancia e retorna uma nova instância:

```
public class Color
{
    public readonly byte Red;
    public readonly byte Green;
    public readonly byte Blue;

    public Color(byte r, byte g, byte b)
    {
        this.Red = r;
        this.Green = g;
        this.Blue = b;
    }

    public Color MixWith(Color other)
    {
        return new Color(
            r: (byte) Math.Min(this.Red + other.Red, 255),
            g: (byte) Math.Min(this.Green + other.Green, 255),
            b: (byte) Math.Min(this.Blue + other.Blue, 255)
        );
    }

    ...
}
```

Como a igualdade dos objetos de valor é baseada em seus valores, não em um campo id ou referência, é importante anular e implementar adequadamente as verificações de igualdade. Por exemplo, em C#:[5]

```
public class Color
{
    ...

    public override bool Equals(object obj)

    {
        var other = obj as Color;
        return other != null &&
            this.Red == other.Red &&
            this.Green == other.Green &&
            this.Blue == other.Blue;
    }

    public static bool operator == (Color lhs, Color rhs)
    {
```

---

[5] No C# 9.0, o novo tipo de registro implementa a igualdade baseada em valores e, portanto, não requer a anulação dos operadores de igualdade.

```
            if (Object.ReferenceEquals(lhs, null)) {
                return Object.ReferenceEquals(rhs, null);
            }
            return lhs.Equals(rhs);
        }

        public static bool operator != (Color lhs, Color rhs)
        {
            return !(lhs == rhs);
        }

        public override int GetHashCode()
        {
            return ToString().GetHashCode();
        }

        ...
    }
```

Embora a utilização de `Strings` de uma biblioteca central para representar valores específicos de domínio contradiga a noção de objetos de valor, em .NET, Java e outras linguagens, o tipo de string é implementado exatamente como um objeto de valor. As strings são imutáveis, já que todas as operações resultam em uma nova instância. Além disso, o tipo de string encapsula um comportamento rico que cria novas instâncias ao manipular os valores de uma ou mais strings: cortar, concatenar múltiplas strings, substituir caracteres, substring e outros métodos.

Quando usar objetos de valor. A resposta simples é: quando quiser. Os objetos de valor não só tornam o código mais expressivo e encapsulam a lógica de negócio que tende a se espalhar, mas o padrão torna o código mais seguro. Como os objetos de valores são imutáveis, o comportamento dos objetos de valor não tem efeitos colaterais e é seguro.

Da perspectiva de domínio de negócio, uma regra útil é usar objetos de valor para os elementos do domínio que descrevem as propriedades de outros objetos. Isso se aplica a propriedades de entidades, que são discutidas na próxima seção. Os exemplos que você viu anteriormente utilizaram objetos de valor para descrever uma pessoa, incluindo sua ID, nome, números de telefone, e-mail e assim por diante. Outros exemplos de uso de objetos de valor incluem vários status, senhas e conceitos mais específicos do domínio de negócio que podem ser identificados por seus valores e, portanto, não requerem um campo de identificação explícito. Uma oportunidade especialmente importante para introduzir um objeto de valor é ao modelar dinheiro e outros valores monetários. Confiar nos tipos primitivos para representar dinheiro não apenas limita sua capacidade de encapsular toda a lógica de negócio relacionada ao dinheiro em um só lugar, como também leva frequentemente a bugs perigosos, tais como, erros de arredondamento e outras questões relacionadas à precisão.

Entidades

Uma *entidade* é o contrário de um objeto de valor. Ela exige um campo de identificação explícito para distinguir entre as diferentes instâncias da entidade. Um exemplo trivial de entidade é person. Considere a classe seguinte:

```
class Person
{
    public Name Name { get; set; }

    public Person(Name name)
    {
        this.Name = name;
    }
}
```

A classe contém apenas um campo: name (um objeto de valor). Esse design, entretanto, é insuficiente, porque pessoas diferentes podem ser homônimas e ter exatamente os mesmos nomes. Isso, obviamente, não as torna a mesma pessoa. Portanto, um campo de identificação é necessário para identificar as pessoas da maneira correta:

```
class Person
{
    public readonly PersonId Id;
    public Name Name { get; set; }

    public Person(PersonId id, Name name)
    {
        this.Id = id;
        this.Name = name;
    }
}
```

No código anterior, apresentamos o campo de identificação Id do tipo PersonId. PersonId é um objeto de valor e pode utilizar quaisquer tipos de dados subjacentes que atendam às necessidades do domínio de negócio. Por exemplo, Id pode ser um GUID, um número, uma string ou um valor específico do domínio, como o número da previdência social.

A exigência principal para o campo de identificação é que ele deve ser exclusivo para cada instância da entidade: para cada pessoa, no nosso caso (Figura 6-2). Além do mais, exceto por raras exceções, o valor do campo de identificação da entidade deve se manter imutável durante toda a vida útil da entidade. Isso nos leva à segunda diferença conceitual entre objetos de valor e entidades.

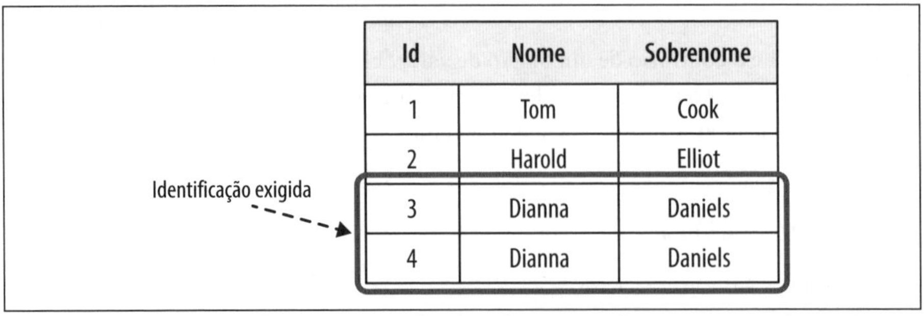

Id	Nome	Sobrenome
1	Tom	Cook
2	Harold	Elliot
3	Dianna	Daniels
4	Dianna	Daniels

Identificação exigida

Figura 6-2. Apresentando um campo de identificação explícito, permitindo instâncias de diferenciação do objeto, mesmo que os valores de outros campos sejam idênticos

Ao contrário dos objetos de valor, as entidades não são imutáveis, e espera-se que mudem. Outra diferença entre entidades e objetos de valores é que os objetos de valor descrevem as propriedades da entidade. Antes, neste capítulo, vimos um exemplo da entidade Person, e ela tinha dois objetos de valor que descreviam cada instância: PersonId e Name.

As entidades são um componente essencial de qualquer domínio de negócio. Dito isso, você pode ter notado que anteriormente, neste capítulo, eu não incluí "entidade" na lista dos blocos de construção do modelo de domínio. Não foi um erro. A "entidade" foi omitida porque não implementamos as entidades de modo independente, mas apenas no contexto do padrão agregado.

Agregados

Agregado é uma *entidade*: requer um campo de identificação explícito, e espera-se que seu estado mude durante o ciclo de vida de uma instância. Entretanto, é muito mais do que apenas uma entidade. O objetivo do padrão é proteger a consistência dos dados. Como os dados de um agregado são mutáveis, há implicações e desafios que o padrão tem que endereçar para manter seu estado consistente o tempo todo.

Implementação de consistência. Como o estado de um agregado pode ser mutável, isso cria uma abertura para que os dados sejam corrompidos de diversas maneiras. Para impor a consistência dos dados, o padrão agregado traça uma fronteira clara entre o agregado e seu escopo externo: o agregado é uma fronteira de aplicação da consistência. A lógica do agregado tem que validar todas as modificações recebidas e garantir que as mudanças não contradigam suas regras de negócio.

Da perspectiva da implementação, a consistência é aplicada ao permitir que apenas a lógica de negócio do agregado modifique seu estado. Todos os processos ou objetos externos ao agregado só são permitidos para ler o estado do agregado. Seu estado só pode ser modificado pela execução de métodos correspondentes da interface pública do agregado.

Os métodos de modificação do estado expostos como interface pública de um agregado são frequentemente referidos como *comandos*, por exemplo, "um comando para fazer algo". Um comando pode ser implementado de duas maneiras. Primeiro, como um método público simples do objeto agregado:

```
public class Ticket
{
    ...

    public void AddMessage(UserId from, string body)
    {
        var message = new Message(from, body);
        _messages.Append(message);
    }

    ...
}
```

Como alternativa, um comando pode ser representado como um objeto de parâmetro que encapsula toda a entrada exigida para executar o comando:

```
public class Ticket
{
    ...

    public void Execute(AddMessage cmd)
    {
        var message = new Message(cmd.from, cmd.body);
        _messages.Append(message);
    }

    ...
}
```

Como os comandos são expressos em um código do agregado é uma questão de preferência. Prefiro a forma mais explícita de definir as estruturas de comando e passá-las de forma polimórfica ao método `Execute` relevante.

A interface pública do agregado é responsável por validar a entrada e aplicar todas as regras de negócio relevantes e invariantes. Esse limite rigoroso também garante que toda a lógica de negócio relacionada ao agregado seja implementada em um lugar: no próprio agregado.

Isso torna a camada do aplicativo,[6] que orquestra as operações nos agregados, relativamente simples:[7] tudo que ela precisa fazer é carregar o estado atual do agregado, executar a ação exigida, persistir no estado modificado e voltar o resultado da operação para o chamador:

```
01  public ExecutionResult Escalate(TicketId id, EscalationReason reason)
02  {
03      try
04      {
05          var ticket = _ticketRepository.Load(id);
06          var cmd = new Escalate(reason);
07          ticket.Execute(cmd);
08          _ticketRepository.Save(ticket);
09          return ExecutionResult.Success();
10      }
11      catch (ConcurrencyException ex)
12      {
13          return ExecutionResult.Error(ex);
14      }
15  }
```

Preste atenção à verificação de simultaneidade no código anterior (linha 11). É vital para proteger a consistência do estado do agregado.[8] Se vários processos atualizam simultaneamente o mesmo agregado, temos que evitar que a última transação substitua cegamente as mudanças enviadas pela primeira. Em tal caso, o segundo processo tem que ser notificado de que o estado no qual baseou suas decisões está desatualizado, e ele tem que tentar novamente a operação.

Portanto, o banco de dados utilizado para armazenar agregados tem que dar suporte ao gerenciamento da simultaneidade. Em sua forma mais simples, o agregado deve conter um campo de versão que será incrementado após cada atualização:

```
class Ticket
{
    TicketId _id;
    int      _version;

    ...

}
```

---

[6]   Também conhecida como camada de serviço, a parte do sistema que encaminha as ações de API públicas para o modelo de domínio.

[7]   Em essência, as operações da camada do aplicativo implementam o padrão do script de transação. Ela tem que orquestrar a operação como uma transação atômica. As mudanças em todo o agregado têm sucesso ou falham, mas nunca enviam um estado parcialmente atualizado.

[8]   Lembre-se de que a camada do aplicativo é uma coleção de scripts de transação, e, como vimos no Capítulo 5, o gerenciamento da simultaneidade é essencial para evitar que as atualizações concorrentes corrompam os dados do sistema.

Ao enviar uma mudança para o banco de dados, temos que assegurar que a versão sobrescrita seja igual à versão originalmente lida. Por exemplo, em SQL:

```
01  UPDATE tickets
02  SET ticket_status = @new_status,
03  agg_version = agg_version + 1
04  WHERE ticket_id=@id and agg_version=@expected_version;
```

Essa declaração SQL aplica as mudanças feitas ao estado da instância agregada (linha 2) e aumenta seu contador de versões (linha 3), mas apenas se a versão atual é igual à que foi lida antes de aplicar as mudanças ao estado do agregado (linha 4).

Naturalmente, o gerenciamento da simultaneidade pode ser implementado em outro lugar, além de um banco de dados relacional. E mais, os bancos de dados de documentos são mais recomendados para o trabalho com agregados. Assim, é crucial garantir que o banco de dados utilizado para armazenar os dados de um agregado suporte o gerenciamento da simultaneidade.

Limite transacional. Como o estado de um agregado só pode ser modificado por sua própria lógica de negócio, o agregado também atua como um limite transacional. Todas as mudanças no estado do agregado devem ser enviadas transacionalmente como uma única operação atômica. Se o estado de um agregado é modificado, todas as mudanças são enviadas ou nenhuma delas é.

Além disso, nenhuma operação do sistema pode assumir uma transação multiagregada. Uma mudança no estado de um agregado só pode ser enviada individualmente, um agregado por transação do banco de dados.

A instância de um agregado por transação nos força a projetar cuidadosamente os limites de um agregado, assegurando que o design lide com as invariantes e as regras do domínio de negócio. A necessidade de fazer mudanças em múltiplos agregados sinaliza um limite transacional errado, portanto limites de agregados errados.

Isso parece impor uma limitação de modelagem. E se precisarmos modificar vários objetos na mesma transação? Vejamos como o modelo lida com tais situações.

Hierarquia de entidades. Como vimos antes no capítulo, não usamos entidades como um padrão independente, apenas como parte de um agregado. Vejamos a diferença fundamental entre entidades e agregados e por que as entidades são um bloco de construção de um agregado, não um modelo de domínio geral.

Existem cenários de negócio nos quais múltiplos objetos devem compartilhar um limite transacional; por exemplo, quando ambos podem ser modificados simultaneamente ou as regras de negócio de um objeto dependem do estado de outro objeto.

O DDD prescreve que o design do sistema deve ser orientado pelo domínio de negócio. Os agregados não são uma exceção à regra. Para dar suporte às mudanças nos múltiplos objetos que devem ser aplicados em uma transação atômica, o padrão de agregado se parece com uma hierarquia de entidades, todas compartilhando uma consistência transacional, como mostra a Figura 6-3.

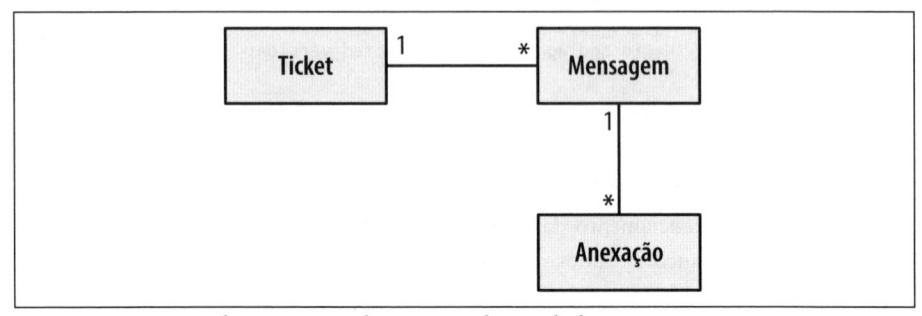

Figura 6-3. Agregado como uma hierarquia de entidades

A hierarquia contém entidades e objetos de valor, e todos eles pertencem ao mesmo agregado se vinculados à lógica de negócio do domínio.

Por isso o padrão é chamado de "agregado": ele agrega entidades de negócio e objetos de valor que pertencem ao mesmo limite transacional.

O próximo exemplo de código demonstra uma regra de negócio que engloba múltiplas entidades pertencentes ao limite do agregado — "Se um agente não abre um ticket escalonado com até 50% do limite de tempo de resposta, ele é automaticamente realocado a um agente diferente":

```
01   public class Ticket
02   {
03       ...
04       List<Message> _messages;
05       ...
06
07       public void Execute(EvaluateAutomaticActions cmd)
08       {
09           if (this.IsEscalated && this.RemainingTimePercentage < 0.5 &&
10               GetUnreadMessagesCount(for: AssignedAgent) > 0)
11           {
12               _agent = AssignNewAgent();
13           }
14       }
15
16       public int GetUnreadMessagesCount(UserId id)
17       {
18           return _messages.Where(x => x.To == id && !x.WasRead).Count();
19       }
20
21       ...
22   }
```

O método verifica os valores do ticket para ver se ele é escalonado e se o tempo restante de processamento é inferior ao limite definido de 50% (linha 9). Além disso, verifica as mensagens que ainda não foram lidas pelo agente atual (linha 10). Se todas as condições são atendidas, o ticket é solicitado para ser realocado para um agente diferente.

O agregado garante que todas as condições sejam verificadas em relação a dados fortemente consistentes e não mudará após a conclusão das verificações, assegurando que todas as mudanças nos dados do agregado sejam realizadas como uma única transação atômica.

Referência a outros agregados.   Como todos os objetos contidos por um agregado compartilham o mesmo limite transacional, podem surgir problemas de desempenho e escalabilidade se um agregado cresce demais.

A consistência dos dados pode ser um princípio orientador conveniente para projetar os limites do agregado. Somente as informações exigidas pela lógica de negócio do agregado para ser consistente devem fazer parte do agregado. Todas as informações que podem ser eventualmente consistentes devem residir fora do limite do agregado; por exemplo, como parte de outro agregado, como mostrado na Figura 6-4.

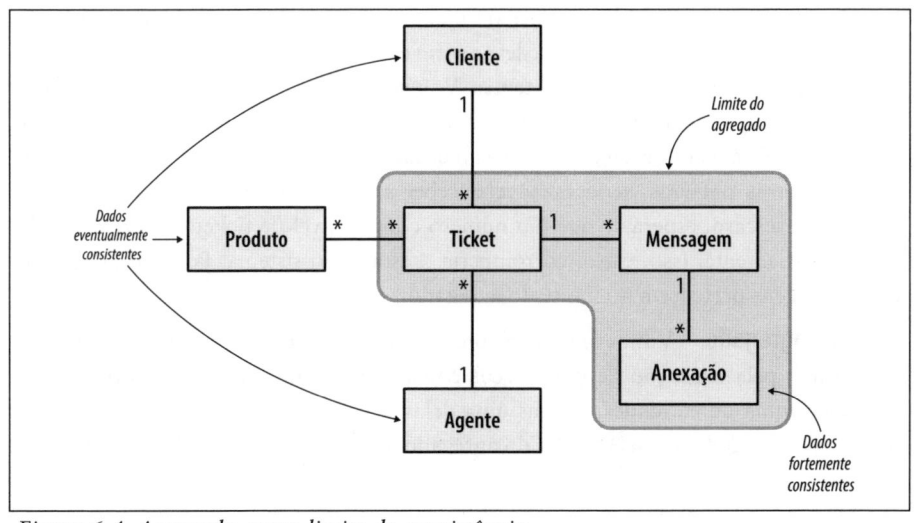

Figura 6-4. Agregado como limite de consistência

A regra é manter os agregados tão pequenos quanto possível e incluir apenas objetos que a lógica de negócio do agregado exija que fiquem em um estado fortemente consistente:

```
public class Ticket
{
    private UserId           _customer;
    private List<ProductId> _products;
    private UserId           _assignedAgent;
    private List<Message>   _messages;

    ...

}
```

No exemplo anterior, o agregado `Ticket` faz referência a uma coleção de mensagens, que pertencem ao limite do agregado. Por outro lado, o cliente, a coleta de produtos que são relevantes para o ticket e o agente atribuído não pertencem ao agregado, portanto são referenciados por sua ID.

O raciocínio por trás da referência de agregados externos por ID é para reificar que esses objetos não pertencem ao limite do agregado e assegurar que cada agregado tenha seu próprio limite transacional.

Para decidir se uma entidade pertence ou não a um agregado, examine se o agregado contém a lógica de negócio que pode levar a um estado do sistema inválido, caso trabalhe com dados eventualmente consistentes. Voltemos ao exemplo anterior de reatribuir o ticket se o agente atual não leu as novas mensagens dentro de 50% do tempo limite de resposta. E se as informações sobre as mensagens lidas/não lidas fossem consistentes? Em outras palavras, seria razoável receber a confirmação de leitura após certo atraso. Nesse caso, espera-se que um número considerável de tickets seja reatribuído desnecessariamente. Isso, claro, corromperia o estado do sistema. Portanto, os dados nas mensagens pertencem ao limite do agregado.

A raiz do agregado. Vimos anteriormente que o estado de um agregado só pode ser modificado pela execução de um de seus comandos. Como um agregado representa uma hierarquia de entidades, apenas uma delas deve ser designada como a interface pública do agregado, ou seja, a raiz do agregado, como mostra a Figura 6-5.

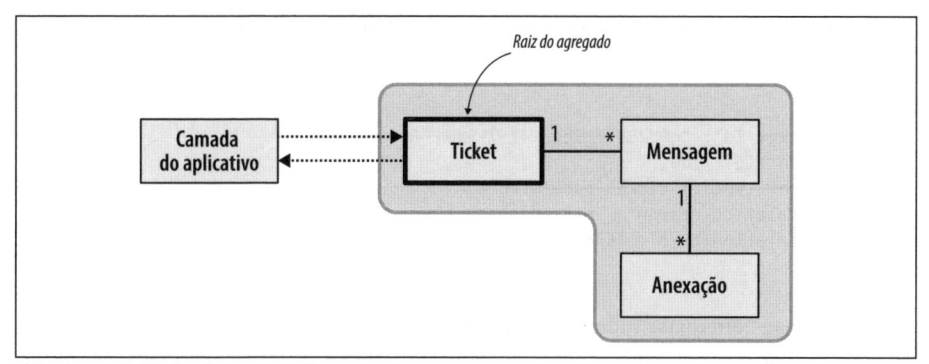

Figura 6-5. Raiz do agregado

Considere o seguinte fragmento do agregado `Ticket`:

```
public class Ticket
{
    ...
    List<Message> _messages;
    ...
    public void Execute(AcknowledgeMessage cmd)
    {
        var message = _messages.Where(x => x.Id == cmd.id).First();
        message.WasRead = true;
    }
    ...
}
```

No exemplo, o agregado expõe um comando que permite marcar uma mensagem específica como lida. Embora a operação modifique uma instância da entidade Message, ela é acessível apenas por sua raiz do agregado: `Ticket`.

Além da interface pública da raiz do agregado, há outro mecanismo pelo qual o mundo exterior pode se comunicar com os agregados: os eventos de domínio.

Eventos de domínio. Evento de domínio é uma mensagem que descreve um evento significativo que ocorreu no domínio de negócio. Por exemplo:

* Ticket atribuído
* Ticket escalonado
* Mensagem recebida

Como os eventos de domínio descrevem algo que já aconteceu, seus nomes devem ser formulados no tempo passado.

O objetivo de um evento de domínio é descrever o que aconteceu no domínio de negócio e fornecer todos os dados necessários relacionados ao evento. Por exemplo, o evento de domínio a seguir comunica que o ticket foi escalonado, a que horas e por qual motivo:

```
{
    "ticket-id": "c9d286ff-3bca-4f57-94d4-4d4e490867d1",
    "event-id": 146,
    "event-type": "ticket-escalated",
    "escalation-reason": "missed-sla",
    "escalation-time": 1628970815
}
```

Como é o caso com quase tudo na engenharia de software, a nomenclatura é importante. Verifique se os nomes dos eventos de domínio refletem exatamente o que aconteceu no domínio de negócio.

Os eventos de domínio são parte da interface pública do agregado. Um agregado publica seus eventos de domínio. Outros processos, agregados ou mesmo sistemas externos podem se inscrever e executar sua própria lógica em resposta aos eventos de domínio, como mostra a Figura 6-6.

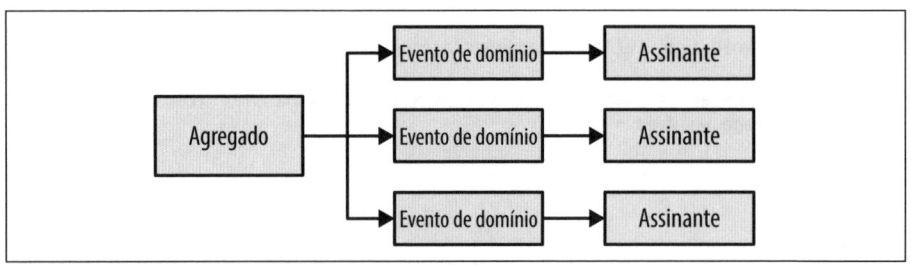

Figura 6-6. Fluxo de publicação dos eventos de domínio

No seguinte fragmento do agregado `Ticket`, um novo evento de domínio é instanciado (linha 12) e anexado à coleta dos eventos de domínio do ticket (linha 13):

```
01  public class Ticket
02  {
03      ...
04      private List<DomainEvent> _domainEvents;
05      ...
06
07      public void Execute(RequestEscalation cmd)
08      {
09          if (!this.IsEscalated && this.RemainingTimePercentage <= 0)
10          {
11              this.IsEscalated = true;
12              var escalatedEvent = new TicketEscalated(_id, cmd.Reason);
13              _domainEvents.Append(escalatedEvent);
14          }
15      }
16
17      ...
18  }
```

No Capítulo 9, veremos como os eventos de domínio podem ser publicados de forma confiável para os assinantes interessados.

Linguagem Ubíqua. Por último, mas não menos importante, os agregados devem refletir a linguagem ubíqua. A terminologia usada para o nome do agregado, seus membros de dados, ações e eventos de domínio deve ser formulada na linguagem ubíqua do contexto delimitado. Como disse Eric Evans, o código deve ser baseado na mesma linguagem que os desenvolvedores usam quando falam uns com os outros e com especialistas do domínio. Isso é especialmente importante para implementar uma lógica de negócio complexa.

Agora vejamos o terceiro e último bloco de construção do modelo de domínio.

Serviços de domínio

Cedo ou tarde, você encontrará uma lógica de negócio que não pertence a nenhum agregado ou objeto de valor, ou que parece ser relevante para múltiplos agregados. Nesses casos, o domain-driven design propõe implementar a lógica como *serviço de domínio*.

Serviço de domínio é um objeto sem estado que implementa a lógica de negócio. Na grande maioria dos casos, tal lógica orquestra chamadas para vários componentes do sistema, para realizar alguns cálculos ou análises.

Voltemos ao exemplo do agregado ticket. Lembre-se que o agente atribuído tem um prazo limitado para propor uma solução para o cliente. O prazo depende não apenas dos dados do ticket (sua prioridade e status da escalabilidade), mas também da política do departamento do agente em relação aos SLAs para cada prioridade e do cronograma de trabalho do agente (turnos) — não podemos esperar que o agente responda durante as horas de folga.

A lógica de cálculo do tempo de resposta requer informações de múltiplas fontes: o ticket, o departamento do agente atribuído e o cronograma de trabalho. Isso o torna um candidato ideal a ser implementado como serviço de domínio:

```
public class ResponseTimeFrameCalculationService
{
    ...

    public ResponseTimeframe CalculateAgentResponseDeadline(UserId agentId,
        Priority priority, bool escalated, DateTime startTime)
    {
        var policy = _departmentRepository.GetDepartmentPolicy(agentId);
        var maxProcTime = policy.GetMaxResponseTimeFor(priority);

        if (escalated) {
            maxProcTime = maxProcTime * policy.EscalationFactor;
        }

        var shifts = _departmentRepository.GetUpcomingShifts(agentId,
            startTime, startTime.Add(policy.MaxAgentResponseTime));

        return CalculateTargetTime(maxProcTime, shifts);
    }

    ...
}
```

Os serviços de domínio facilitam a coordenação do trabalho de múltiplos agregados. Entretanto, é importante ter sempre em mente a limitação do padrão do agregado de modificar apenas uma instância de um agregado em uma transação do banco de dados. Os serviços de domínio não são uma brecha em torno dessa limitação. A regra de uma instância por transação ainda se aplica. Em vez disso, os serviços de domínio servem para implementar uma lógica de cálculo que requer a *leitura* dos dados de múltiplos agregados.

Também é importante ressaltar que os serviços de domínio não têm nada a ver com os microsserviços, a arquitetura orientada a serviços ou quase qualquer outro uso da palavra *serviço* na engenharia de software. É apenas um objeto sem estado usado para hospedar lógica de negócio.

Administrando a Complexidade

Como observado na introdução deste capítulo, os padrões de objetos agregados e de valor foram introduzidos como um meio para lidar com a complexidade na implementação da lógica de negócio. Vejamos o raciocínio por trás disso.

No livro *A Escolha* (Editora Nobel), Eliyahu M. Goldratt, guru em gestão de negócios, esboça uma definição sucinta, porém poderosa, da complexidade do sistema. Segundo Goldratt, ao discutir a complexidade de um sistema, estamos interessados em avaliar a dificuldade de controlar e prever o comportamento do sistema. Esses dois aspectos são refletidos pelos graus de liberdade do sistema.

Os graus de liberdade de um sistema são os pontos de dados necessários para descrever seu estado. Considere as duas classes seguintes:

```
public class ClassA
{
    public int A { get; set; }
    public int B { get; set; }
    public int C { get; set; }
    public int D { get; set; }
    public int E { get; set; }
}

public class ClassB
{
    private int _a, _d;

    public int A
    {
        get => _a;
        set {
            _a = value;
            B = value / 2;
            C = value / 3;
        }
    }

    public int B { get; private set; }

    public int C { get; private set; }

    public int D
    {
        get => _d;
        set {
            _d = value;
            E = value * 2
        }
    }

    public int E { get; private set; }
}
```

À primeira vista, parece que ClassB é muito mais complexa do que ClassA. Ela tem o mesmo número de variáveis, mas, além disso, implementa cálculos adicionais. É mais complexa do que ClassA?

Examinemos ambas as classes da perspectiva dos graus de liberdade. Quantos elementos de dados você precisa para descrever o estado de ClassA? A resposta é cinco: suas cinco variáveis. Portanto, ClassA tem cinco graus de liberdade.

Quantos elementos de dados você precisa para descrever o estado de ClassB? Se você olhar a lógica de atribuição das propriedades A e D, notará que os valores de B, C e E são funções dos valores de A e D. Se você sabe o que são A e D, pode deduzir os valores do resto das variáveis. Portanto, ClassB tem apenas dois graus de liberdade. São necessários apenas dois valores para descrever seu estado.

Voltando à pergunta original, qual classe é mais difícil em termos de controle e previsão de seu comportamento? A resposta é a que tem mais graus de liberdade ou ClassA. As invariantes introduzidas em ClassB reduzem sua complexidade. É o que fazem os padrões de objetos agregados e de valor: encapsulam as invariantes e reduzem sua complexidade.

Toda a lógica de negócio relacionada ao estado de um objeto de valor está localizada em seus limites. Isso também é verdade para os agregados. Um agregado só pode ser modificado por seus próprios métodos. Sua lógica de negócio encapsula e protege as invariantes de negócio, reduzindo os graus de liberdade.

Como o padrão do modelo de domínio é aplicado apenas para os subdomínios com lógica de negócio complexa, é seguro assumir que esses são subdomínios principais, isto é, o coração do software.

Conclusão

O padrão do modelo de domínio é destinado a casos da lógica de negócio complexa. Ele consiste em três blocos principais de construção:

Objetos de valor

Conceitos do domínio de negócio que podem ser identificados exclusivamente por seus valores, portanto não requerem um campo de identificação explícito. Como uma mudança em um dos campos cria semanticamente um valor, os objetos de valor são imutáveis.

Os objetos de valor modelam não apenas dados, mas também o comportamento: métodos manipulando os valores e, assim, inicializando novos objetos de valor.

Agregados

Uma hierarquia de entidades que compartilham um limite transacional. Todos os dados incluídos em um limite agregado têm que ser fortemente consistentes para implementar sua lógica de negócio.

O estado do agregado e seus objetos internos só podem ser modificados através de sua interface pública, executando os comandos do agregado. Os campos de dados são somente de leitura para os componentes externos, a fim de garantir que toda a lógica de negócio relacionada ao agregado resida em seus limites.

O agregado atua como um limite transacional. Todos os seus dados, incluindo todos os seus objetos internos, têm que ser enviados para o banco de dados como uma única transação atômica.

Um agregado pode se comunicar com entidades externas através da publicação de eventos de domínio — mensagens que descrevem eventos de negócio importantes no ciclo de vida do agregado. Outros componentes podem assinar os eventos e usá-los para acionar a execução da lógica de negócios.

Serviços de domínio

Um objeto sem estado que hospeda a lógica de negócio que naturalmente não pertence a nenhum dos agregados ou objetos de valor do modelo de domínio.

Os blocos de construção do modelo de domínio abordam a complexidade da lógica de negócio, encapsulando-a nos limites dos objetos de valor e dos agregados. A incapacidade de modificar externamente o estado dos objetos garante que toda a lógica empresarial relevante seja implementada nos limites dos agregados e objetos de valor e não seja duplicada na camada de aplicação.

No próximo capítulo, você aprenderá a forma avançada de implementar o padrão de modelo de domínio, desta vez tornando a dimensão do tempo uma parte inerente do modelo.

Exercícios

1. Qual das seguintes afirmações é verdadeira?
   a. Objetos de valor só podem conter dados.
   b. Objetos de valor só podem conter comportamento.
   c. Objetos de valor são imutáveis.
   d. O estado dos objetos de valor pode mudar.

2. Qual é o princípio orientador geral para projetar o limite de um agregado?
   a. Um agregado pode conter apenas uma entidade, já que apenas uma instância de um agregado pode ser incluída em uma única transação do banco de dados.
   b. Os agregados devem ser projetados para serem o menor possível, desde que as exigências da consistência dos dados do domínio de negócio fiquem intactas.
   c. Um agregado representa uma hierarquia de entidades. Portanto, para maximizar a consistência dos dados do sistema, os agregados devem ser projetados para serem os mais amplos possíveis.
   d. Depende: para alguns domínios de negócio, os agregados pequenos são melhores, enquanto, em outros, é mais eficiente trabalhar com os maiores agregados possíveis.

3. Por que apenas uma instância de um agregado pode ser enviada em uma transação?

    a. Para garantir que o modelo possa funcionar sob carga elevada.

    b. Para garantir limites transacionais corretos.

    c. Não há tal exigência; depende do domínio de negócio.

    d. Para que seja possível trabalhar com bancos de dados que não suportam transações de múltiplos registros, tais como armazenamentos de valores-chave e documentos.

4. Qual das seguintes afirmações descreve melhor as relações entre os blocos de construção de um modelo de domínio?

    a. Os objetos de valor descrevem as propriedades das entidades.

    b. Os objetos de valor podem emitir eventos do domínio.

    c. Um agregado contém uma ou mais entidades.

    d. A e C.

5. Qual das seguintes afirmações está correta sobre as diferenças entre registros ativos e agregados?

    a. Os registros ativos contêm apenas dados, enquanto os agregados também contêm comportamento.

    b. Um agregado encapsula toda sua lógica de negócio, mas a lógica de negócio que manipula um registro ativo pode ser localizada fora de seus limites.

    c. Os agregados contêm apenas dados, enquanto os registros ativos contêm dados e comportamento.

    d. Um agregado contém um conjunto de registros ativos.

CAPÍTULO 7

Modelando a Dimensão do Tempo

No capítulo anterior, você aprendeu sobre o padrão do modelo de domínio: seus blocos de construção, propósito e contexto de aplicação. O padrão do modelo de domínio orientado a eventos é baseado na mesma premissa do padrão de modelo de domínio. Novamente, a lógica de negócio é complexa e pertence a um subdomínio principal. Além disso, ela usa os mesmos padrões táticos do modelo de domínio: objetos de valor, agregados e eventos de domínio.

A diferença entre esses padrões de implementação está na forma como o estado do agregado persiste. O modelo de domínio orientado a eventos usa o padrão event sourcing para gerenciar os estados dos agregados: em vez de persistir em um estado de agregado, o modelo gera eventos de domínio que descrevem cada mudança e os usa como uma fonte confiável para os dados do agregado.

Este capítulo começa apresentando a noção de event sourcing. Em seguida, fala sobre como ele pode ser combinado com o padrão do modelo de domínio, criando um modelo de domínio orientado a eventos.

Event Sourcing

> *Mostre seu organograma e esconda as tabelas, e eu continuarei confuso. Mostre suas tabelas, e eu normalmente não precisarei do organograma; ficará óbvio.*
> — Fred Brooks[1]

Usaremos o raciocínio de Fred Brooks para definir o padrão event sourcing e entender como ele se diferencia da modelagem tradicional e persistência de dados. Examine a Tabela 7-1 e analise o que podemos aprender com esses dados sobre o sistema ao qual pertence.

---

[1]   Brooks, F. P. Jr. (1974). *The Mythical Man-Month: Essays on Software Engineering*. Reading, MA: Addison-Wesley.

Tabela 7-1. Modelo baseado em estado

lead-id	nome	sobrenome	status	telefone	acompanhamento em	criado em	atualizado em
1	Sean	Callahan	CONVERTIDO	555-1246		31-01-2019T 10:02:40.32Z	31-01-2019T 10:02:40.32Z
2	Sarah	Estrada	FECHADO	555-4395		29-03-2019T 22:01:41.44Z	29-03-2019T 22:01:41.44Z
3	Stephanie	Brown	FECHADO	555-1176		15-04-2019T 23:08:45.59Z	15-04-2019T 23:08:45.59Z
4	Sami	Calhoun	FECHADO	555-1850		25-04-2019T 05:42:17.07Z	25-04-2019T 05:42:17.07Z
5	William	Smith	CONVERTIDO	555-3013		14-05-2019T 04:43:57.51Z	14-05-2019T 04:43:57.51Z
6	Sabri	Chan	NOVO_LEAD	555-2900		19-06-2019T 15:01:49.68Z	19-05-2019T 15:01:49.68Z
7	Samantha	Espinosa	NOVO_LEAD	555-8861		17-07-2019T 13:09:59.32Z	17-07-2019T 13:09:59.32Z
8	Hani	Cronin	FECHADO	555-3018		09-10-2019T 11:40:17.13Z	09-10-2019T 11:40:17.13Z
9	Sian	Espinoza	ACOMPANHAMENTO	555-6461	04-12-2019T 01:49:08.05Z	04-12-2019T 01:49:08.05Z	04-12-2019T 01:49:08.05Z
10	Sophia	Escamilla	FECHADO	555-4090		06-12-2019T 09:12:32.56Z	06-12-2019T 09:12:32.56Z
11	William	White	ACOMPANHAMENTO	555-1187	23-01-2020T 00:33:13.88Z	23-01-2020T 00:33:13.88Z	23-01-2020T 00:33:13.88Z
12	Casey	Davis	CONVERTIDO	555-8101		20-05-2020T 09:52:55.95Z	27-05-2020T 12:38:44.12Z
13	Walter	Connor	NOVO_LEAD	555-4753		20-04-2020T 06:52:55.95Z	20-04-2020T 06:52:55.95Z
14	Sophie	Garcia	CONVERTIDO	555-1284		2020-05-06T 18:47:04.70Z	2020-05-06T 18:47:04.70Z
15	Sally	Evans	PAGAMENTO_ NEGADO	555-3230		04-06-2020T 14:51:06.15Z	04-06-2020T 14:51:06.15Z
16	Scott	Chatman	NOVO_LEAD	555-6953		09-06-2020T 09:07:05.23Z	09-06-2020T 09:07:05.23Z
17	Stephen	Pinkman	CONVERTIDO	555-2326		20-07-2020T 00:56:59.94Z	20-07-2020T 00:56:59.94Z
18	Sara	Elliott	PAGAMENTO_ PENDENTE	555-2620		12-08-2020T 17:39:43.25Z	12-08-2020T 17:39:43.25Z
19	Sadie	Edwards	ACOMPANHAMENTO	555-8163	22-10-2020T 12:40:03.98Z	22-10-2020T 12:40:03.98Z	22-10-2020T 12:40:03.98Z
20	William	Smith	PAGAMENTO_ PENDENTE	555-9273		13-11-2020T 08:14:07.17Z	13-11-2020T 08:14:07.17Z

É evidente que a tabela é utilizada para gerenciar os clientes em potencial, ou leads, em um sistema de telemarketing. Para cada lead, podemos ver ID, nome e sobrenome, quando o registro foi criado e atualizado, número de telefone e status atual do lead.

Examinando os vários status, podemos supor o ciclo de processamento pelo qual cada cliente passa:

- O fluxo de vendas começa com o cliente no status `NOVO_LEAD`.

- Uma ligação pode terminar com a pessoa não interessada na oferta (o lead é `FECHADO`), agendamento de uma ligação de acompanhamento (`ACOMPANHAMENTO`) ou a oferta é aceita (`PAGAMENTO_PENDENTE`).

- Se o pagamento é bem-sucedido, o lead é `CONVERTIDO` em cliente. Por outro lado, o pagamento pode ser negado — `PAGAMENTO_NEGADO`.

Há muita informação que podemos coletar apenas analisando a tabela e os dados armazenados nela. Podemos até presumir que a linguagem ubíqua foi utilizada na modelagem dos dados. Mas qual informação está faltando na tabela?

Os dados da tabela documentam os estados atuais dos leads, mas não mostram a história de como cada lead chegou nesse estado atual. Não podemos analisar o que acontecia durante o ciclo de vida dos leads. Não sabemos quantas ligações foram feitas para que o lead fosse `CONVERTIDO`. A compra foi feita imediatamente ou houve uma longa jornada de vendas? Baseados nos dados históricos, vale a pena tentar entrar em contato com alguém após múltiplos acompanhamentos ou é mais eficaz fechar o lead e buscar uma possibilidade mais promissora? Nenhuma dessas informações existe. Sabemos apenas os estados atuais dos leads.

Essas questões refletem preocupações essenciais para otimizar o processo de vendas. Do ponto de vista do negócio, é crucial analisar os dados e otimizar o processo, com base na experiência. Uma das formas de preencher as informações que faltam é usar o event sourcing.

O padrão event sourcing introduz a dimensão do tempo no modelo de dados. Em vez de o esquema refletir o estado atual dos agregados, um sistema baseado em event sourcing persiste nos eventos, documentando todas as mudanças no ciclo de vida de um agregado.

Considere o cliente `CONVERTIDO` na linha 12 da Tabela 7-1. A listagem a seguir demonstra como os dados da pessoa seriam representados em um sistema orientado a eventos:

```
{
    "lead-id": 12,
    "event-id": 0,
    "event-type": "lead-initialized",
    "first-name": "Casey",
    "last-name": "David",
    "phone-number": "555-2951",
    "timestamp": "2020-05-20T09:52:55.95Z"
},
{
    "lead-id": 12,
    "event-id": 1,
    "event-type": "contacted",
    "timestamp": "2020-05-20T12:32:08.24Z"
},
{
    "lead-id": 12,
    "event-id": 2,
    "event-type": "followup-set",
    "followup-on": "2020-05-27T12:00:00.00Z",
    "timestamp": "2020-05-20T12:32:08.24Z"
},
{
    "lead-id": 12,
    "event-id": 3,
    "event-type": "contact-details-updated",
    "first-name": "Casey",
    "last-name": "Davis",
    "phone-number": "555-8101",
    "timestamp": "2020-05-20T12:32:08.24Z"
},
{
    "lead-id": 12,
    "event-id": 4,
    "event-type": "contacted",
    "timestamp": "2020-05-27T12:02:12.51Z"
},
{
    "lead-id": 12,
    "event-id": 5,
    "event-type": "order-submitted",
    "payment-deadline": "2020-05-30T12:02:12.51Z",
    "timestamp": "2020-05-27T12:02:12.51Z"
},
{
    "lead-id": 12,
    "event-id": 6,
    "event-type": "payment-confirmed",
    "status": "converted",
    "timestamp": "2020-05-27T12:38:44.12Z"
}
```

Os eventos na listagem contam a história do cliente. O lead foi criado no sistema (evento 0) e foi contatado por um agente de vendas cerca de duas horas depois (evento 1). Durante a ligação, foi estabelecido que o agente de vendas ligaria novamente em uma semana (evento 2), mas para um telefone diferente (evento 3). O agente também corrigiu um erro de grafia no sobrenome (evento 3). O lead foi contatado na data e na hora acordadas (evento 4) e fez um pedido (evento 5). O pedido foi pago em três dias (evento 5), mas o pagamento foi recebido cerca de meia hora depois (evento 6), e o lead foi convertido em um novo cliente.

Como vimos anteriormente, o estado do cliente pode ser facilmente projetado a partir desses eventos de domínio. Só precisaríamos aplicar a lógica de transformação simples sequencialmente em cada evento:

```
public class LeadSearchModelProjection
{
    public long LeadId { get; private set; }
    public HashSet<string> FirstNames { get; private set; }
    public HashSet<string> LastNames { get; private set; }
    public HashSet<PhoneNumber> PhoneNumbers { get; private set; }
    public int Version { get; private set; }

    public void Apply(LeadInitialized @event)
    {
        LeadId = @event.LeadId;
        FirstNames = new HashSet<string>();
        LastNames = new HashSet<string>();
        PhoneNumbers = new HashSet<PhoneNumber>();
        FirstNames.Add(@event.FirstName);
        LastNames.Add(@event.LastName);
        PhoneNumbers.Add(@event.PhoneNumber);
        Version = 0;
    }

    public void Apply(ContactDetailsChanged @event)
    {
        FirstNames.Add(@event.FirstName);
        LastNames.Add(@event.LastName);
        PhoneNumbers.Add(@event.PhoneNumber);
        Version += 1;
    }

    public void Apply(Contacted @event)
    {
        Version += 1;
    }

    public void Apply(FollowupSet @event)
    {
        Version += 1;
    }
```

```
    public void Apply(OrderSubmitted @event)
    {
        Version += 1;
    }

    public void Apply(PaymentConfirmed @event)
    {
        Version += 1;
    }
}
```

Iterar os eventos de um agregado e alimentá-los em sequência nas sobreposições apropriadas do método `Apply` produzirá precisamente a representação de estado modelada na Tabela 7-1.

Preste atenção ao campo `Version` que é incrementado após a aplicação de cada evento. Seu valor representa o número total de modificações feitas na entidade de negócio. Além disso, suponha que apliquemos um subconjunto de eventos. Nesse caso, podemos "viajar no tempo": podemos projetar o estado da entidade em qualquer ponto de seu ciclo de vida, aplicando apenas os eventos relevantes. Por exemplo, se precisarmos do estado da entidade na versão 5, podemos aplicar apenas os cinco primeiros eventos.

Finalmente, não estamos limitados a projetar apenas uma única representação de estado dos eventos! Considere os seguintes cenários.

Busca

Você tem que implementar uma busca. Entretanto, como as informações de contato de um lead podem ser atualizadas — nome, sobrenome e número de telefone — os agentes de vendas podem não estar cientes das mudanças aplicadas por outros agentes e podem querer localizar os leads usando suas informações de contato, incluindo os valores do histórico. Podemos facilmente projetar as informações do histórico:

```
public class LeadSearchModelProjection
{
    public long LeadId { get; private set; }
    public HashSet<string> FirstNames { get; private set; }
    public HashSet<string> LastNames { get; private set; }
    public HashSet<PhoneNumber> PhoneNumbers { get; private set; }
    public int Version { get; private set; }

    public void Apply(LeadInitialized @event)
    {
        LeadId = @event.LeadId;
        FirstNames = new HashSet<string>();
        LastNames = new HashSet<string>();
        PhoneNumbers = new HashSet<PhoneNumber>();
```

```
        FirstNames.Add(@event.FirstName);
        LastNames.Add(@event.LastName);
        PhoneNumbers.Add(@event.PhoneNumber);

        Version = 0;
    }

    public void Apply(ContactDetailsChanged @event)
    {
        FirstNames.Add(@event.FirstName);
        LastNames.Add(@event.LastName);
        PhoneNumbers.Add(@event.PhoneNumber);

        Version += 1;
    }

    public void Apply(Contacted @event)
    {
    Version += 1;
    }

    public void Apply(FollowupSet @event)
    {
    Version += 1;
    }

    public void Apply(OrderSubmitted @event)
    {
    Version += 1;
    }

    public void Apply(PaymentConfirmed @event)
    {
    Version += 1;
    }
}
```

A lógica de projeção usa os eventos `LeadInitialized` e `ContactDetails Changed` para preencher os respectivos conjuntos de dados pessoais do lead. Outros eventos são ignorados, pois não afetam o estado específico do modelo.

A aplicação dessa lógica de projeção aos eventos de Casey Davis, a partir do exemplo anterior, resultará no seguinte estado:

```
LeadId: 12
FirstNames: ['Casey']
LastNames: ['David', 'Davis']
PhoneNumbers: ['555-2951', '555-8101']
Version: 6
```

Análise

Seu departamento de inteligência comercial pede para você fornecer uma representação mais fácil de análise dos dados dos leads. Para as pesquisas atuais, eles querem obter o número de chamadas de acompanhamento agendadas para diferentes leads. Mais tarde, eles filtrarão os dados dos leads convertidos e fechados e usarão o modelo para otimizar o processo de vendas. Iremos projetar os dados que eles estão pedindo:

```csharp
public class AnalysisModelProjection
{
    public long LeadId { get; private set; }
    public int Followups { get; private set; }
    public LeadStatus Status { get; private set; }
    public int Version { get; private set; }

    public void Apply(LeadInitialized @event)
    {
        LeadId = @event.LeadId;
        Followups = 0;
        Status = LeadStatus.NEW_LEAD;
        Version = 0;
    }

    public void Apply(Contacted @event)
    {
        Version += 1;
    }

    public void Apply(FollowupSet @event)
    {
        Status = LeadStatus.FOLLOWUP_SET;
        Followups += 1;
        Version += 1;
    }

    public void Apply(ContactDetailsChanged @event)
    {
        Version += 1;
    }

    public void Apply(OrderSubmitted @event)
    {
        Status = LeadStatus.PENDING_PAYMENT;
        Version += 1;
    }

    public void Apply(PaymentConfirmed @event)
    {
        Status = LeadStatus.CONVERTED;
        Version += 1;
    }
}
```

A lógica anterior mantém um contador do número de vezes que os eventos de acompanhamento apareceram nos eventos do lead. Se aplicássemos essa projeção ao exemplo dos eventos do agregado, ela geraria o seguinte estado:

```
LeadId: 12
Followups: 1
Status: Converted
Version: 6
```

A lógica implementada nos exemplos anteriores projeta na memória os modelos otimizados de busca e análise. Entretanto, para realmente implementar a funcionalidade necessária, temos que persistir os modelos projetados em um banco de dados. No Capítulo 8, você aprenderá um padrão que nos permite fazer isso: a Segregação de Responsabilidade de Comando e Consulta (CQRS, sigla em inglês de *command-query responsability segregation*).

Fonte Confiável

Para que o padrão event sourcing funcione, todas as mudanças no estado de um objeto devem ser representadas e mantidas como eventos. Esses eventos tornam-se a fonte confiável do sistema (daí o nome do padrão). O processo é mostrado na Figura 7-1.

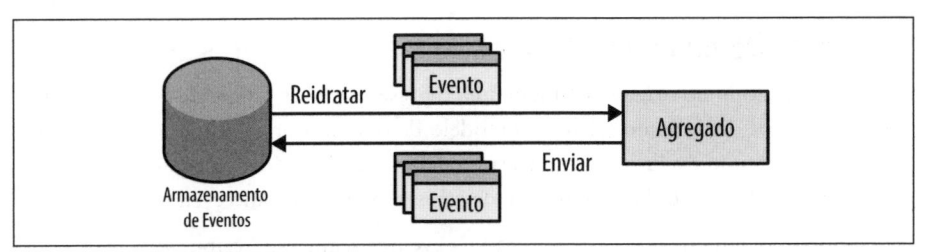

Figura 7-1. Agregado orientado a eventos

A base de dados que armazena os eventos do sistema é o único armazenamento fortemente consistente: a fonte confiável do sistema. O nome aceito para o banco de dados usado para os eventos persistentes é *armazenamento de eventos*.

Armazenamento de eventos

O armazenamento de eventos não deve permitir a modificação ou exclusão dos eventos,[2] uma vez que é um armazenamento apenas anexado. Para apoiar a implementação do padrão event sourcing, no mínimo o armazenamento de eventos tem que suportar a seguinte funcionalidade: buscar todos os eventos pertencentes a uma entidade de negócio específica e anexar os eventos. Por exemplo:

---

[2] Exceto os casos excepcionais, como a migração dos dados.

```
interface IEventStore
{
    IEnumerable<Event> Fetch(Guid instanceId);
    void Append(Guid instanceId, Event[] newEvents, int expectedVersion);
}
```

O argumento `expectedVersion` no método `Append` é necessário para implementar um gerenciamento otimista da concorrência: ao anexar novos eventos, você também especifica a versão da entidade na qual está baseando suas decisões. Se estiver *obsoleto*, ou seja, novos eventos foram acrescentados após versão esperada, o armazenamento de eventos deverá gerar uma exceção de concorrência.

Na maioria dos sistemas, são necessários pontos de extremidade adicionais para a implementação do padrão CQRS, como veremos no próximo capítulo.

 Em essência, o padrão event sourcing não é nada de novo. O setor financeiro utiliza eventos para representar mudanças em um livro-razão. Um livro-razão é um registro apenas de anexos, que documenta as transações. Um estado atual (por exemplo, saldo da conta) pode sempre ser deduzido pela "projeção" dos registros do livro-razão.

Modelo de Domínio Orientado a Eventos

O modelo de domínio original mantém uma representação de estado de seus agregados e emite eventos de domínio seletos. O modelo de domínio orientado a eventos usa os eventos de domínio exclusivamente para modelar os ciclos de vida dos agregados. Todas as mudanças no estado do agregado devem ser expressas como eventos de domínio.

Toda operação em um agregado orientado a eventos segue este script:

- Carregar os eventos de domínio do agregado.
- Reconstituir uma representação de estado — projetar os eventos em uma representação de estado que possa ser usada para tomar decisões de negócio.
- Executar o comando agregado para executar a lógica de negócio e, consequentemente, produzir um novo evento de domínio.
- Enviar os novos eventos de domínio para o armazenamento de eventos.

Voltando ao exemplo do agregado `Ticket` do Capítulo 6, vejamos como ele seria implementado como um agregado orientado a eventos.

O serviço de aplicativo segue o script descrito anteriormente: carrega os eventos do ticket relevante, reidrata a instância agregada, chama o comando relevante e mantém as mudanças de volta no banco de dados:

```
01  public class TicketAPI
02  {
03      private ITicketsRepository _ticketsRepository;
04      ...
05
06      public void RequestEscalation(TicketId id, EscalationReason reason)
07      {
08          var events = _ticketsRepository.LoadEvents(id);
09          var ticket = new Ticket(events);
10          var originalVersion = ticket.Version;
11          var cmd = new RequestEscalation(reason);
12          ticket.Execute(cmd);
13          _ticketsRepository.CommitChanges(ticket, originalVersion);
14      }
15
16      ...
17  }
```

A lógica de reidratação do agregado `Ticket` no construtor (linhas 27 a 31) exemplifica uma instância da classe do projetor de estado, `TicketState`, e em sequência chama seu método `AppendEvent` para cada um dos eventos do ticket:

```
18  public class Ticket
19  {
20      ...
21      private List<DomainEvent> _domainEvents = new List<DomainEvent>();
22      private TicketState _state;
23      ...
24
25      public Ticket(IEnumerable<IDomainEvents> events)
26      {
27          _state = new TicketState();
28          foreach (var e in events)
29          {
30              AppendEvent(e);
31          }
32      }
```

`AppendEvent` passa os eventos de entrada para a lógica de projeção `TicketState`, gerando a representação na memória do estado atual do ticket:

```
33      private void AppendEvent(IDomainEvent @event)
34      {
35          _domainEvents.Append(@event);
36          // Chamar dinamicamente a sobrecarga correta do método "Apply".
37          ((dynamic)state).Apply((dynamic)@event);
38      }
```

Ao contrário da implementação que vimos no capítulo anterior, o método `Request-Escalation` do agregado orientado a eventos não define explicitamente a flag `IsEs-`

`calated` para true. Em vez disso, ele instancia o evento apropriado e o passa para o método `AppendEvent` (linhas 43 e 44):

```
39    public void Execute(RequestEscalation cmd)
40    {
41        if (!_state.IsEscalated && _state.RemainingTimePercentage <= 0)
42        {
43            var escalatedEvent = new TicketEscalated(_id, cmd.Reason);
44            AppendEvent(escalatedEvent);
45        }
46    }
47
48    ...
49 }
```

Todos os eventos adicionados à coleção de eventos do agregado são passados para a lógica de projeção de estado na classe `TicketState`, em que os valores dos campos relevantes são modificados de acordo com os dados dos eventos:

```
50 public class TicketState
51 {
52    public TicketId Id { get; private set; }
53    public int Version { get; private set; }
54    public bool IsEscalated { get; private set; }
55    ...
56    public void Apply(TicketInitialized @event)
57    {
58        Id = @event.Id;
59        Version = 0;
60        IsEscalated = false;
61        ....
62    }
63
64    public void Apply(TicketEscalated @event)
65    {
66        IsEscalated = true;
67        Version += 1;
68    }
69
70    ...
71 }
```

Vejamos algumas vantagens de utilizar o event sourcing ao implementar uma lógica de negócio complexa.

Por que "Modelo de Domínio Orientado a Eventos"?

Sinto a obrigação de explicar por que utilizo o termo *modelo de domínio orientado a eventos* em vez de simplesmente *event sourcing*. Utilizar eventos para representar as transições de estado — o padrão event sourcing — é possível com ou sem os blocos de construção do modelo de domínio. Portanto, prefiro o termo mais longo para dizer explicitamente que estamos utilizando o event sourcing para representar as mudanças nos ciclos de vida dos agregados do modelo de domínio.

Vantagens

Comparado ao modelo mais tradicional, em que os estados atuais dos agregados são mantidos em um banco de dados, o modelo de domínio orientado a eventos requer mais esforço para modelar os agregados. Entretanto, essa abordagem tem vantagens significativas que fazem com que valha a pena considerar o padrão em muitos cenários:

Viagem no tempo

Assim como os eventos de domínio podem ser usados para reconstruir o estado atual de um agregado, eles também podem ser usados para restaurar todos os estados anteriores do agregado. Em outras palavras, sempre podemos reconstruir todos os estados anteriores de um agregado.

Isso é feito com frequência ao analisar o comportamento do sistema, inspecionar as decisões do sistema e otimizar a lógica do negócio.

Outro caso de uso comum para reconstruir estados anteriores é a depuração retroativa: podemos reverter o agregado ao exato estado que estava quando um bug foi observado.

Insight profundo

Na Parte I deste livro, vimos que otimizar os subdomínios principais é estrategicamente importante para o negócio. O event sourcing fornece um insight profundo sobre o estado e o comportamento do sistema. Como aprendemos anteriormente neste capítulo, o event sourcing fornece um modelo flexível que permite transformar os eventos em diferentes representações de estado; é sempre possível adicionar novas projeções que utilizarão os dados dos eventos existentes para fornecer insights adicionais.

Log de auditoria

Os eventos de domínio persistidos representam um log de auditoria consistente de tudo que acontece com os estados de agregado. A lei obriga alguns domínios de negócio a implementar tais logs de auditoria, e o event sourcing fornece isso imediatamente.

Esse modelo é especialmente conveniente para os sistemas que gerenciam dinheiro ou transações monetárias. Ele nos permite rastrear facilmente as decisões do sistema e o fluxo de fundos entre as contas.

Gerenciamento avançado de concorrência otimista

O modelo de concorrência otimista clássico gera uma exceção quando os dados lidos ficam obsoletos — sobrescritos por outro processo — enquanto estão sendo gravados.

Ao usar o event sourcing, podemos ter um insight mais profundo sobre o que exatamente aconteceu entre a leitura dos eventos existentes e a gravação de novos. Você pode consultar os eventos exatos que foram simultaneamente anexados ao armazenamento de eventos e tomar uma decisão orientada pelo domínio de negócio sobre se os novos eventos colidem com a tentativa de operação ou os eventos adicionais são irrelevantes e é seguro prosseguir.

Desvantagens

Até agora parece que o modelo de domínio orientado a eventos é o melhor padrão para implementar a lógica de negócio e, portanto, deve ser utilizado sempre que possível. Obviamente, isso seria uma contradição ao princípio de deixar que as necessidades do domínio de negócio orientem as decisões de design. Falaremos sobre alguns dos desafios que esse padrão apresenta:

Curva de aprendizagem

A desvantagem óbvia desse padrão é a diferença acentuada das técnicas tradicionais da gestão de dados. A implementação bem-sucedida dele requer treinamento da equipe e tempo para se acostumar com a nova forma de pensar. A menos que a equipe já tenha experiência em implementar sistemas orientados a eventos, a curva de aprendizagem deve ser levada em conta.

Desenvolvendo o modelo

Desenvolver um modelo orientado a eventos pode ser desafiante. A definição rígida do event sourcing diz que os eventos são imutáveis. Mas e se precisarmos ajustar o esquema do evento? Apenas mudar o esquema da tabela não é suficiente. De fato, um livro foi escrito sobre isso: *Versioning in an Event Sourced System,* de Greg Young [sem publicação no Brasil].

Complexidade arquitetônica

A implementação das fontes de evento introduz várias "peças móveis" da arquitetura, tornando o design geral mais complicado. Esse tópico será mais detalhado no próximo capítulo, quando discutirmos a arquitetura CQRS.

Todos esses desafios são ainda mais graves se a tarefa não justifica o uso do padrão e um design mais simples pode ser utilizado. No Capítulo 10, você aprenderá regras simples que podem ajudá-lo a decidir qual padrão de implementação da lógica de negócio utilizar.

Perguntas Mais Frequentes

Quando os engenheiros são apresentados ao padrão event sourcing, alguns questionamentos são comuns, por isso acho obrigatório falar sobre eles neste capítulo.

Desempenho

Reconstituir o estado de um agregado a partir dos eventos terá um impacto negativo na performance do sistema. Ele degradará à medida que os eventos são adicionados. Como isso pode funcionar?

Projetar eventos em uma representação do estado realmente requer poder de computação, e essa necessidade crescerá à medida que mais eventos forem adicionados a uma lista de agregado.

É importante comparar o impacto de uma projeção sobre o desempenho: o efeito de trabalhar com centenas ou milhares de eventos. Os resultados devem ser comparados com o tempo de vida útil de um agregado — a quantidade de eventos que se espera registrar durante sua vida útil média.

Na maioria dos sistemas, a performance só será perceptível após mais de 10 mil eventos por agregado. Dito isso, na grande maioria dos sistemas, a média de vida útil de um agregado não ultrapassará 100 eventos.

Nos raros casos em que a projeção dos estados se torna uma questão de performance, outro padrão pode ser implementado: snapshot. Esse padrão, mostrado na Figura 7-2, implementa os seguintes passos:

- Um processo itera continuamente novos eventos no armazenamento de eventos, gera projeções correspondentes e os armazena em um cache.
- Uma projeção na memória é necessária para executar uma ação no agregado. Nesse caso:
  - O processo busca a projeção de estado atual no cache.
  - O processo busca os eventos que vieram após a versão snapshot do armazenamento de eventos.
  - Eventos adicionais são aplicados na memória ao snapshot.

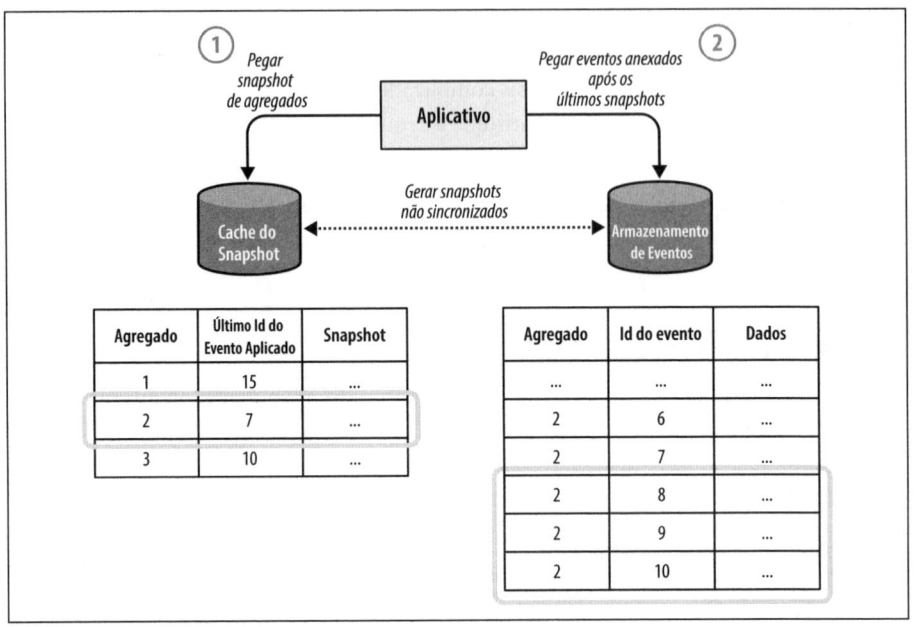

Figura 7-2. Fazendo snapshot dos eventos de um agregado

Vale a pena reiterar que o padrão snapshot é uma otimização que deve ser justificada. Se os agregados no sistema não mantiverem mais de 10 mil eventos, implementar o padrão snapshot é apenas uma complexidade acidental. Mas, antes de irmos em frente e implementarmos o padrão snapshot, recomendo que você dê um passo para trás e cheque os limites do agregado novamente.

Este modelo gera uma quantidade de dados enorme. Ele pode escalar?

O modelo orientado a eventos é fácil de escalar. Como todas as operações relacionadas ao agregado são feitas no contexto de um único agregado, o armazenamento de eventos pode ser fragmentado por IDs de agregados: todos os eventos que pertencem a um exemplo de agregado devem residir em um único fragmento (veja a Figura 7-3).

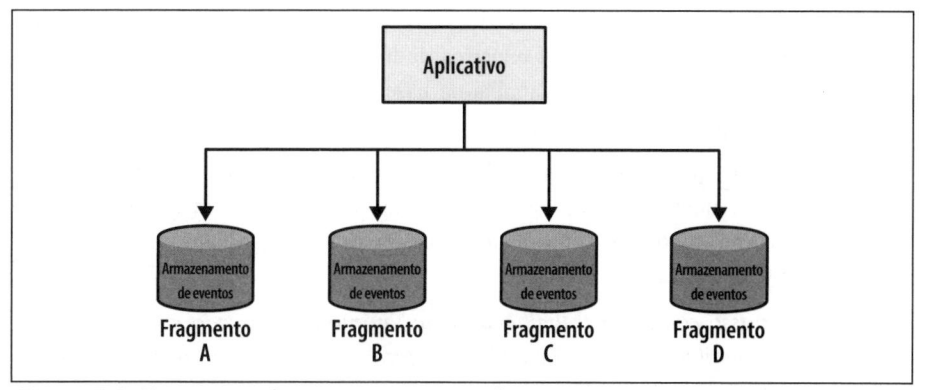

Figura 7-3. Fragmentando o armazenamento de eventos

Deletando Dados

O armazenamento de eventos é um banco de dados apenas de anexos, mas e se eu precisar excluir os dados fisicamente; por exemplo, para respeitar o GDPR (Regulamento Geral sobre a Proteção de Dados)?[3]

Pode-se lidar com essa necessidade pelo padrão payloads esquecíveis (forgettable payload): todas as informações sensíveis são incluídas nos eventos de forma criptografada. A chave de criptografia é armazenada em um armazenamento externo de chave/valor: o armazenamento de chaves, onde a chave é uma ID do agregado específica, e o valor é a chave de criptografia. Quando os dados sensíveis têm que ser excluídos, a chave de criptografia é apagada do armazenamento de chaves. Como resultado, as informações sensíveis contidas nos eventos não ficam mais acessíveis.

Por que não posso simplesmente...?

Por que não posso simplesmente gravar logs em um arquivo de texto e usá-lo como um log de auditoria?

Gravar dados em um banco de dados operacional e um arquivo de log é uma operação suscetível a erros. Em sua essência, é uma transação que vai contra dois mecanismos de armazenamento: o banco de dados e o arquivo. Se o primeiro falha, o segundo tem que ser revertido. Por exemplo, se uma transação do banco de dados falha, ninguém se importa em excluir as mensagens anteriores de log. Portanto, tais logs não são consistentes.

Por que não posso continuar trabalhando com um modelo baseado em estado, mas, na mesma transação do banco de dados, anexar logs a uma tabela de logs?

---

[3] General Data Protection Regulation. (sem data) Recuperado em 14 de junho de 2021, na Wikipédia. No Brasil existe a Lei Geral de Proteção de Dados (LGPD).

De uma perspectiva da infraestrutura, essa abordagem fornece uma sincronização consistente entre o estado e os registros de log. Entretanto, ainda é suscetível a erros. E se o engenheiro que trabalha na base de códigos esquecer de anexar um registro de log?

Além do mais, quando a representação baseada em estado é usada como uma fonte confiável, o esquema da tabela de logs adicional em geral fica caótico rapidamente. Não há como impor que todas as informações necessárias sejam gravadas e que isso seja feito no formato correto.

Por que não posso continuar trabalhando com um modelo baseado em estado, mas acrescentar um gatilho do banco de dados que fará um snapshot do registro e irá copiá-lo para uma tabela de "histórico" dedicada?

Essa abordagem supera o inconveniente da anterior: não são necessárias chamadas manuais explícitas para anexar registros à tabela de logs. Dito isso, o histórico resultante inclui apenas os fatos secos: os campos foram alterados. Faltam os contextos do negócio: quais campos foram alterados. A falta do "motivo" limita drasticamente a capacidade de projetar modelos adicionais.

Conclusão

Este capítulo explicou o padrão event sourcing e sua aplicação para modelar a dimensão do tempo nos agregados do modelo de domínio.

Em um modelo de domínio orientado a eventos, todas as mudanças no estado de um agregado são expressas como uma série de eventos de domínio. Isso contrasta com as abordagens mais tradicionais, em que uma mudança de estado apenas atualiza um registro nos bancos de dados. Os eventos de domínio resultantes podem ser usados para projetar o estado atual do agregado. E mais, o modelo baseado em eventos nos dá a flexibilidade de projetar os eventos em múltiplos modelos de representação, cada um otimizado para uma tarefa específica.

Esse padrão se encaixa em casos nos quais é crucial ter uma visão profunda dos dados do sistema, para análise e otimização ou porque um log de auditoria é exigido por lei.

Este capítulo completa nossa exploração das diferentes maneiras de modelar e implementar a lógica comercial. No próximo capítulo, mudaremos nossa atenção para padrões que pertencem a um escopo mais elevado: padrões de arquitetura.

Exercícios

1. Qual das seguintes declarações está correta a respeito da relação entre eventos de domínio e objetos de valor?

   a. Eventos de domínio utilizam objetos de valor para descrever o que aconteceu no domínio de negócio.

   b. Ao implementar um modelo de domínio orientado a eventos, os objetos de valor devem ser refatorados em agregados orientados a eventos.

   c. Objetos de valor são relevantes para o padrão do modelo de domínio e são substituídos pelos eventos de domínio no modelo de domínio orientado a eventos.

   d. Todas as alternativas estão incorretas.

2. Qual das seguintes declarações está correta a respeito das opções de projetar o estado a partir de uma série de eventos?

   a. Uma única representação do estado pode ser projetada a partir dos eventos de um agregado.

   b. As representações do estado múltiplas podem ser projetadas, mas os eventos de domínio têm de ser modelados de forma a suportar as projeções múltiplas.

   c. Múltiplas representações do estado podem ser projetadas, e sempre podemos acrescentar projeções adicionais no futuro.

   d. Todas as alternativas estão incorretas.

3. Qual das seguintes afirmações está correta sobre a diferença entre agregados baseados em estado e orientados a eventos?

   a. Um agregado orientado a eventos pode produzir eventos de domínio, enquanto um agregado baseado em estado não pode

   b. As duas variantes do padrão de agregado produzem eventos de domínio, mas apenas os agregados orientados a eventos usam eventos de domínio como uma fonte confiável.

   c. Os agregados orientados a eventos asseguram que eventos de domínio sejam gerados para toda transição do estado.

   d. As alternativas B e C estão corretas.

4. Voltando ao exemplo da empresa WolfDesk, descrito no prefácio deste livro, qual funcionalidade do sistema tende a ser implementada como um modelo de domínio orientado a eventos?

CAPÍTULO 8

Padrões de Arquitetura

Os padrões táticos que discutimos até agora neste livro definiram as diferentes formas de modelar e implementar a lógica de negócio. Neste capítulo, iremos explorar as decisões de design tático em um contexto mais amplo: as diferentes formas de orquestrar as interações e as dependências entre os componentes de um sistema.

Lógica de Negócio Versus Padrões de Arquitetura

A lógica de negócio é a parte mais importante do software; no entanto, não a única parte de um sistema de software. Para implementar as exigências funcionais e não funcionais, a base de código tem que atender mais responsabilidades. Ela precisa interagir com os usuários para coletar informações e fornecer resultados, precisa utilizar mecanismos de armazenamento diferentes para manter o estado e se integrar com sistemas externos e provedores de informação.

A variedade de preocupações de que uma base de código tem que cuidar facilita a difusão de sua lógica de negócio entre os diferentes componentes, ou seja, para que alguma lógica seja implementada na interface do usuário (IU) ou no banco de dados ou para que seja duplicada em diferentes componentes. A falta de uma rígida organização na implementação torna a base de código difícil de ser mudada. Quando a lógica de negócio precisa mudar, talvez não fique evidente quais partes da base de código devem ser afetadas pela mudança. A mudança talvez tenha efeitos inesperados em partes do sistema que parecem não estar relacionadas. Em contrapartida, pode ser fácil não ver um código que deve ser modificado. Todos esses problemas aumentam muito o custo de manutenção da base de código.

Os padrões de arquitetura introduzem princípios organizacionais para os diferentes aspectos de uma base de código e apresentam limites claros entre eles: como a lógica de negócio está ligada à entrada, à saída e a outros componentes da infraestrutura do sistema. Isso afeta a forma como esses componentes interagem entre si: qual conhecimento eles compartilham e como os componentes se referenciam.

Escolher a forma apropriada de organizar a base de código, ou o padrão de arquitetura correto, é crucial para auxiliar a implementação da lógica de negócio a curto prazo e reduzir a manutenção a longo prazo. Iremos explorar três padrões de arquitetura do aplicativo predominantes e seus casos de uso: arquitetura em camadas, portas e adaptadores e CQRS.

Arquitetura em Camadas

A arquitetura em camadas é um dos padrões de arquitetura mais comuns. Ela organiza a base de código em camadas horizontais, com cada camada abordando as seguintes preocupações técnicas: interação com os clientes, implementação da lógica de negócio e persistência dos dados. Podemos ver essa representação na Figura 8-1.

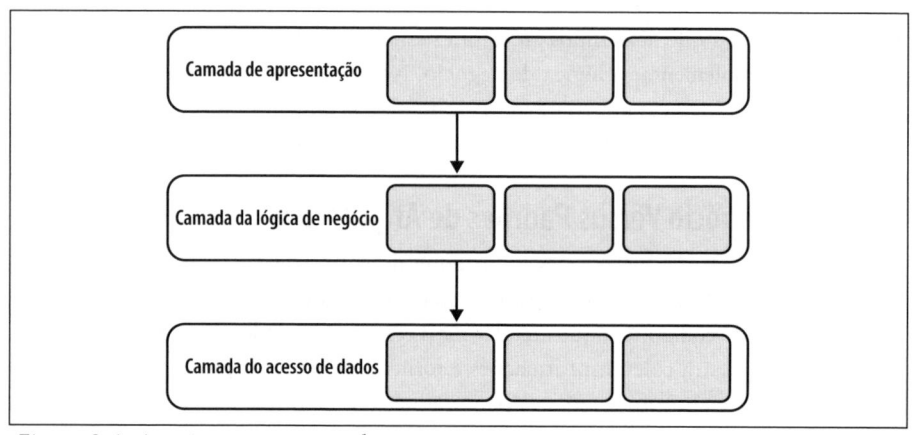

Figura 8-1. Arquitetura em camadas

Em sua forma clássica, essa arquitetura consiste em três camadas: camada de apresentação (CA), camada da lógica de negócio (CLN) e camada do acesso de dados (CAD).

Camada de Apresentação

A camada de apresentação, mostrada na Figura 8-2, implementa a IU do programa para as interações com seus clientes. No formato original do padrão, essa camada indica uma interface gráfica, como uma interface da web ou aplicativo de desktop.

Nos sistemas modernos, entretanto, a camada de apresentação tem um escopo mais amplo, isto é, todos os meios para acionar os comportamentos do programa, sincrônicos e assincrônicos. Por exemplo:

- Interface Gráfica do Usuário (GUI)
- Interface da linha de comando (CLI)
- API para integração programática com outros sistemas

- Assinatura de eventos em um intermediário de mensagens
- Tópicos de mensagem para a publicação dos eventos de saída

Todos são meios para que o sistema receba solicitações do ambiente externo e comunique a saída. Estritamente falando, a camada de apresentação é a interface pública do programa.

Figura 8-2. Camada de apresentação

Camada da Lógica de Negócio

Como o próprio nome sugere, essa camada é responsável por implementar e encapsular a lógica de negócio do programa. É nesse lugar que as decisões de negócio são implementadas. Como diz Eric Evans,[1] é o coração do software.

É nessa camada que os padrões de lógica de negócio descritos nos Capítulos 5-7 são implementados — por exemplo, registros ativos ou um modelo de domínio (ver Figura 8-3).

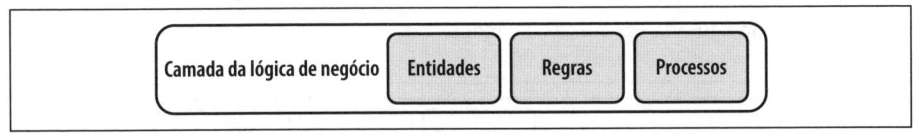

Figura 8-3. Camada da lógica de negócio

Camada do Acesso de Dados

A camada do acesso de dados fornece acesso aos mecanismos de persistência. No formato original desse padrão, isso se refere ao banco de dados do sistema. No entanto, assim como a camada de apresentação, a responsabilidade dessa camada é mais ampla para os sistemas modernos.

Primeiramente, desde o início da revolução NoSQL, é comum que um sistema trabalhe com múltiplos bancos de dados. Por exemplo, um armazenamento de documentos pode atuar como banco de dados operacional, um índice de busca para consultas dinâmicas e um banco de dados na memória para as operações otimizadas para o desempenho.

Em segundo lugar, os bancos de dados tradicionais não são o único meio de armazenar informações. Por exemplo, o armazenamento de objetos na nuvem[2] pode ser utilizado

---

[1]   Evans, E. (2003). *Domain-Driven Design: Atacando as Complexidades no Coração do Software*. Boston: Alta Books.
[2]   Como AWS S3 ou Google Cloud Storage.

para armazenar os arquivos do sistema ou um barramento de mensagem pode ser utilizado para orquestrar a comunicação entre as diferentes funções do sistema.[3]

Por fim, essa camada também inclui a integração com os vários provedores de informações externos necessários para implementar a funcionalidade do programa: APIs fornecidas por sistemas externos ou serviços gerenciados dos fornecedores em nuvem, tais como tradução de idiomas, dados do mercado de ações e transcrição de áudio (veja a Figura 8-4).

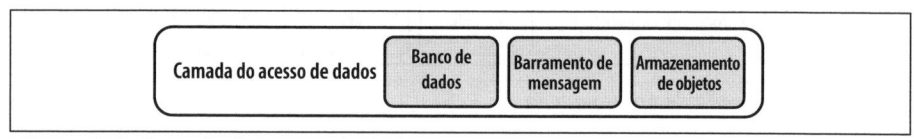

Figura 8-4. Camada do acesso de dados

Comunicação Entre Camadas

As camadas são integradas em um modelo de comunicação de cima para baixo: cada uma depende apenas da camada diretamente abaixo, como mostra a Figura 8-5. Isso reforça o desacoplamento das preocupações de implementação e reduz o conhecimento compartilhado entre as camadas. Na Figura 8-5, a camada de apresentação referencia apenas a camada da lógica de negócio. Ela não tem conhecimento das decisões de design tomadas na camada do acesso de dados.

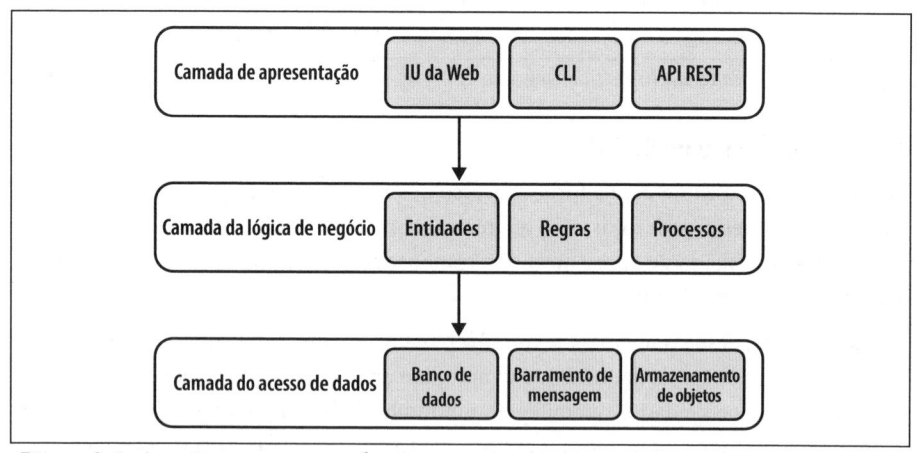

Figura 8-5. Arquitetura em camadas

---

[3] Nesse contexto, o barramento de mensagem é utilizado para as necessidades internas do sistema. Se fosse exposto publicamente, pertenceria à camada de apresentação.

Variação

É comum ver o padrão de arquitetura em camadas estendida com uma camada adicional: a camada de serviço.

Camada de serviço

> *Define o limite de uma aplicação com uma camada de serviços que estabelece um conjunto de operações disponíveis e coordena a resposta da aplicação em cada operação.*
>
> — *Padrões de Arquitetura de Aplicações Corporativas*[4]

A camada de serviço age como intermediária entre a apresentação do programa e as camadas da lógica de negócio. Considere o seguinte código:

```
namespace MvcApplication.Controllers
{
    public class UserController: Controller
    {
        ...

        [AcceptVerbs(HttpVerbs.Post)]
        public ActionResult Create(ContactDetails contactDetails)
        {
            OperationResult result = null;

            try
            {
                _db.StartTransaction();

                var user = new User();
                user.SetContactDetails(contactDetails)
                user.Save();

                _db.Commit();
                result = OperationResult.Success;
            } catch (Exception ex) {
                _db.Rollback();
                result = OperationResult.Exception(ex);
            }

            return View(result);
        }
    }
}
```

O controlador MVC nesse exemplo pertence à camada de apresentação. Ele exibe um ponto de extremidade que cria um novo usuário. O ponto de extremidade utiliza o objeto de registro ativo User para criar uma nova instância e salva. Além disso, orques-

---

[4]   Fowler, M. (2002). *Padrões de Arquitetura de Aplicações Corporativas*. Boston: (Bookman).

tra uma transação do banco de dados para garantir que uma resposta apropriada seja gerada em caso de erro.

Para desacoplar ainda mais a camada de apresentação da lógica de negócio subjacente, tal lógica de orquestração pode ser movida para uma camada de serviço, como mostra a Figura 8-6.

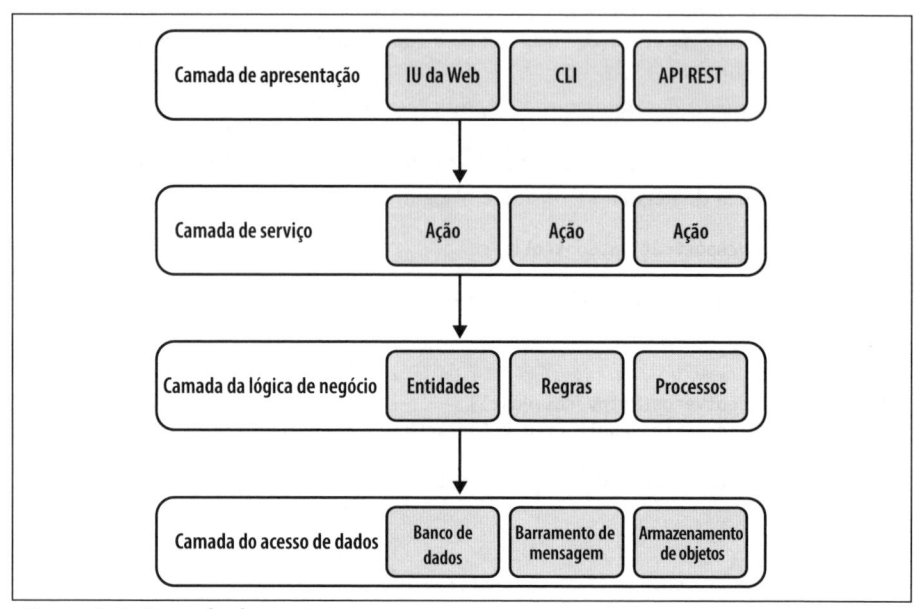

Figura 8-6. Camada de serviço

É importante notar que, no contexto do padrão de arquitetura, a camada de serviço é um limite lógico. Não é um serviço físico.

A camada de serviço age como fachada para a camada da lógica de negócio: ela exibe uma interface que corresponde aos métodos da interface pública, encapsulando a orquestração exigida das camadas subjacentes. Por exemplo:

```
interface CampaignManagementService
{
    OperationResult CreateCampaign(CampaignDetails details);
    OperationResult Publish(CampaignId id, PublishingSchedule schedule);
    OperationResult Deactivate(CampaignId id);
    OperationResult AddDisplayLocation(CampaignId id, DisplayLocation newLocation);
    ...
}
```

Todos os métodos anteriores correspondem à interface pública do sistema. Entretanto, faltam os detalhes da implementação relacionados à apresentação. A responsabilidade da camada de apresentação se limita a fornecer a entrada necessária para a camada de serviço e comunicar suas respostas de volta ao chamador.

Iremos refatorar o exemplo anterior e extrair a lógica de orquestração para uma camada de serviço:

```
namespace ServiceLayer
{
    public class UserService
    {
        ...

        public OperationResult Create(ContactDetails contactDetails)
        {
            OperationResult result = null;

            try
            {
                _db.StartTransaction();

                var user = new User();
                user.SetContactDetails(contactDetails)
                user.Save();

                _db.Commit();
                result = OperationResult.Success;
            } catch (Exception ex) {
                _db.Rollback();
                result = OperationResult.Exception(ex);
            }

            return result;
        }

        ...
    }
}

namespace MvcApplication.Controllers
{
    public class UserController: Controller
    {
        ...

        [AcceptVerbs(HttpVerbs.Post)]
        public ActionResult Create(ContactDetails contactDetails)
        {
            var result = _userService.Create(contactDetails);
            return View(result);
        }
    }
}
```

Ter um nível de serviço explícito tem algumas vantagens:

- Podemos reutilizar a mesma camada de serviço para atender várias interfaces públicas; por exemplo, uma interface gráfica de usuário e uma API. Não é necessária a duplicação da lógica de orquestração.
- Melhora a modularidade reunindo todos os métodos afins em um lugar.
- Separa as camadas de apresentação e lógica de negócio ainda mais.
- Facilita para testar a funcionalidade do negócio.

Dito isso, uma camada de serviço nem sempre é necessária. Por exemplo, quando a lógica de negócio é implementada como um script de transação, ela é essencialmente uma camada de serviço, já que exibe um conjunto de métodos que formam a interface pública do sistema. Nesse caso, a API da camada de serviço apenas repetiria as interfaces públicas dos scripts de transação, sem abstrair ou encapsular nenhuma complexidade. Portanto, a camada de serviço ou a camada da lógica de negócio será suficiente.

Por outro lado, a camada de serviço é exigida se o padrão da lógica de negócio requer orquestração externa, como no padrão do registro ativo. Nesse caso, a camada de serviço implementa o padrão do script de transação, enquanto os registros ativos nos quais ela opera estão localizados na camada da lógica de negócio.

Terminologia

Em outros lugares, você pode encontrar outros termos utilizados para a arquitetura em camadas:

- Camada de apresentação = camada da interface de usuário
- Camada de apresentação = camada do aplicativo
- Camada da lógica de negócio = camada do domínio = camada do modelo
- Camada do acesso de dados = camada da infraestrutura

Para não ter confusão, apresento o padrão usando a terminologia original. Porém prefiro usar "camada da interface de usuário" e "camada da infraestrutura", pois refletem melhor as responsabilidades dos sistemas modernos, e camada do aplicativo para evitar confusão com os limites físicos dos serviços.

Quando Utilizar a Arquitetura em Camadas

A dependência entre as camadas da lógica de negócio e do acesso de dados faz desse padrão arquitetônico uma boa solução para um sistema com sua lógica de negócio implementada utilizando o script de transação ou o padrão do registro ativo.

Entretanto, o padrão faz com que seja um desafio implementar um modelo de domínio. Em um modelo de domínio, as entidades de negócio (agregados e objetos de valor) não devem ter nenhuma dependência e conhecimento da infraestrutura subjacente. A dependência de cima para baixo da arquitetura em camadas requer malabarismos para atender esse requisito. Ainda é possível implementar um modelo de domínio em uma arquitetura em camadas, mas o padrão que discutiremos a seguir é muito melhor.

Opcional: Camadas Versus Níveis

A arquitetura de camadas frequentemente é confundida com arquitetura N-Tier e vice-versa. Apesar das similaridades entre os dois padrões, camadas e níveis (tiers) são conceitualmente diferentes: camada é um limite lógico, enquanto nível é um limite físico. Todas as camadas na arquitetura em camadas são vinculadas ao mesmo ciclo de vida: são implementadas, desenvolvidas e implantadas como uma única unidade. Por outro lado, um nível é um serviço, servidor ou sistema implantado independentemente. Por exemplo, considere o sistema N-Tier na Figura 8-7.

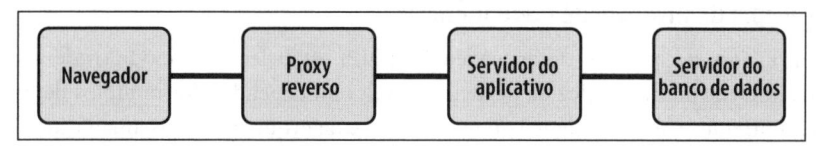

Figura 8-7. Sistema N-Tier

O sistema representa a integração entre os serviços físicos envolvidos em um sistema da web. O consumidor utiliza um navegador, que pode ser executado em um computador desktop ou um dispositivo móvel. O navegador interage com um proxy reverso que encaminha as solicitações para o aplicativo da web real. O aplicativo da web roda em um servidor da web e se comunica com um servidor do banco de dados. Todos esses componentes podem rodar no mesmo servidor físico, como contêineres, ou ser distribuídos entre vários servidores. Entretanto, como cada componente pode ser implantado e gerenciado independentemente do resto, são níveis, e não camadas.

As camadas, por outro lado, são limites lógicos dentro do aplicativo da web.

Portas e Adaptadores

A arquitetura de portas e adaptadores aborda as falhas da arquitetura em camadas e é uma solução mais eficiente para a implementação da lógica de negócios mais complexa. O interessante é que os dois padrões são muito similares. Iremos "refatorar" a arquitetura em camadas em portas e adaptadores.

Terminologia

Em essência, tanto a camada de apresentação quando a do acesso de dados representam a integração com componentes externos: bancos de dados, serviços externos e estruturas IU. Esses detalhes técnicos da implementação não refletem a lógica de negócio do sistema; unificaremos todas as preocupações da infraestrutura em uma única "camada da infraestrutura", como mostra a Figura 8-8.

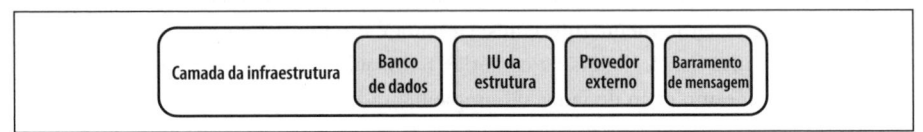

Figura 8-8. Camadas de apresentação e do acesso de dados combinadas em uma camada da infraestrutura

Princípio da Inversão de Dependências

O princípio da inversão de dependências (DIP) estabelece que módulos de alto nível, que implementam a lógica de negócio, não devem depender dos módulos de baixo nível. Entretanto, é exatamente isso que acontece na arquitetura em camadas tradicional. Para se adequar ao DIP, inverteremos essa relação, como mostra a Figura 8-9.

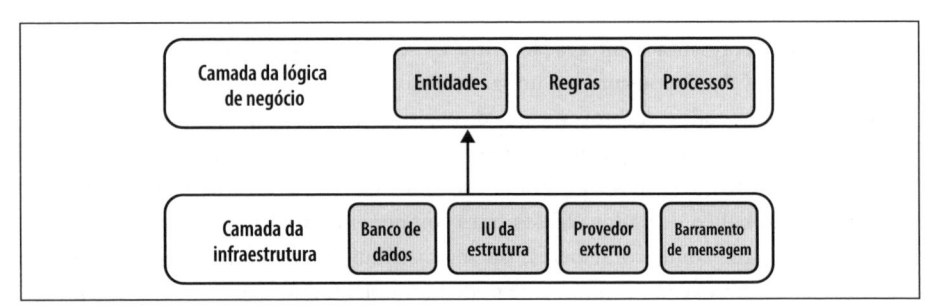

Figura 8-9. Dependências invertidas

Em vez de ficar entre as preocupações tecnológicas, agora a camada da lógica de negócio assume o papel central. Ela não depende de nenhum componente de infraestrutura do sistema.

Por fim, acrescentaremos uma camada do aplicativo[5] como fachada para a interface pública do sistema. Como a camada de serviço na arquitetura em camadas, ela descreve todas as operações exibidas pelo sistema e orquestra a lógica de negócio do sistema para executá-las. A arquitetura resultante está na Figura 8-10.

---

[5]   Como não estamos no contexto da arquitetura em camadas, tomarei a liberdade de usar o termo *camada do aplicativo* em vez de *camada de serviço*, que melhor reflete seu propósito.

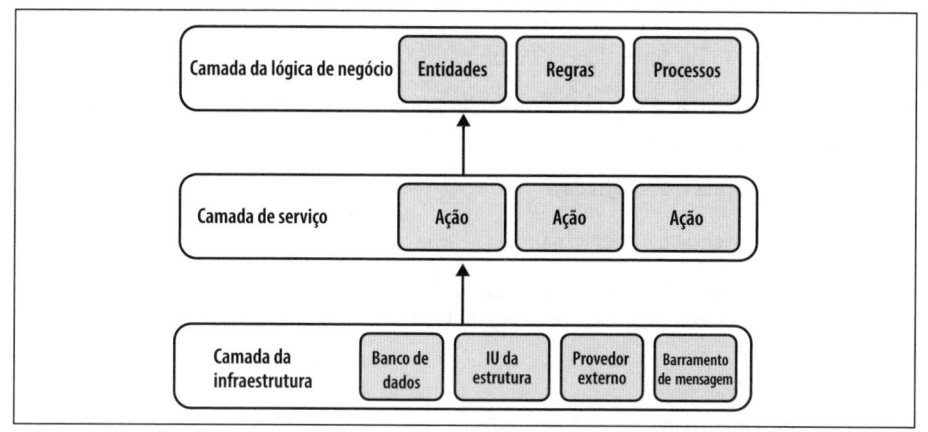

Figura 8-10. Camadas tradicionais da arquitetura de portas e adaptadores

A arquitetura ilustrada na Figura 8-10 é o padrão de arquitetura de portas e adaptadores. A lógica de negócio não depende de nenhuma camada subjacente, como a implementação dos padrões do modelo de domínio e do modelo de domínio orientado a eventos exige.

Por que esse padrão é chamado de portas e adaptadores? Para responder, vejamos como os componentes da infraestrutura são integrados com a lógica de negócio.

Integração dos Componentes da Infraestrutura

O principal objetivo da arquitetura de portas e adaptadores é desacoplar da infraestrutura a lógica de negócio do sistema e seus componentes.

Em vez de referenciar e chamar os componentes da infraestrutura diretamente, a camada da lógica de negócios define as "portas" que devem ser implementadas pela camada de infraestrutura. Essa camada implementa os "adaptadores": implementações concretas das interfaces das portas para trabalhar com tecnologias diferentes (veja a Figura 8-11).

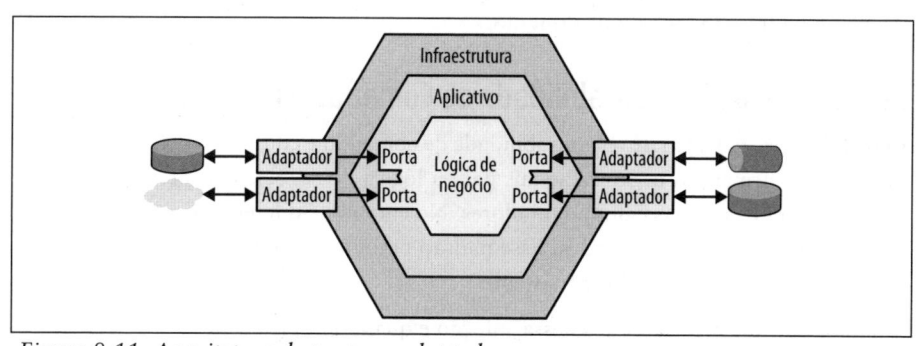

Figura 8-11. Arquitetura de portas e adaptadores

As portas abstratas são determinadas nos adaptadores concretos na camada de infraestrutura, por injeção de dependência ou bootstrap.

Por exemplo, veja uma possível definição de porta e um adaptador concreto para um barramento de mensagem:

```
namespace App.BusinessLogicLayer
{
    public interface IMessaging
    {
        void Publish(Message payload);
        void Subscribe(Message type, Action callback);
    }
}

namespace App.Infrastructure.Adapters
{
    public class SQSBus: IMessaging { ... }
}
```

Variantes

A arquitetura de portas e adaptadores também é conhecida como arquitetura hexagonal, arquitetura cebola e arquitetura limpa. Todos esses padrões são baseados nos mesmos princípios de design, têm os mesmos componentes e as mesmas relações entre eles, mas, como no caso da arquitetura em camadas, a terminologia pode ser diferente:

- Camada do aplicativo = camada de serviço = camada do caso de uso
- Camada da lógica de negócio = camada de domínio = camada principal

Apesar disso, esses padrões podem ser erroneamente tratados como diferentes em conceito. É só mais um exemplo da importância de uma linguagem ubíqua.

Quando Utilizar Portas e Adaptadores

A separação da lógica de negócio de todas as preocupações tecnológicas faz com que a arquitetura de portas e adaptadores seja perfeita para a lógica de negócio implementada com o padrão do modelo de domínio.

Segregação de Responsabilidade de Comando e Consulta

O padrão de segregação de responsabilidade de comando e consulta (CQRS) é baseado nos mesmos princípios organizacionais para a lógica de negócio e as preocupações de infraestrutura das portas e dos adaptadores. No entanto, é diferente na forma como os dados do sistema são gerenciados. Esse padrão permite a representação dos dados do sistema em múltiplos modelos persistentes.

Vejamos por que precisaríamos dessa solução e quando implementá-la.

Modelagem Poliglota

Em muitos casos, pode ser difícil, se não impossível, utilizar um único modelo do domínio de negócio do sistema para atender a todas as necessidades dele. Por exemplo, como visto no Capítulo 7, o processamento de transações online (OLTP) e o processamento analítico online (OLAP) podem exigir diferentes representações dos dados do sistema.

Outro motivo para trabalhar com múltiplos modelos tem a ver com a noção de persistência poliglota. Não um banco de dados perfeito. Ou, como diz Greg Young,[6] todos os bancos de dados são imperfeitos, cada um de um jeito: geralmente temos que equilibrar as necessidades de escala, consistência ou modelos de consulta com suporte. Uma alternativa a encontrar um banco de dados perfeito é o modelo de persistência poliglota: usar múltiplos bancos de dados para implementar requisitos diferentes relacionados aos dados. Por exemplo, um único sistema pode usar um armazenamento de documentos como seu banco de dados operacional, um armazenamento de colunas para análise/relatório e um mecanismo de busca para implementar capacidades de busca robustas.

Por fim, o padrão CQRS está estreitamente relacionado ao event sourcing. Originalmente, o CQRS foi definido para lidar com as possibilidades de consulta limitadas de um modelo orientado a eventos: só é possível consultar eventos de uma instância agregada por vez. O padrão CQRS proporciona a possibilidade de materializar modelos projetados nos bancos de dados físicos que podem ser usados para opções de consulta flexíveis.

Dito isso, este capítulo "desacopla" o CQRS do event sourcing. Minha intenção é mostrar que o CQRS é útil mesmo que a lógica de negócio seja implementada usando qualquer outro padrão de implementação da lógica de negócio.

Vejamos como o CQRS permite o uso de múltiplos mecanismos de armazenamento para representar diferentes modelos dos dados do sistema.

Implementação

Como o nome sugere, esse padrão separa as responsabilidades dos modelos do sistema. Há dois tipos: modelo de execução do comando e modelos de leitura.

Modelo de execução do comando

O CQRS dedica um único modelo para executar operações que modificam o estado do sistema (comandos do sistema). Esse modelo é usado para implementar a lógica do sistema, validar as regras e aplicar as invariantes.

---

[6] *Polyglot data by Greg Young* (sem data). Recuperado em 14 de junho de 2021 no YouTube (conteúdo em inglês).

O modelo de execução do comando também é o único que representa dados fortemente consistentes — a fonte confiável do sistema. Deve ser possível ler o estado fortemente consistente de uma entidade de negócio e ter suporte de concorrência otimista ao atualizá-la.

Modelos de leitura (projeções)

O sistema pode definir tantos modelos quanto necessário para apresentar dados aos usuários ou fornecer informação a outros sistemas.

Um modelo de leitura é uma projeção pré-cache. Ele pode residir em um banco de dados durável, um arquivo simples ou um cache na memória. A implementação adequada do CQRS permite eliminar todos os dados de uma projeção e regenerá-los do zero. Isso também permite estender o sistema com projeções adicionais no futuro — modelos que não poderiam ter sido previstos originalmente.

Finalmente, os modelos de leitura são de somente leitura. Nenhuma operação do sistema pode modificar diretamente os dados dos modelos de leitura.

Projetando Modelos de Leitura

Para que os modelos de leitura funcionem, o sistema tem que projetar mudanças a partir do modelo de execução do comando para todos os modelos de leitura. Esse conceito está ilustrado na Figura 8-12.

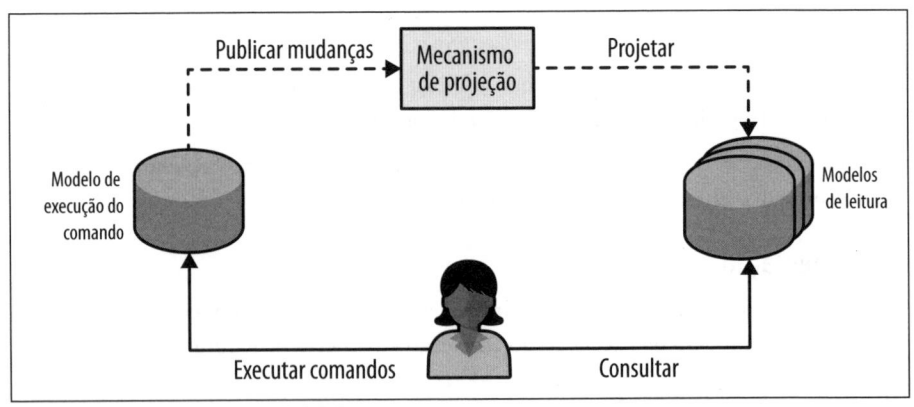

Figura 8-12. Arquitetura CQRS

A projeção dos modelos de leitura é similar à noção de uma visão materializada nos bancos de dados relacionais: sempre que as tabelas de fontes são atualizadas, as mudanças têm de ser refletidas na visão de pré-cache.

Em seguida, vejamos duas formas de gerar projeções: de formas síncrona e assíncrona.

Projeções síncronas

As projeções síncronas buscam mudanças nos dados OLTP através do modelo de assinatura catch-up:

- O mecanismo de projeção consulta o banco de dados OLTP para obter os registros adicionados ou atualizados após o último checkpoint processado.

- O mecanismo de projeção usa os dados atualizados para regenerar/atualizar os modelos de leitura do sistema.

- O mecanismo de projeção armazena o checkpoint do último registro processado. Esse valor será usado durante a próxima iteração para acrescentar ou modificar os registros após o último registro processado.

Esse processo é ilustrado na Figura 8-13 e mostrado como diagrama de sequência na Figura 8-14.

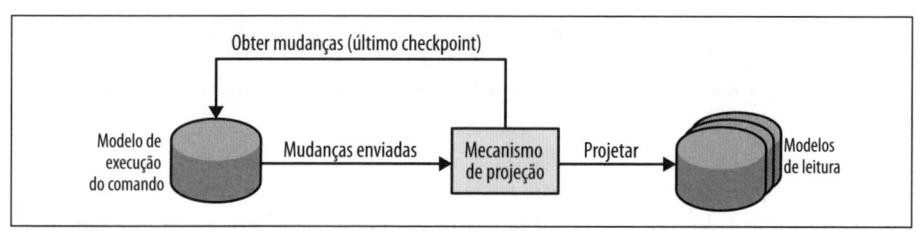

Figura 8-13. Modelo de projeção síncrona

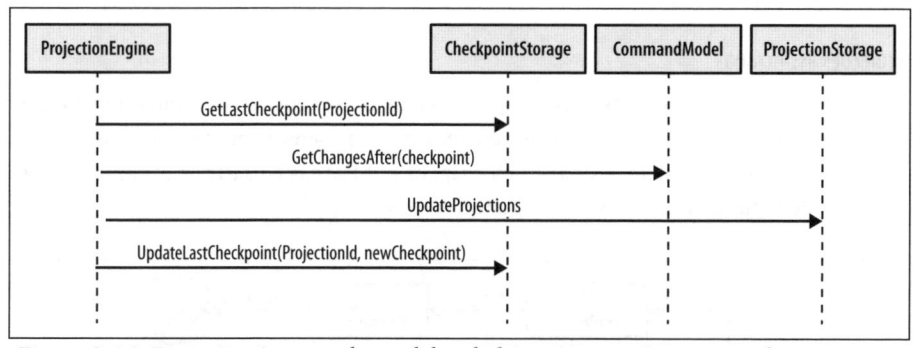

Figura 8-14. Projeção síncrona de modelos de leitura por assinatura catch-up.

Para que a assinatura catch-up funcione, o modelo de execução do comando tem que verificar todos os registros do banco de dados anexados ou atualizados. O mecanismo de armazenamento também deve suportar a consulta dos registros com base no checkpoint.

O checkpoint pode ser implementado utilizando recursos dos bancos de dados. Por exemplo, a coluna "rowversion" do SQL Server pode ser usada para gerar números únicos e incrementais ao inserir ou atualizar uma linha, como na Figura 8-15. Nos bancos de dados sem tal funcionalidade, uma solução personalizada pode ser implementada que incremente um contador em execução e o anexe a cada registro modificado. É importante garantir que a consulta baseada no checkpoint retorne resultados consistentes. Se o último registro retornado tiver um valor 10, na próxima execução nenhuma nova solicitação deverá ter valores inferiores a 10. Caso contrário, esses registros serão pulados pelo mecanismo de projeção, o que resultará em modelos inconsistentes.

Id	Nome	Sobrenome	Checkpoint
1	Tom	Cook	0x0000000000001792
2	Harold	Elliot	0x0000000000001793
3	Dianna	Daniels	0x0000000000001796
4	Dianna	Daniels	0x0000000000001795

Figura 8-15. Coluna de checkpoint gerada automaticamente em um banco de dados relacional

O método de projeção síncrona torna trivial acrescentar novas projeções e regenerar as existentes a partir do zero. Nesse último caso, tudo o que você precisa fazer é redefinir o checkpoint para 0; o mecanismo de projeção rastreará os registros e reconstruirá as projeções a partir do zero.

Projeções assíncronas

No cenário das projeções assíncronas, o modelo de execução do comando publica todas as mudanças enviadas para um barramento de mensagem. Os mecanismos de projeção do sistema podem assinar as mensagens publicadas e usá-las para atualizar os modelos de leitura, como mostra a Figura 8-16.

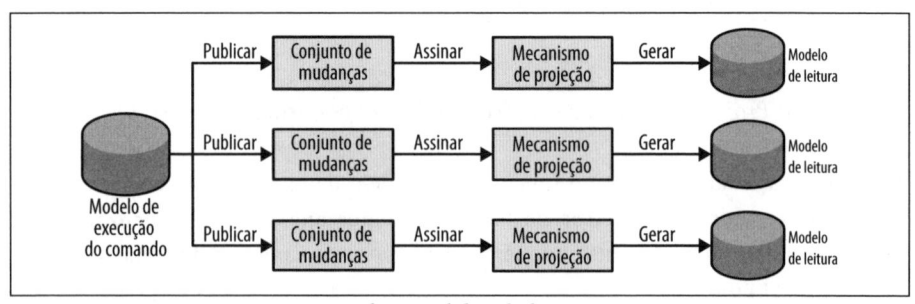

Figura 8-16. Projeção assíncrona dos modelos de leitura

Desafios

Apesar das aparentes vantagens de escalonamento e desempenho do método de projeção assíncrona, ele é mais propenso aos desafios da computação distribuída. Se as mensagens forem processadas fora de ordem ou duplicadas, os dados inconsistentes serão projetados nos modelos de leitura.

O método também dificulta a adição de novas projeções ou regeneração de projeções já existentes.

Por esses motivos, é aconselhável sempre implementar a projeção síncrona e, opcionalmente, uma projeção assíncrona sobre ela.

Segregação do Modelo

Na arquitetura CQRS, as responsabilidades dos modelos do sistema são separadas de acordo com seu tipo. Um comando só pode operar no modelo de execução do comando fortemente consistente. Uma consulta não pode modificar diretamente nenhum estado persistido do sistema — nem os modelos de leitura nem o modelo de execução do comando.

Um equívoco comum sobre os sistemas CQRS é que um comando só pode modificar dados, e os dados só podem ser obtidos para exibição através de um modelo de leitura, ou seja, o comando que executa os métodos nunca deve retornar nenhum dado. Isso é errado. Essa abordagem produz complexidades acidentais e leva a uma má experiência do usuário.

Um comando deve sempre avisar o chamador se foi bem-sucedido ou falhou. Se falhou, por que falhou? Houve algum problema técnico ou de validação? O chamador tem que saber como corrigir o comando. *Portanto, um comando pode, e em muitos casos deve, retornar dados*; por exemplo, se a IU do sistema tem que refletir as modificações resultantes do comando. Isso não só facilita o trabalho dos clientes com o sistema, uma vez que eles recebem imediatamente feedback de suas ações, mas os valores retornados podem ser usados ainda mais nos fluxos de trabalho dos consumidores, sem a necessidade de idas e vindas desnecessárias dos dados.

A única limitação aqui é que os dados retornados devem originar do modelo fortemente consistente — o modelo de execução do comando —, pois não podemos esperar que as projeções, que eventualmente serão consistentes, sejam atualizadas de imediato.

Quando Utilizar o CQRS

O padrão CQRS pode ser útil para os aplicativos que precisem trabalhar com os mesmos dados em múltiplos modelos, possivelmente armazenados em tipos diferentes de bancos de dados. Da perspectiva operacional, o padrão suporta o valor principal do domain-driven design de trabalhar com os modelos mais eficazes para a tarefa em mãos, e continuamente aprimorar o domínio de negócio. Da perspectiva da infraestrutura, o CQRS permite utilizar a capacidade dos diferentes bancos de dados; por exemplo, usando um banco de dados relacional para armazenar o modelo de execução do comando, um índice de busca para uma pesquisa de texto completo e arquivos simples pré-renderizados para uma rápida recuperação dos dados, com todos os mecanismos de armazenamento sincronizados de forma confiável.

Além disso, o CQRS serve naturalmente para modelos de domínio orientado a eventos. O modelo event sourcing impossibilita a consulta de registros com base nos estados dos agregados, mas o CQRS permite isso projetando os estados em bancos de dados de consulta.

Escopo

Os padrões que discutimos — arquitetura em camadas, arquitetura de portas e adaptadores, e CQRS — não devem ser tratados como princípios organizacionais em todo o sistema. Esses padrões de arquitetura também não são necessariamente de alto nível para um contexto delimitado inteiro.

Considere um contexto delimitado que abrange múltiplos subdomínios, como mostra a Figura 8-17. Os subdomínios podem ser de diferentes tipos: principal, de suporte ou genérico. Mesmo os subdomínios do mesmo tipo podem exigir uma lógica de negócio e padrões de arquitetura diferentes (tópico do Capítulo 10). A aplicação de uma arquitetura única, delimitada e contextualizada levará inadvertidamente a uma complexidade acidental.

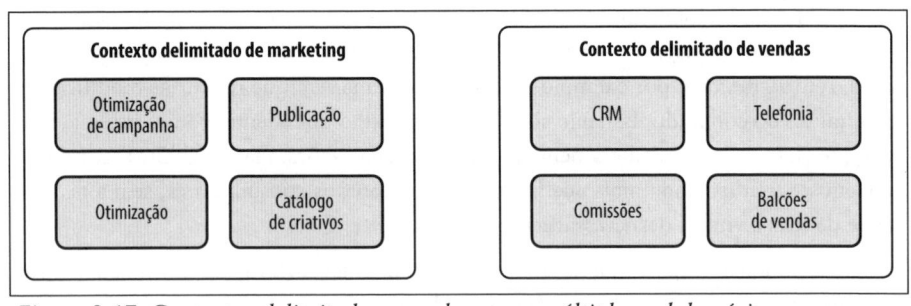

Figura 8-17. Contextos delimitados que abrangem múltiplos subdomínios

Nosso objetivo é orientar as decisões de design de acordo com as reais necessidades e estratégias do negócio. Além das camadas que segmentam o sistema horizontalmente, podemos introduzir uma segmentação vertical extra. É crucial definir limites lógicos para os módulos que encapsulam subdomínios de negócio distintos e utilizar as ferramentas apropriadas para cada um, como demonstrado na Figura 8-18.

Limites verticais apropriados transformam um contexto delimitado monolítico em modular e ajudam a evitar que ele se torne uma grande bola de lama. Como veremos no Capítulo 11, esses limites lógicos podem ser considerados mais tarde como limites físicos de contextos delimitados mais granulares.

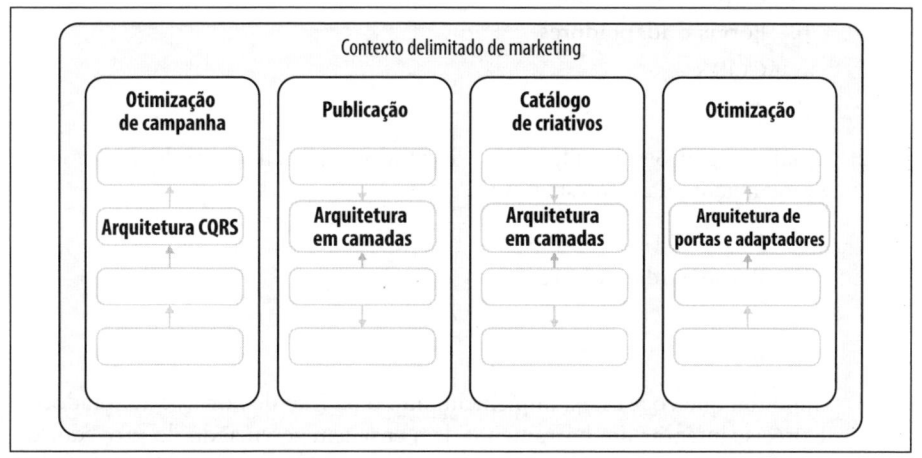

Figura 8-18. Fatias arquitetônicas

Conclusão

A arquitetura em camadas decompõe a base de dados segundo suas preocupações tecnológicas. Como esse padrão junta a lógica de negócio e a implementação do acesso de dados, é uma boa opção para os sistemas baseados em registro ativo.

A arquitetura de portas e adaptadores inverte as relações: coloca a lógica de negócio no centro e a desacopla de todas as dependências infraestruturais. Esse padrão é uma boa opção para a lógica de negócio implementada com o padrão do modelo de domínio.

O padrão CQRS representa os mesmos dados em múltiplos modelos. Embora seja obrigatório para os sistemas baseados no modelo de domínio orientado a eventos, também pode ser utilizado em sistemas que precisam de uma forma de trabalhar com múltiplos modelos persistentes.

Os padrões que veremos no próximo capítulo abordam as preocupações arquiteturais de uma perspectiva diferente: como implementar uma interação confiável entre os diferentes componentes de um sistema.

Exercícios

1. Qual dos padrões arquitetônicos discutidos pode ser usado com a lógica de negócio implementada como o padrão de registro ativo?

   a. Arquitetura em camadas

   b. Portas e adaptadores

   c. CQRS

   d. A e C

2. Qual dos padrões arquitetônicos discutidos separa a lógica de negócio e as preocupações da infraestrutura?

   a. Arquitetura em camadas

   b. Portas e adaptadores

   c. CQRS

   d. B e C

3. Suponha que você esteja implementando o padrão de portas e adaptadores, e precise integrar um barramento de mensagem gerenciado do provedor da nuvem. Em qual camada a integração deve ser implementada?

   a. Camada da lógica de negócio

   b. Camada do aplicativo

   c. Camada da infraestrutura

   d. Qualquer camada

4. Qual destas afirmações é verdadeira em relação ao padrão CQRS?

   a. As projeções assíncronas são fáceis de escalonar.

   b. Podem-se utilizar projeções síncronas ou assíncronas, mas não ambas ao mesmo tempo.

   c. Um comando não pode retornar nenhuma informação ao chamador. O chamador sempre deve utilizar modelos de leitura para receber os resultados das ações executadas.

   d. Um comando pode retornar a informação contanto que origine de um modelo fortemente consistente.

   e. A e D.

5. O padrão CQRS permite a representação dos mesmos objetos de negócio em múltiplos modelos persistentes, permitindo trabalhar com múltiplos modelos no mesmo contexto delimitado. Isso contradiz a noção do contexto delimitado de ser um limite de modelo?

CAPÍTULO 9

Padrões de Comunicação

Os Capítulos 5–8 apresentaram os padrões de design táticos que definem as diferentes formas de implementar os componentes de um sistema: como modelar a lógica de negócio e organizar os aspectos internos de um contexto delimitado de forma arquitetônica. Neste capítulo, iremos além dos limites de um único componente e veremos os padrões para organizar o fluxo de comunicação entre os elementos do sistema.

Os padrões sobre os quais aprenderemos neste capítulo facilitam a comunicação entre os contextos delimitados, lidam com as limitações impostas pelos princípios de design agregado e orquestram os processos de negócio que englobam múltiplos componentes do sistema.

Tradução do Modelo

Um contexto delimitado é o limite de um modelo — uma linguagem ubíqua. Como aprendido no Capítulo 3, há diferentes padrões para projetar a comunicação entre os diferentes contextos delimitados. Imagine que as equipes que implementam dois contextos delimitados se comuniquem de maneira eficaz e estejam dispostas a colaborar. Nesse caso, os contextos delimitados podem ser integrados em parceria: os protocolos podem ser coordenados de maneira específica e qualquer problema de integração pode ser abordado com a comunicação entre as equipes. Outro método de integração em cooperação é o *núcleo compartilhado*: as equipes extraem e desenvolvem uma parte limitada de um modelo juntas; por exemplo, extraindo os contratos de integração dos contextos delimitados em um repositório de propriedade conjunta.

Em uma relação cliente-fornecedor, o equilíbrio de poder aponta para o contexto delimitado ascendente (fornecedor) e para o contexto delimitado descendente (consumidor). Suponha que o contexto delimitado descendente não possa respeitar o modelo do contexto delimitado ascendente. Nesse caso, uma solução técnica mais elaborada é exigida, para facilitar a comunicação ao traduzir os modelos dos contextos delimitados.

Essa tradução pode ser feita por um ou, às vezes, ambos os lados: o contexto delimitado descendente pode adaptar o modelo do contexto delimitado ascendente às suas necessidades, utilizando uma camada anticorrupção (ACL), enquanto o contexto delimitado ascendente pode atuar como o serviço de host aberto (OHS) e proteger seus clientes de mudanças em seu modelo de implementação utilizando uma linguagem publicada específica da integração. Como a lógica de tradução é similar tanto para a camada anticorrupção quanto para o serviço de host aberto, este capítulo examina as opções de implementação sem diferenciar os dois padrões e menciona as diferenças apenas em casos excepcionais.

A lógica de tradução do modelo pode ser sem ou com estado. A *tradução sem estado* acontece na hora, conforme os pedidos de entrada (OHS) ou saída (ACL) são emitidos, enquanto a *tradução com estado* envolve uma lógica de tradução mais complicada que requer um banco de dados. Veremos os padrões de design para implementar ambos os tipos de tradução do modelo.

Tradução do Modelo Sem Estado

Para a tradução de modelo sem estado, o contexto delimitado que possui a tradução (OHS para ascendente, ACL para descendente) implementa o padrão do design de proxy para interpor as solicitações de entrada e saída, e mapear o modelo de origem para o modelo de destino do contexto delimitado. Isso é descrito na Figura 9-1.

Figura 9-1. Tradução de modelo por um proxy

A implementação do proxy depende de os contextos delimitados estarem se comunicando de forma síncrona ou assíncrona.

Síncrona

A maneira típica de traduzir os modelos usados na comunicação síncrona é incorporar a lógica de transformação na base de código do contexto delimitado, como mostra a Figura 9-2. Em um serviço de host aberto, a tradução para a linguagem pública ocorre ao processar solicitações recebidas e em uma camada anticorrupção, ocorre ao chamar o contexto delimitado ascendente.

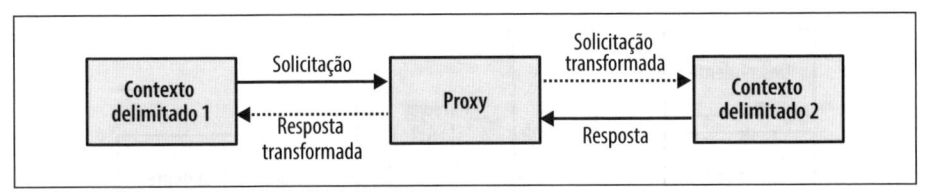

Figura 9-2. Comunicação síncrona

Em alguns casos, pode ser mais econômico e conveniente transferir a lógica de tradução para um componente externo, como um padrão de gateway da API. O componente do gateway da API pode ser uma solução baseada em software de código aberto, como Kong ou KrakenD, ou um serviço gerenciado de um fornecedor de nuvem, como AWS API Gateway, Google Apigee ou Azure API Management.

Para os contextos delimitados que implementam o padrão de host aberto, o gateway da API é responsável por converter o modelo interno na linguagem publicada otimizada para a integração. Além disso, ter um gateway da API explícito pode reduzir o processo de gerenciar e atender várias versões da API do contexto delimitado, conforme descrito na Figura 9-3.

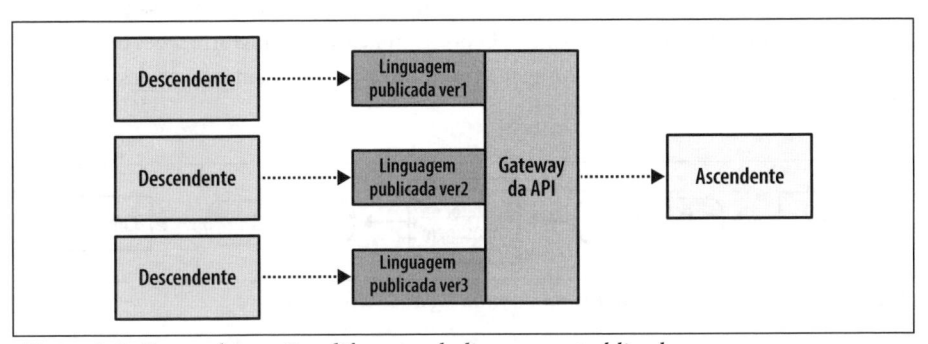

Figura 9-3. Expondo versões diferentes da linguagem publicada

As camadas anticorrupção implementadas usando um gateway da API podem ser consumidas por vários contextos delimitados descendentes. Nesses casos, a camada anticorrupção atua como um contexto delimitado específico de integração, conforme mostrado na Figura 9-4.

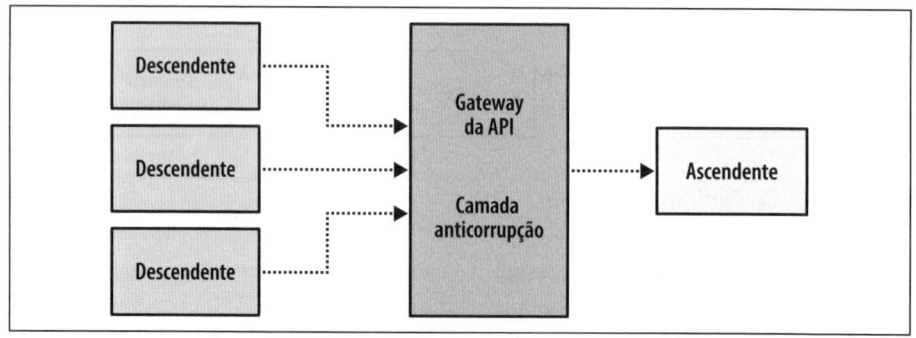

Figura 9-4. Camada anticorrupção compartilhada

Tais contextos delimitados, que são encarregados de transformar os modelos para o consumo mais conveniente por outros componentes, são geralmente chamados de *contextos de transferência*.

Assíncrona

Para traduzir os modelos usados na comunicação assíncrona, você pode implementar um *proxy de mensagem*: um componente intermediário que assina as mensagens provenientes do contexto limitado de origem. O proxy aplicará as transformações do modelo necessárias e encaminhará as mensagens resultantes para o assinante de destino (veja a Figura 9-5).

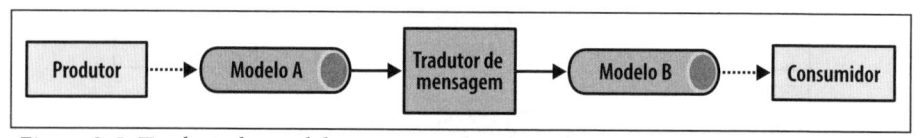

Figura 9-5. Traduzindo modelos na comunicação assíncrona

Além de traduzir o modelo das mensagens, o componente de interceptação também pode reduzir o ruído no contexto delimitado de destino, filtrando as mensagens irrelevantes.

A tradução assíncrona do modelo é essencial na implementação de um serviço de host aberto. É um erro comum projetar e expor uma linguagem publicada para os objetos do modelo e permitir que os eventos de domínio sejam publicados como são, expondo assim o modelo de implementação do contexto delimitado. A tradução assíncrona pode ser usada para interceptar os eventos de domínio e convertê-los em uma linguagem publicada, fornecendo assim um melhor encapsulamento dos detalhes de implementação do contexto delimitado (veja a Figura 9-6).

Além disso, a tradução de mensagens para a linguagem publicada permite diferenciar entre os eventos privados que se destinam às necessidades internas do contexto delimitado e aos eventos públicos projetados para a integração com outros contextos delimitados. Revisitaremos e expandiremos o tópico de eventos privados/públicos no Capítulo 15, onde discutiremos a relação entre domain-driven design e arquitetura orientada a eventos.

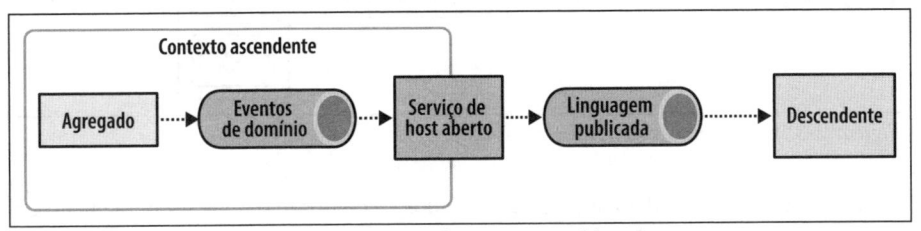

Figura 9-6. Eventos de domínio em uma linguagem publicada

Tradução do Modelo com Estado

Para as transformações de modelo mais significativas, por exemplo, quando o mecanismo de tradução precisa agregar os dados de origem ou unificar os dados de várias fontes em um único modelo, uma tradução com estado pode ser necessária. Examinaremos cada um desses casos de uso em detalhes.

Agregando os dados recebidos

Digamos que um contexto delimitado esteja interessado em agregar as solicitações recebidas e processá-las em batches para a otimização de desempenho. Nesse caso, a agregação pode ser necessária para as solicitações síncronas e assíncronas (veja a Figura 9-7).

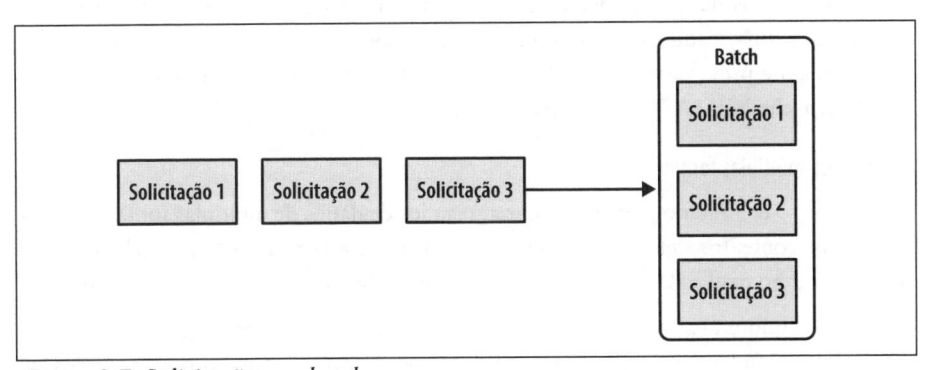

Figura 9-7. Solicitações em batch

Outro caso de uso comum para a agregação de dados da fonte é a combinação de múltiplas mensagens granulares em uma única mensagem contendo os dados unificados, como ilustrado na Figura 9-8.

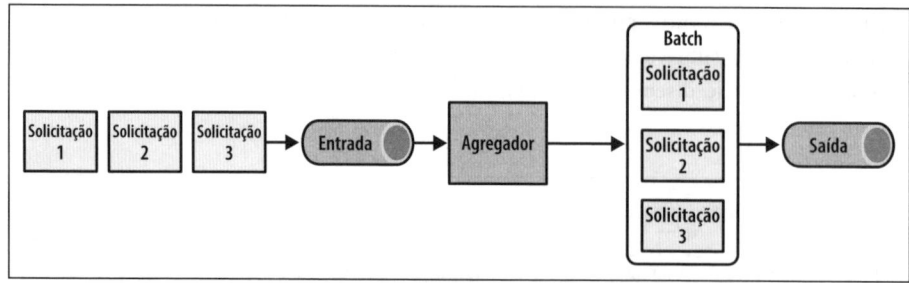

Figura 9-8. Unificando os eventos recebidos

A transformação do modelo que agrega os dados recebidos não pode ser implementada usando um gateway da API, portanto requer um processamento mais elaborado e com estado. Para rastrear os dados recebidos e processá-los adequadamente, a lógica de tradução requer seu próprio armazenamento persistente (veja a Figura 9-9).

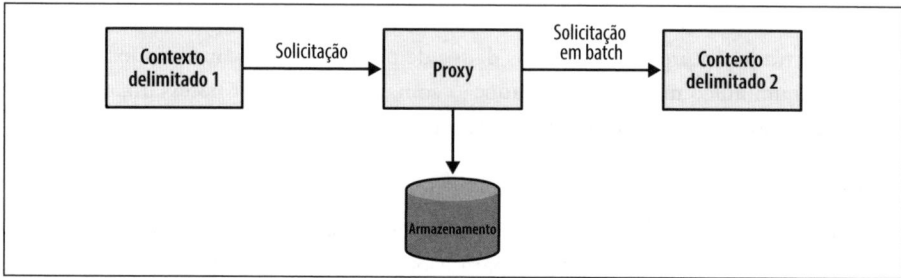

Figura 9-9. Modelo de transformação com estado

Em alguns casos de uso, podemos evitar a implementação de uma solução personalizada para uma tradução com estado usando produtos prontos; por exemplo, uma plataforma de processamento de fluxo (Kafka, AWS Kinesis etc.) ou uma solução em batch (Apache NiFi, AWS Glue, Spark etc.).

Unificando múltiplas fontes

Um contexto delimitado pode processar agregados de dados de múltiplas fontes, incluindo outros contextos delimitados. Um exemplo típico é o padrão BFF (back-end para front-end),[1] no qual a IU tem que combinar dados originados de múltiplos serviços.

Outro exemplo é um contexto delimitado que deve processar dados de vários outros contextos e implementar uma lógica de negócio complexa para processar todos os dados. Nesse caso, pode ser benéfico desacoplar a integração e as complexidades da lógica de negócios, confrontando o contexto delimitado com uma camada anticorrup-

---

[1] Richardson, C. (2019). Microservice Patterns: With Examples in Java. New York: sem publicação no Brasil.

ção que agrega dados de todos os outros contextos delimitados, como mostrado na Figura 9-10.

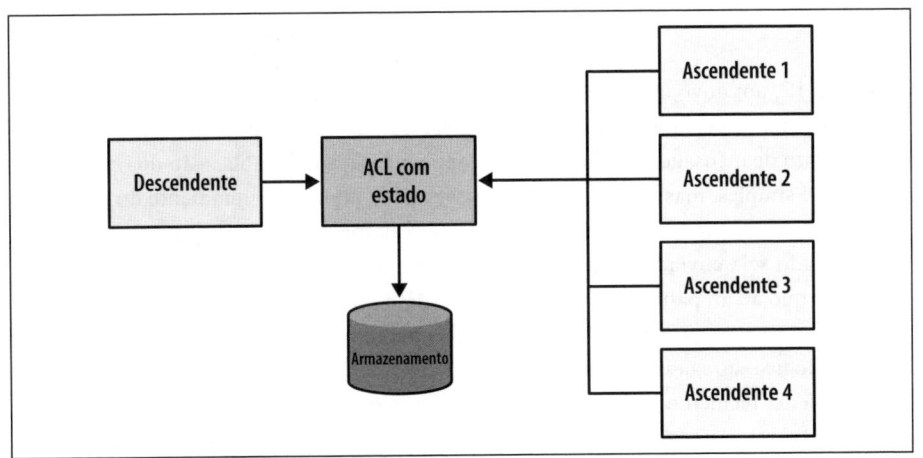

Figura 9-10. Simplificando o modelo de integração com o padrão de camada anti-corrupção

Integrando Agregados

No Capítulo 6, vimos que uma das formas como os agregados se comunicam com o resto do sistema é publicando eventos de domínio. Os componentes externos podem assinar esses eventos de domínio e executar sua lógica. Mas como os eventos de domínio são publicados em um barramento de mensagem?

Antes de chegarmos à solução, iremos examinar alguns erros comuns no processo de publicação de eventos e as consequências de cada abordagem. Considere o seguinte código:

```
01   public class Campaign
02   {
03       ...
04       List<DomainEvent> _events;
05       IMessageBus _messageBus;
06       ...
07
08       public void Deactivate(string reason)
09       {
10           for (l in _locations.Values())
11           {
12               l.Deactivate();
13           }
14
15           IsActive = false;
16
```

```
17                var newEvent = new CampaignDeactivated(_id, reason);
18                _events.Append(newEvent);
19                _messageBus.Publish(newEvent);
20        }
21  }
```

Na linha 17, um novo evento é desencadeado. Nas duas linhas seguintes, ele é anexado à lista interna de eventos de domínio do agregado (linha 18) e o evento é publicado no barramento de mensagem (linha 19). Essa implementação de publicação dos eventos de domínio é simples, mas errada. Publicar o evento de domínio diretamente do agregado é ruim por duas razões. Primeiro, o evento será despachado antes que o novo estado do agregado seja enviado para o banco de dados. Um assinante pode receber a notificação de que a campanha foi desativada, mas isso contradiria o estado da campanha. Segundo, e se a transação do banco de dados não enviar por causa de uma condição race, da lógica agregada subsequente, tornando a operação inválida ou simplesmente um problema técnico no banco de dados? Mesmo que a transação do banco de dados seja revertida, o evento já estaria publicado e enviado para os assinantes, e não haveria maneira de retirá-lo.

Iremos tentar algo diferente:

```
01  public class ManagementAPI
02  {
03      ...
04      private readonly IMessageBus _messageBus;
05      private readonly ICampaignRepository _repository;
06      ...
07      public ExecutionResult DeactivateCampaign(CampaignId id, string reason)
08      {
09          try
10          {
11              var campaign = repository.Load(id);
12              campaign.Deactivate(reason);
13              _repository.CommitChanges(campaign);
14
15              var events = campaign.GetUnpublishedEvents();
16              for (IDomainEvent e in events)
17              {
18                  _messageBus.publish(e);
19              }
20              campaign.ClearUnpublishedEvents();
21          }
22          catch(Exception ex)
23          {
24              ...
25          }
26      }
27  }
```

Na lista anterior, a responsabilidade de publicar os novos eventos de domínio vai para a camada do aplicativo. Nas linhas 11 a 13, a instância relevante do agregado `Campaign` é carregada, o comando `Deactivate` é executado e somente depois que o estado atualizado é enviado com sucesso para o banco de dados, nas linhas 15 a 20, os novos eventos de domínio são publicados para o barramento de mensagem. Podemos confiar nesse código? Não.

Nesse caso, o processo de execução da lógica, por algum motivo, não publica os eventos de domínio. Talvez o barramento de mensagem não esteja funcionando. Ou o servidor que executa o código falha logo após enviar a transação do banco de dados, mas antes de publicar os eventos, o sistema ainda terminará em um estado inconsistente, o que significa que a transação do banco de dados é enviada, mas os eventos do domínio nunca serão publicados.

Esses casos podem ser solucionados utilizando o padrão da caixa de saída.

Caixa de saída

O padrão da caixa de saída (Figura 9-11) garante a publicação confiável dos eventos de domínio utilizando o seguinte algoritmo:

- Tanto o estado do agregado atualizado quanto os novos eventos de domínio são enviados na mesma transação atômica.
- Um relé de mensagem busca eventos de domínio recém-enviados a partir do banco de dados.
- O relé publica os eventos de domínio no barramento de mensagem.
- Após a publicação bem-sucedida, o relé marca os eventos como `published` no banco de dados ou os exclui completamente.

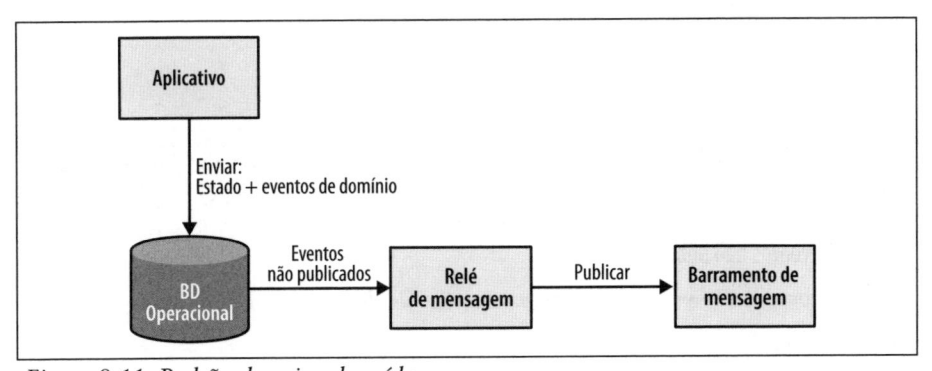

Figura 9-11. Padrão da caixa de saída

Ao usar um banco de dados relacional, é conveniente aproveitar a capacidade do banco de dados para enviar duas tabelas atomicamente e usar uma tabela específica para armazenar as mensagens, como mostrado na Figura 9-12.

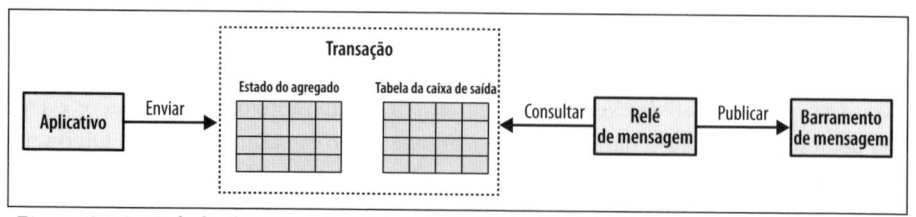

Figura 9-12. Tabela da caixa de saída

Ao utilizar um banco de dados NoSQL que não suporta transações de múltiplos documentos, os eventos do domínio de saída têm de ser incorporados no registro do agregado. Por exemplo:

```
{
    "campaign-id": "364b33c3-2171-446d-b652-8e5a7b2be1af",
    "state": {
        "name": "Autumn 2017",
        "publishing-state": "DEACTIVATED",
        "ad-locations": [
            ...
        ]
        ...
    },
    "outbox": [
        {
            "campaign-id": "364b33c3-2171-446d-b652-8e5a7b2be1af",
            "type": "campaign-deactivated",
            "reason": "Goals met",
            "published": false
        }
    ]
}
```

Nesse exemplo, você pode ver a propriedade adicional do documento JSON, `outbox`, contendo uma lista de eventos de domínio que devem ser publicados.

Buscando eventos não publicados

O relé de publicação pode buscar novos eventos de domínio, por pull ou push:

Pull: editora de pesquisa

O relé pode consultar continuamente o banco de dados quanto aos eventos não publicados. Os índices adequados têm que estar em vigor para minimizar a carga no banco de dados induzida pela pesquisa constante.

Push: rastreamento do log de transações

Aqui podemos aproveitar o conjunto de recursos do banco de dados para chamar proativamente o relé de publicação quando novos eventos são anexados. Por exemplo, alguns bancos de dados relacionais permitem obter notificações sobre os registros atualizados/inseridos rastreando o log de transações do banco de dados. Alguns bancos de dados NoSQL exibem as mudanças enviadas como fluxos de eventos (por exemplo, AWS DynamoDB Streams).

É importante notar que o padrão da caixa de saída garante a entrega das mensagens pelo menos uma vez: se o relé falhar logo após a publicação de uma mensagem, mas antes de marcá-la como publicada no banco de dados, a mesma mensagem será publicada novamente na próxima iteração.

A seguir, veremos como utilizar a publicação confiável dos eventos de domínio para superar algumas limitações impostas pelos princípios de design agregado.

Saga

Um dos princípios centrais do design agregado é limitar cada transação a uma única instância de um agregado. Isso assegura que os limites de um agregado sejam cuidadosamente considerados e encapsulem um conjunto coerente de funcionalidades de negócio. Mas há casos em que é necessário implementar um processo de negócio que engloba vários agregados.

Considere o seguinte exemplo: quando uma campanha publicitária é ativada, ela deve enviar automaticamente o material publicitário para sua editora. Ao receber a confirmação da editora, o estado de publicação da campanha deve mudar para Published. Em caso de rejeição pela editora, a campanha deve ser marcada como Rejected.

Esse fluxo abrange duas entidades de negócio: a campanha publicitária e a editora. A localização partilhada das entidades no mesmo limite agregado seria um grande exagero, pois são entidades de negócio claramente diferentes com responsabilidades diferentes e podem pertencer a contextos delimitados diferentes. Em vez disso, esse fluxo pode ser implementado como uma saga.

Saga é um processo de negócio de longa duração. É de longa duração não necessariamente em termos de tempo, pois as sagas podem durar de segundos a anos, mas em termos de transações: um processo de negócio que abrange múltiplas transações. As transações podem ser lidadas não apenas pelos agregados, mas por qualquer componente que emita eventos de domínio e responda a comandos. A saga atende os eventos emitidos pelos componentes relevantes e emite comandos subsequentes para outros componentes. Se uma das etapas de execução falha, a saga é encarregada de emitir ações compensatórias relevantes para garantir que o estado do sistema permaneça consistente.

Vejamos como o fluxo da campanha publicitária do exemplo anterior pode ser implementado como uma saga, como mostra a Figura 9-13.

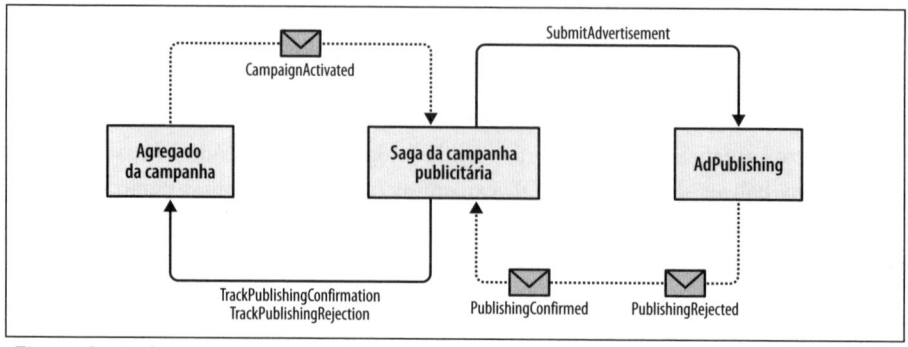

Figura 9-13. Saga

Para implementar o processo de publicação, a saga tem que atender o evento Campaign-Activated a partir do agregado Campaign e os eventos PublishingConfirmed e PublishingRejected a partir do contexto delimitado AdPublishing. A saga tem que executar o comando SubmitAdvertisement em AdPublishing e os comandos TrackPublishingConfirmation e TrackPublishingRejection no agregado Campaign. Nesse exemplo, o comando TrackPublishingRejection atua como uma ação de compensação que garantirá que a campanha publicitária não seja listada como ativa. Veja o código:

```
public class CampaignPublishingSaga
{
    private readonly ICampaignRepository _repository;
    private readonly IPublishingServiceClient _publishingService;
    ...

    public void Process(CampaignActivated @event)
    {
        var campaign = _repository.Load(@event.CampaignId);
        var advertisingMaterials = campaign.GenerateAdvertisingMaterials();
        _publishingService.SubmitAdvertisement(@event.CampaignId,
                                               advertisingMaterials);
    }

    public void Process(PublishingConfirmed @event)
    {
        var campaign = _repository.Load(@event.CampaignId);
        campaign.TrackPublishingConfirmation(@event.ConfirmationId);
        _repository.CommitChanges(campaign);
    }

    public void Process(PublishingRejected @event)
    {
        var campaign = _repository.Load(@event.CampaignId);
        campaign.TrackPublishingRejection(@event.RejectionReason);
        _repository.CommitChanges(campaign);
    }
}
```

O exemplo anterior conta com a infraestrutura de mensagens para a entrega dos eventos relevantes e reage aos eventos executando os comandos relevantes. É um exemplo de saga relativamente simples: não tem estado. Você encontrará sagas que requerem o gerenciamento do estado; por exemplo, rastrear as operações executadas para que ações compensatórias relevantes possam ser emitidas no caso de falha. Em tal situação, a saga pode ser implementada como um agregado orientado a eventos, persistindo o histórico completo dos eventos recebidos e dos comandos emitidos. Mas a lógica de execução dos comandos deve sair da própria saga e ser executada de forma assíncrona, semelhante à forma como os eventos de domínio são despachados no padrão da caixa de saída:

```
public class CampaignPublishingSaga
{
    private readonly ICampaignRepository _repository;
    private readonly IList<IDomainEvent> _events;
    ...

    public void Process(CampaignActivated activated)
    {
        var campaign = _repository.Load(activated.CampaignId);
        var advertisingMaterials = campaign.GenerateAdvertisingMaterials();
        var commandIssuedEvent = new CommandIssuedEvent(
            target: Target.PublishingService,
            command: new SubmitAdvertisementCommand(activated.CampaignId,
            advertisingMaterials));

        _events.Append(activated);
        _events.Append(commandIssuedEvent);
    }

    public void Process(PublishingConfirmed confirmed)
    {
        var commandIssuedEvent = new CommandIssuedEvent(
            target: Target.CampaignAggregate,
            command: new TrackConfirmation(confirmed.CampaignId,
                                        confirmed.ConfirmationId));

        _events.Append(confirmed);
        _events.Append(commandIssuedEvent);
    }

    public void Process(PublishingRejected rejected)
    {
        var commandIssuedEvent = new CommandIssuedEvent(
            target: Target.CampaignAggregate,
            command: new TrackRejection(rejected.CampaignId,
                                    rejected.RejectionReason));
        _events.Append(rejected);
        _events.Append(commandIssuedEvent);
    }
}
```

No exemplo, o relé da caixa de saída terá que executar os comandos nos pontos de extremidade relevantes para cada caso de `CommandIssuedEvent`. Como no caso da publicação dos eventos de domínio, separar a transição do estado da saga e a execução dos comandos garante que os comandos sejam executados de forma confiável, mesmo que o processo falhe em qualquer etapa.

Consistência

Embora o padrão da saga orquestre uma transação multicomponentes, os estados dos componentes envolvidos acabam sendo consistentes. E apesar de a saga acabar executando os comandos relevantes, não há duas transações que possam ser consideradas atômicas. Isso se relaciona a outro princípio de design agregado:

> *Apenas os dados dentro dos limites de um agregado podem ser considerados fortemente consistentes. Tudo do lado de fora acaba sendo consistente.*

Use isso como um princípio orientador para ter certeza de que você não está abusando das sagas para compensar os limites agregados impróprios. Operações de negócio que têm que pertencer ao mesmo agregado exigem dados fortemente consistentes.

O padrão de saga é muitas vezes confundido com outro padrão: o gerenciador de processo. Embora a implementação seja semelhante, são padrões diferentes. Na próxima seção, discutiremos o propósito do padrão do gerenciador de processo e como ele difere do padrão de saga.

Gerenciador de Processo

O padrão de saga gerencia o fluxo simples e linear. Estritamente falando, uma saga liga os eventos aos comandos correspondentes. Nos exemplos que utilizamos para demonstrar as implementações de saga, na verdade simplesmente implementamos a correspondência de eventos e comandos:

- O evento `CampaignActivated` ao comando `PublishingService.SubmitAdvertisement`.
- O evento `PublishingConfirmed` ao comando `Campaign.TrackConfirmation`.
- O evento `PublishingRejected` ao comando `Campaign.TrackRejection`.

O padrão do gerenciador de processo, mostrado na Figura 9-14, é para implementar um processo baseado na lógica de negócio. É definido como uma unidade central de processamento que mantém o estado da sequência e determina as próximas etapas do processamento.[2]

Como regra geral, se uma saga contém declarações if-else para escolher o curso de ação correto, ela é provavelmente um gerenciador de processo.

---

[2] Hohpe, G. e Woolf, B. (2003). *Enterprise Integration Patterns: Designing, Building, and Deploying Messaging Solutions*. Boston: sem publicação no Brasil.

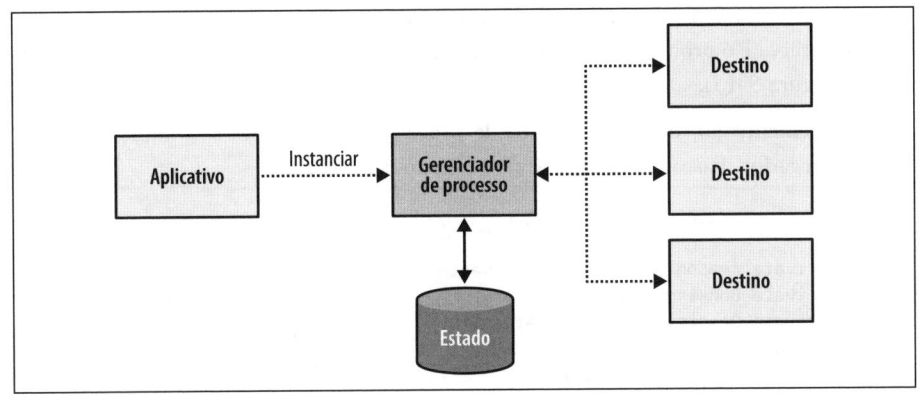

Figura 9-14. Padrão do gerenciador de processo

Outra diferença entre gerenciador de processo e saga é que uma saga é instanciada implicitamente quando determinado evento é observado, como em `CampaignActivated` nos exemplos anteriores. Um gerenciador de processo, por outro lado, não pode ser vinculado a um único evento de origem. Ao invés disso, é um processo de negócio coerente que consiste em múltiplas etapas. Portanto, um gerenciador de processo tem que ser instanciado explicitamente. Considere o seguinte exemplo:

A reserva de uma viagem de negócios começa com o algoritmo de roteamento escolhendo a rota de voo mais barata e pedindo ao funcionário que a aprove. Caso ele prefira uma rota diferente, seu gerente direto precisa aprová-la. Após a reserva do voo, um dos hotéis pré-aprovados deve ser reservado para as datas certas. Se não há hotéis disponíveis, as passagens aéreas devem ser canceladas.

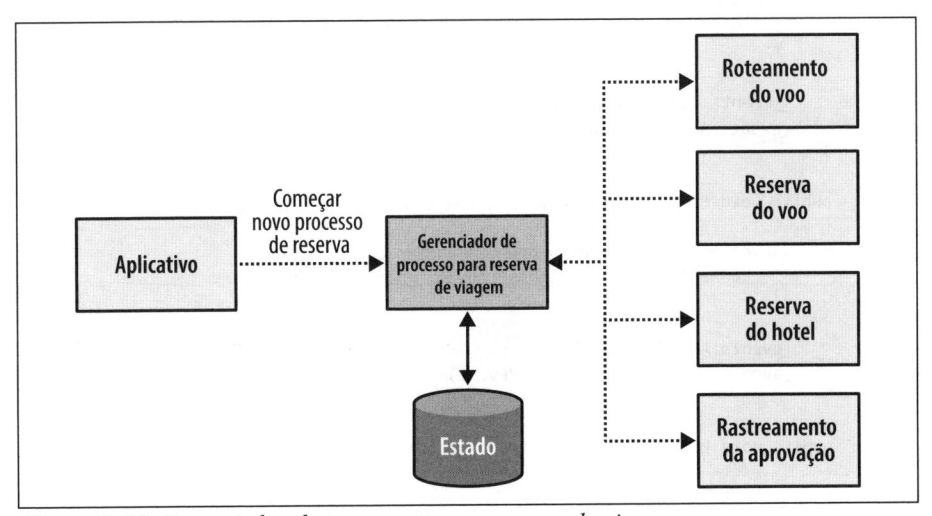

Figura 9-15. Gerenciador de processo para a reserva de viagem

Nesse exemplo, não há uma entidade central para acionar o processo de reserva da viagem. A reserva é o processo e deve ser implementada como um gerenciador de processo (veja a Figura 9-15).

Pela implementação, os gerenciadores de processo muitas vezes são implementados como agregados, baseados no estado ou orientados a eventos:

```csharp
public class BookingProcessManager
{
    private readonly IList<IDomainEvent> _events;
    private BookingId _id;
    private Destination _destination;
    private TripDefinition _parameters;
    private EmployeeId _traveler;
    private Route _route;
    private IList<Route> _rejectedRoutes;
    private IRoutingService _routing;
    ...

    public void Initialize(Destination destination,
                           TripDefinition parameters,
                           EmployeeId traveler)
    {
        _destination = destination;
        _parameters = parameters;
        _traveler = traveler;
        _route = _routing.Calculate(destination, parameters);

        var routeGenerated = new RouteGeneratedEvent(
            BookingId: _id,
            Route: _route);

        var commandIssuedEvent = new CommandIssuedEvent(
            command: new RequestEmployeeApproval(_traveler, _route)
        );

        _events.Append(routeGenerated);
        _events.Append(commandIssuedEvent);
    }

    public void Process(RouteConfirmed confirmed)
    {
        var commandIssuedEvent = new CommandIssuedEvent(
            command: new BookFlights(_route, _parameters)
        );

        _events.Append(confirmed);
        _events.Append(commandIssuedEvent);
    }

    public void Process(RouteRejected rejected)
    {
```

```
        var commandIssuedEvent = new CommandIssuedEvent(
            command: new RequestRerouting(_traveler, _route)
        );

        _events.Append(rejected);
        _events.Append(commandIssuedEvent);
    }

    public void Process(ReroutingConfirmed confirmed)
    {
        _rejectedRoutes.Append(route);
        _route = _routing.CalculateAltRoute(destination,
                                      parameters, rejectedRoutes);
        var routeGenerated = new RouteGeneratedEvent(
            BookingId: _id,
            Route: _route);

        var commandIssuedEvent = new CommandIssuedEvent(
            command: new RequestEmployeeApproval(_traveler, _route)
        );

        _events.Append(confirmed);
        _events.Append(routeGenerated);
        _events.Append(commandIssuedEvent);
    }

    public void Process(FlightBooked booked)
    {
        var commandIssuedEvent = new CommandIssuedEvent(
            command: new BookHotel(_destination, _parameters)
        );

        _events.Append(booked);
        _events.Append(commandIssuedEvent);
    }

    ...
}
```

Nesse exemplo, o gerenciador do processo tem sua ID explícita e o estado persistente, descrevendo a viagem que deve ser reservada. Como no exemplo anterior de um padrão de saga, o gerenciador de processo assina os eventos que controlam o fluxo de trabalho (RouteConfirmed, RouteRejected, ReroutingConfirmed etc.) e instancia os eventos do tipo Command Issued Event que serão processados por um relé da caixa de saída para executar os comandos reais.

Conclusão

Neste capítulo, aprendemos os diferentes padrões para integrar os componentes de um sistema. O capítulo começou explorando os padrões para as traduções do modelo que podem ser utilizadas para implementar camadas anticorrupção ou serviço de host abertos. Vimos que as traduções poder ser lidadas na hora ou seguindo uma lógica mais complexa, que requer o rastreamento do estado.

O padrão da caixa de saída é uma maneira confiável de publicar os eventos de domínio dos agregados. Ele garante que os eventos de domínio sempre sejam publicados, mesmo que aconteçam diferentes falhas de processo.

O padrão de saga pode ser usado para implementar processos de negócios de componentes cruzados simples. Processos de negócios mais complexos podem ser implementados com o uso do padrão do gerenciador de processo. Os dois padrões contam com as reações assíncronas a eventos de domínio e da emissão de comandos.

Exercícios

1. Qual padrão de integração de contexto delimitado requer a implementação da lógica de transformação do modelo?

    a. Conformista

    b. Camada anticorrupção

    c. Serviço de host aberto

    d. B e C

2. Qual é o objetivo do padrão da caixa de saída?

    a. Desacoplar a infraestrutura de mensagem da camada da lógica de negócio do sistema

    b. Publicar mensagens de forma confiável

    c. Dar suporte à implementação do padrão do modelo de domínio orientado a eventos

    d. A e C

3. Além de publicar mensagens em um barramento de mensagem, quais são os outros casos de uso possíveis para o padrão da caixa de saída?

4. Quais são as diferenças entre os padrões de saga e do gerenciador de processo?

    a. Um gerenciador de processo requer instanciação explícita, enquanto uma saga é executada quando um evento de domínio relevante é publicado.

    b. Ao contrário do gerenciador de processo, uma saga nunca requer persistência do estado de execução.

    c. Uma saga requer os componentes que ela manipula para implementar o padrão event sourcing, enquanto um gerenciador de processo não.

    d. O padrão do gerenciador de processo é adequado para os fluxos de trabalho de negócios complexos.

    e. A e D estão corretas.

PARTE III

Aplicando o Domain-Driven Design na Prática

Nas Partes I e II, falamos sobre as ferramentas de domain-driven design para tomar decisões de design estratégico e tático. Nesta parte do livro, sairemos da teoria e iremos para a prática. Você aprenderá a aplicar o domain-driven design em projetos reais.

- O Capítulo 10 combina o que discutimos sobre design estratégico e tático em regras simples que aprimoram o processo de tomada de decisão no design. Você aprenderá a identificar rapidamente padrões que correspondem à complexidade e às necessidades do domínio de negócio.

- No Capítulo 11, analisaremos o domain-driven design de uma perspectiva diferente. Projetar uma boa solução é importante, mas não é suficiente. Temos que mantê-la em forma à medida que o projeto evolui com o tempo. Nesse capítulo, você aprenderá a aplicar as ferramentas de domain-driven design para manter e evoluir as decisões do design de software ao longo do tempo.

- O Capítulo 12 introduz EventStorming: uma atividade prática que simplifica o processo de descoberta do conhecimento de domínio e da construção de uma linguagem ubíqua.

- O Capítulo 13 conclui a Parte III com uma seleção de dicas e truques para introduzir e incorporar "gentilmente" os padrões e as práticas de domain-driven design em projetos brownfield — os tipos de projeto em que mais trabalhamos.

CAPÍTULO 10

Heurística de Design

"Depende" é a resposta certa para quase toda pergunta na engenharia de software, mas não é muito prática. Neste capítulo, iremos explorar "do que" depende.

Na Parte I do livro, você aprendeu sobre as ferramentas de domain-driven design para analisar domínios de negócio e tomar decisões de design estratégico. Na Parte II, exploramos os padrões de design tático: as diferentes formas de implementar a lógica de negócio, organizar a arquitetura do sistema e estabelecer a comunicação entre os componentes do sistema. Este capítulo faz a ponte entre as Partes I e II. Você aprenderá a heurística para aplicar as ferramentas de análise que orientam várias decisões de design de software: que é o design (o software) para domain-driven (o negócio).

Mas, antes, como este capítulo é sobre heurística de design, começaremos definindo o termo *heurística*.

Heurística

A heurística não é uma regra rígida, com garantias e matematicamente correta em 100% dos casos. Ao contrário, é uma regra básica: não é garantido que seja perfeita, mas é suficiente para os objetivos imediatos. Em outras palavras, o uso da heurística é uma abordagem eficaz da solução de problemas que ignora o ruído inerente a muitas pistas, concentrando-se nas "forças de arrastamento" refletidas nas pistas mais importantes.[1]

A heurística apresentada neste capítulo foca as propriedades essenciais dos diferentes domínios de negócio e a essência dos problemas abordados pelas várias decisões de design.

---

[1]   Gigerenzer, G., Todd, P. M. e ABC Research Group (Research Group, Max Planck Institute, Alemanha). (1999). *Simple Heuristics That Make Us Smart*. New York: Oxford University Press.

Contextos Delimitados

Como você se lembrará, no Capítulo 3, tanto os limites amplos quanto os estreitos poderiam se ajustar à definição de um contexto delimitado válido que engloba uma linguagem consistente e ubíqua. Mas, ainda assim, qual é o tamanho ideal de um contexto delimitado? Essa pergunta é especialmente importante à luz da equação frequente de contextos delimitados com microsserviços.[2]

Devemos sempre tentar criar os menores contextos delimitados possíveis? Como diz o meu amigo Nick Tune:

> Existem muitas heurísticas úteis e reveladoras para definir os limites de um serviço. O tamanho é uma das menos úteis.

Em vez de fazer do modelo uma função do tamanho desejado, otimizando para pequenos contextos delimitados, é muito mais eficaz fazer o contrário: tratar o tamanho do contexto delimitado como uma função do modelo que ele engloba.

As mudanças de software que afetam múltiplos contextos delimitados são caras e requerem muita coordenação, especialmente se os contextos delimitados afetados forem implementados por diferentes equipes. Tais mudanças que não são encapsuladas em um único contexto delimitado sinalizam um design ineficaz dos limites dos contextos. Infelizmente, a refatoração desses limites é cara e, em muitos casos, os limites ineficazes permanecem sem atenção e acabam acumulando um déficit técnico (veja a Figura 10-1).

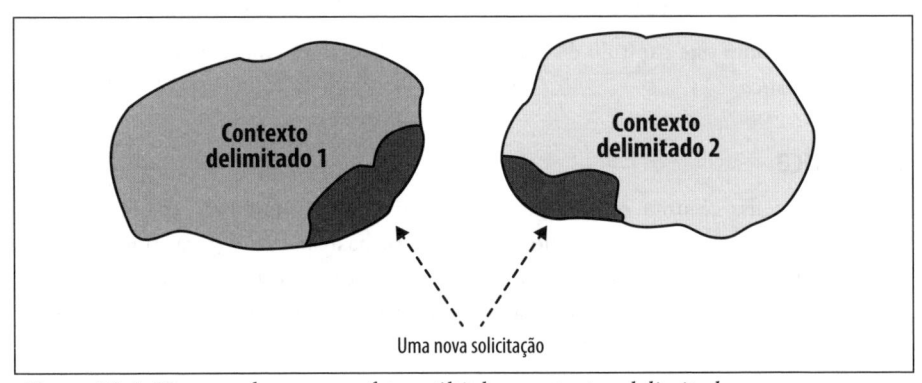

Figura 10-1. Uma mudança que afeta múltiplos contextos delimitados

Mudanças que invalidam os limites dos contextos delimitados normalmente ocorrem quando o domínio de negócio não é muito conhecido ou as exigências do negócio mudam com frequência. Como você aprendeu no Capítulo 1, a volatilidade e a incerteza são propriedades dos subdomínios principais, especialmente nos estágios

---

[2]   O Capítulo 11 é dedicado à inter-relação entre contextos delimitados e microsserviços.

iniciais da implementação. Podemos usá-lo como heurística para projetar os limites do contexto delimitado.

Os amplos limites do contexto delimitado, ou aqueles que abrangem múltiplos subdomínios, tornam mais seguro estar errado sobre os limites ou os modelos dos subdomínios incluídos. A refatoração dos limites lógicos é consideravelmente mais barata do que a refatoração dos limites físicos. Portanto, ao projetar contextos delimitados, comece com limites mais amplos. Se necessário, decomponha os limites amplos em limites menores à medida que você adquire conhecimento de domínio.

Essa heurística se aplica principalmente aos contextos delimitados que abrangem subdomínios principais, já que tanto os subdomínios genéricos quanto os de suporte são mais formulados e muito menos voláteis. Ao criar um contexto delimitado com um subdomínio principal, você pode se proteger das mudanças imprevistas incluindo outros subdomínios com os quais o subdomínio principal interage com mais frequência. Podem ser outros subdomínios principais ou mesmo subdomínios de suporte e genéricos, como mostra a Figura 10-2.

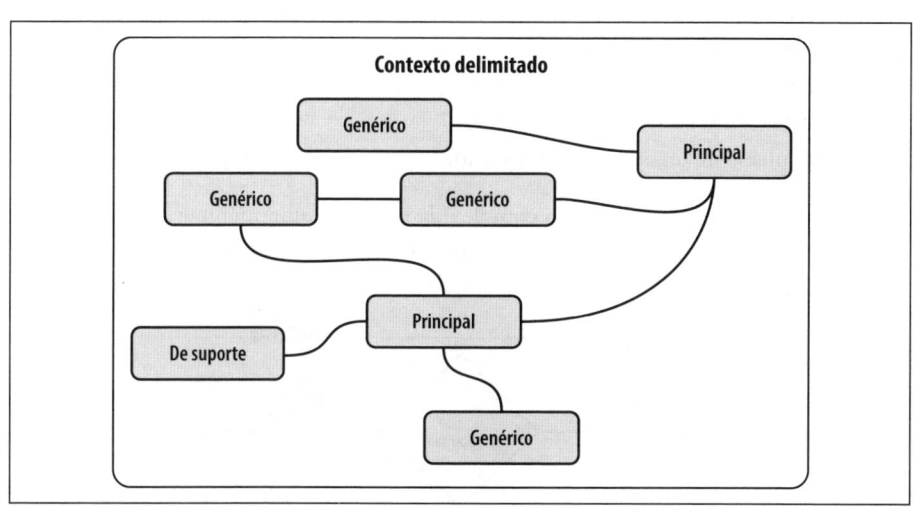

Figura 10-2. Limites amplos do contexto delimitado

Padrões de Implementação da Lógica de Negócio

Nos Capítulos 5-7, em que discutimos a lógica de negócio em detalhes, você aprendeu quatro maneiras diferentes de modelar a lógica de negócio: os padrões script de transação, registro ativo, modelo de domínio e modelo de domínio orientado a eventos.

Os padrões do script da transação e de registro ativo são mais adequados para os subdomínios com lógica de negócio simples: suporte a subdomínios ou integração de uma solução de terceiros para um subdomínio genérico, por exemplo. A diferença entre os dois padrões é a complexidade das estruturas de dados. O padrão do script de transação pode ser usado para estruturas de dados simples, enquanto o padrão do registro ativo ajuda a encapsular o mapeamento das estruturas de dados complexas para o banco de dados subjacente.

O modelo de domínio e sua variante, o modelo de domínio orientado a eventos, servem para os subdomínios que têm uma lógica de negócio complexa: os subdomínios principais. Esses subdomínios que lidam com transações monetárias, são obrigados por lei a fornecer um log de auditoria ou exigem que uma análise profunda do comportamento do sistema seja mais bem endereçada pelo modelo de domínio orientado a eventos.

Com tudo isso em mente, uma heurística eficaz para escolher o padrão apropriado de implementação da lógica de negócio é fazer as seguintes perguntas:

- O subdomínio rastreia dinheiro ou outras transações monetárias, tem que fornecer um log de auditoria consistente ou é necessária uma análise profunda de seu comportamento por parte da empresa? Em caso afirmativo, utilize o modelo de domínio orientado a eventos. Se não...
- A lógica de negócio do subdomínio é complexa? Em caso afirmativo, implemente um modelo de domínio. Se não...
- O subdomínio inclui estruturas de dados complexas? Em caso afirmativo, use o padrão do registro ativo. Se não...
- Implemente um script de transação.

Como há uma forte relação entre a complexidade de um subdomínio e seu tipo, podemos visualizar a heurística usando uma árvore de decisão orientada por domínio, como mostra a Figura 10-3.

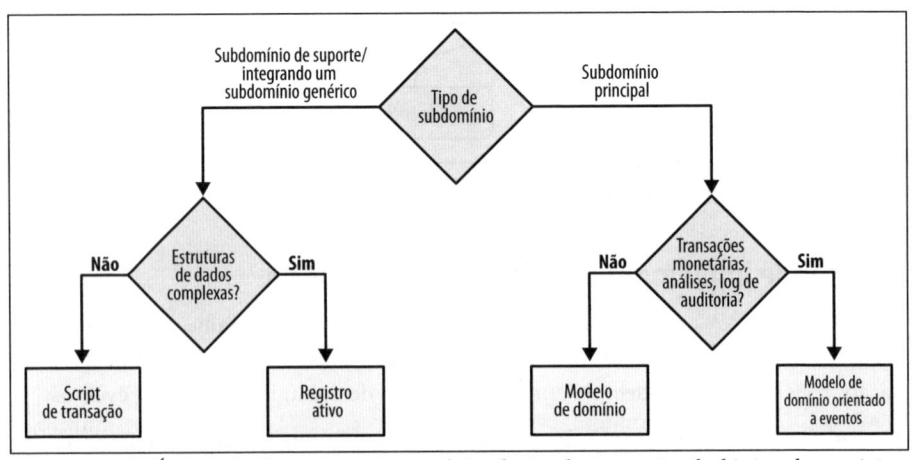

Figura 10-3. Árvore de decisão para o padrão de implementação da lógica de negócio

Podemos usar outra heurística para definir a diferença entre as lógicas de negócio complexa e simples. A linha entre esses dois tipos de lógica de negócio não é muito nítida, mas é útil. Em geral, a lógica de negócio complexa inclui regras de negócio complicadas, invariantes e algoritmos. Uma abordagem simples gira principalmente em torno da validação das entradas. Outra heurística para avaliar a complexidade diz respeito à complexidade da própria linguagem ubíqua. Está descrevendo principalmente operações CRUD ou processos e regras de negócios mais complicados?

Decidir sobre o padrão de implementação da lógica de negócio de acordo com a complexidade da lógica de negócio e suas estruturas de dados é uma forma de validar suas suposições sobre o tipo de subdomínio. Suponha que você o considere um subdomínio principal, mas o melhor padrão é o registro ativo ou o script de transação. Ou suponha que o que você acredita que seja um subdomínio de suporte requeira um modelo de domínio ou um modelo de domínio orientado a eventos; nesse caso, é uma excelente oportunidade para revisar suas suposições sobre o subdomínio e o domínio de negócio em geral. Lembre-se, a vantagem competitiva de um subdomínio principal não é necessariamente técnica.

Padrões de Arquitetura

No Capítulo 8, você aprendeu os três padrões de arquitetura: em camadas, portas e adaptadores, e CQRS.

Conhecer os padrões de implementação da lógica de negócio torna o processo de escolher um padrão de arquitetura simples e direto:

- O modelo de domínio orientado a eventos requer o CQRS. Caso contrário, o sistema será extremamente limitado em suas opções de consulta de dados, buscando uma única instância apenas por sua ID.
- O modelo de domínio requer a arquitetura de portas e adaptadores. Caso contrário, a arquitetura em camadas dificulta que os agregados e os objetos de valor ignorem a persistência.
- O padrão de registro ativo é melhor na arquitetura em camadas com uma camada do aplicativo (serviço) adicional. É para a lógica que controla os registros ativos.
- O padrão do script de transação pode ser implementado com uma arquitetura mínima em camadas, consistindo em apenas três camadas.

A única exceção à heurística anterior é o padrão CQRS. O CQRS pode ser bom não apenas para o modelo de domínio orientado a eventos, mas também para qualquer outro padrão se o subdomínio exigir a representação de seus dados em múltiplos modelos persistentes.

A Figura 10-4 mostra uma árvore de decisão para escolher um padrão de arquitetura baseado nessas heurísticas.

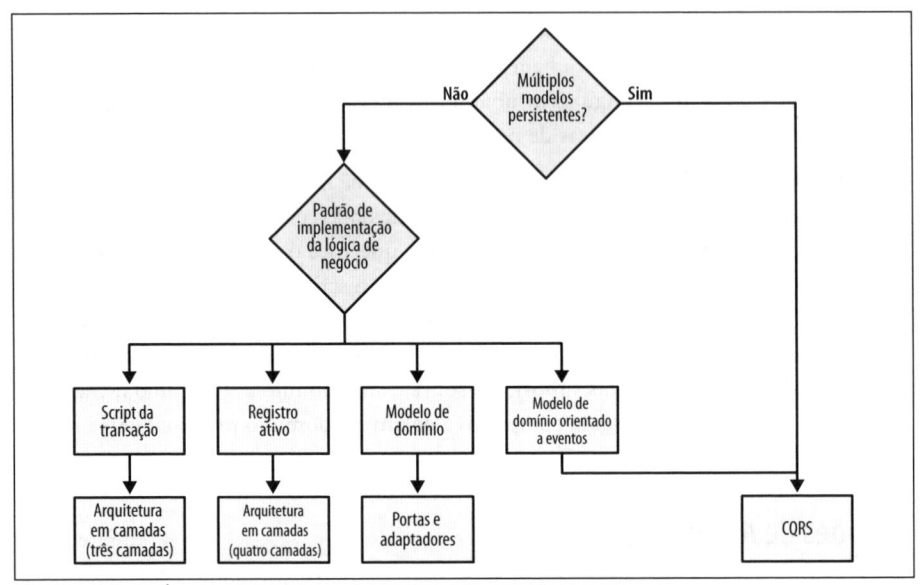

Figura 10-4. Árvore de decisão do padrão de arquitetura

Estratégia de Teste

O conhecimento do padrão de implementação da lógica de negócio e do padrão de arquitetura pode ser usado como heurística para a escolha de uma estratégia de teste para a base de código. Veja as três estratégias de teste na Figura 10-5.

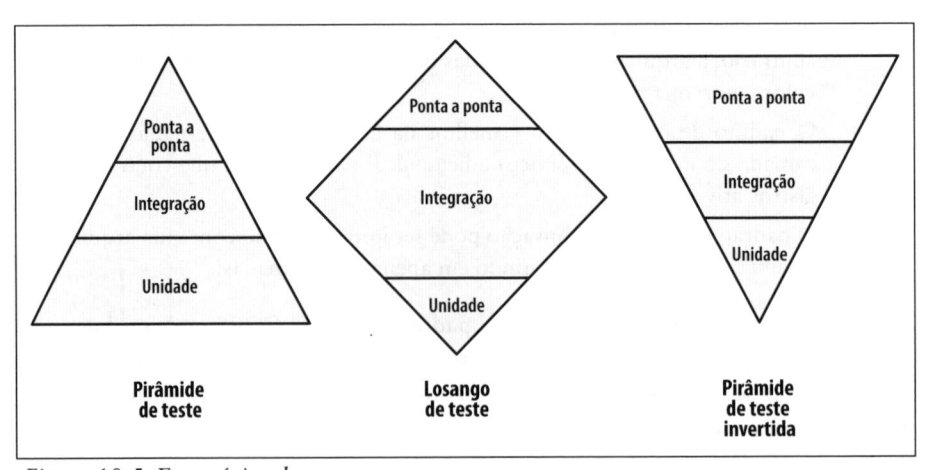

Figura 10-5. Estratégias de teste

A diferença entre as estratégias de teste na figura é a ênfase nos diferentes tipos de teste: unidade, integração e de ponta a ponta. Iremos analisar cada estratégia e o contexto em que cada padrão deve ser usado.

Pirâmide de Teste

A pirâmide de teste clássica enfatiza os testes unitários, menos testes de integração e ainda menos testes de ponta a ponta. Ambas as variantes dos modelos de domínio são mais bem lidadas com a pirâmide de teste. Agregados e objetos de valor são unidades perfeitas para testar efetivamente a lógica de negócio.

Losango de Teste

O losango de teste é o que mais se concentra nos testes de integração. Quando o padrão de registro ativo é usado, a lógica de negócio do sistema está, por definição, espalhada nas camadas de serviço e da lógica de negócio. Portanto, para focar a integração das duas camadas, o losango de teste é a escolha mais eficaz.

Pirâmide de Teste Invertida

A pirâmide de teste invertida atribui maior atenção aos testes de ponta a ponta: verificar o fluxo de trabalho do aplicativo do início ao fim. Tal abordagem é melhor para as bases de código que implementam o padrão do script de transação: a lógica de negócio é simples, e o número de camadas é mínimo, tornando mais eficaz a verificação do fluxo de ponta a ponta do sistema.

A Figura 10-6 mostra a árvore de decisão da estratégia de teste.

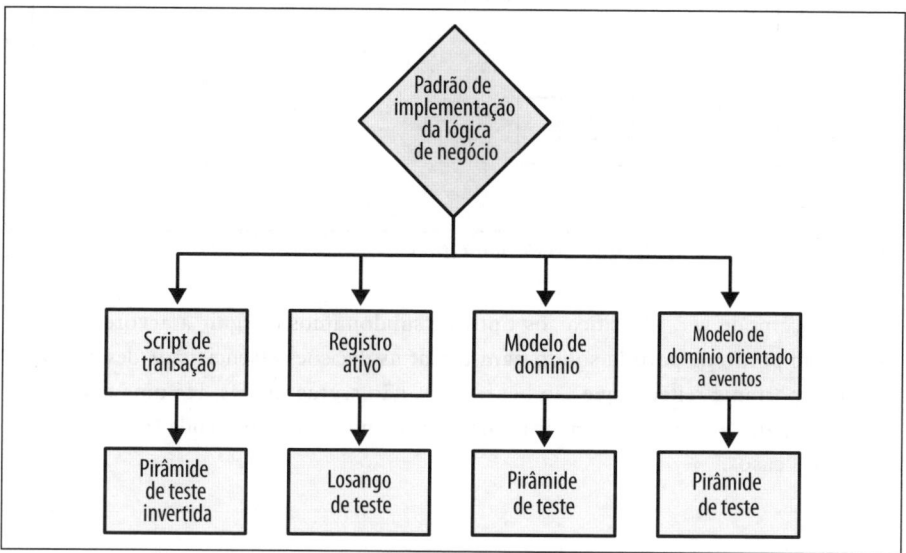

Figura 10-6. Árvore de decisão da estratégia de teste

Árvore de Decisão do Design Tático

Os padrões da lógica de negócio, padrões de arquitetura e heurística da estratégia de teste podem ser unificados e resumidos em uma árvore de decisão do design tático, como ilustrado na Figura 10-7.

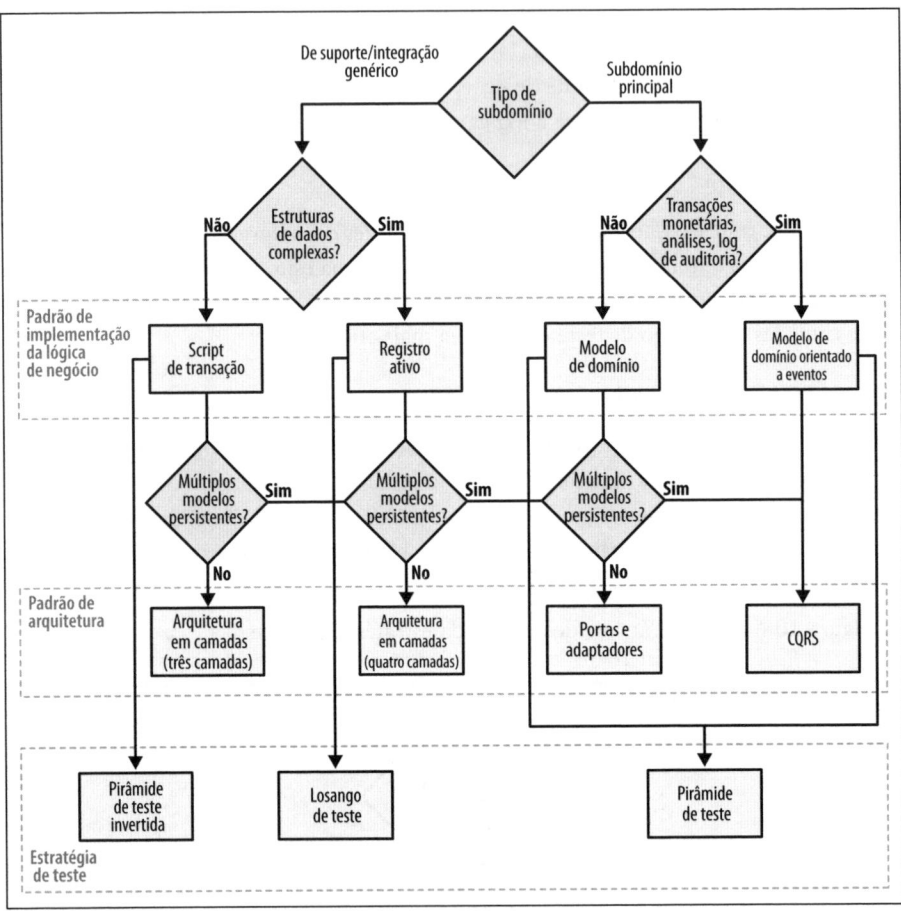

Figura 10-7. Árvore de decisão do design tático

Como você pode ver, identificar os tipos de subdomínios e seguir a árvore de decisão dá um ponto de partida sólido para tomar as decisões essenciais de design. Dito isso, é importante reiterar que são heurísticas, não regras rígidas. Há uma exceção a toda regra, ainda mais na heurística, que, por definição, não pretende ser correta em 100% dos casos.

A árvore de decisão é baseada em minha preferência por usar ferramentas simples, e recorro aos padrões avançados (modelo de domínio, modelo de domínio orientado a eventos, CQRS etc.) apenas quando é absolutamente necessário. Por outro lado, conheci equipes que têm muita experiência na implementação do modelo de domínio orientado a eventos e, portanto, utilizam-no para todos os seus subdomínios. Para elas, é mais simples do que usar diferentes padrões. Posso recomendar essa abordagem a todos? É claro que não. Nas empresas para as quais trabalhei ou consultei, a abordagem baseada na heurística foi mais eficiente do que utilizar a mesma solução para todos os problemas.

No fim das contas, depende do seu contexto específico. Use a árvore de decisão ilustrada na Figura 10-7 e a heurística do design em que se baseia como princípios orientadores, não como um substituto para o pensamento crítico. Se você acha que uma heurística alternativa lhe convém melhor, sinta-se livre para alterar os princípios orientadores ou construir sua própria árvore de decisão.

Conclusão

Este capítulo conectou as Partes I e II do livro a um framework de decisão baseado em heurística. Você aprendeu como aplicar o conhecimento do domínio de negócio e seus subdomínios para tomar decisões técnicas: escolhendo contextos delimitados seguros, modelando a lógica de negócio do aplicativo e determinando o padrão de arquitetura necessário para orquestrar as interações dos componentes internos de cada contexto delimitado. Finalmente, desviamos para um tópico diferente que muitas vezes é objeto de discussões acaloradas — qual teste é mais importante — e utilizamos a mesma estrutura para priorizar os diferentes testes de acordo com o domínio de negócio.

Tomar decisões de design é importante, porém ainda mais importante é verificar a validade das decisões ao longo do tempo. No próximo capítulo, mudaremos nossa discussão para a próxima fase do ciclo de vida do design de software: a evolução das decisões de design.

Exercícios

1. Suponha que você esteja implementado o sistema de gestão do ciclo de vida dos tickets da WolfDesk (veja o Prefácio). É um subdomínio principal que requer uma análise profunda de seu comportamento para que o algoritmo possa ser ainda mais otimizado ao longo do tempo. Qual seria sua estratégia inicial implementando a lógica de negócio e a arquitetura do componente? Qual seria sua estratégia de teste?

2. Quais seriam suas decisões de design para o módulo de gestão dos turnos dos agentes de suporte da WolfDesk?

3. Para facilitar o processo de gestão dos turnos dos agentes, você quer utilizar um provedor externo de feriados para as diferentes regiões geográficas. O processo funciona ligando periodicamente para o provedor externo, obtendo as datas e os nomes dos próximos feriados. Qual lógica de negócio e padrões de arquitetura você utilizaria para implementar a integração? Como você a testaria?

4. Com base em sua experiência, quais outros aspectos do processo de desenvolvimento de software podem ser incluídos na árvore de decisão baseada na heurística apresentada neste capítulo?

CAPÍTULO 11

Desenvolvendo as Decisões de Design

No mundo moderno e acelerado em que vivemos, as empresas não podem se dar ao luxo da letargia. Para acompanhar a concorrência, elas têm que mudar continuamente, evoluir e até se reinventar ao longo do tempo. Não podemos ignorar esse fato ao projetar sistemas, especialmente se pretendemos projetar um software bem adaptado às exigências de seu domínio de negócio. Quando as mudanças não são gerenciadas adequadamente, mesmo o design mais sofisticado e cuidadoso acabará se tornando um pesadelo para manter e evoluir. Este capítulo discute como as mudanças no ambiente de um projeto de software podem afetar as decisões de design e como evoluir o design em conformidade. Examinaremos os quatro vetores de mudança mais comuns: domínio de negócio, estrutura organizacional, conhecimento de domínio e crescimento.

Mudanças nos Domínios

No Capítulo 2, você aprendeu os três subdomínios de negócio e como eles diferem entre si:

Principal
: Atividades que a empresa desempenha de forma diferente da sua concorrência para ter vantagem competitiva

De suporte
: Coisas que a empresa faz de forma diferente da concorrência, mas que não fornecem uma vantagem competitiva

Genérico
: Coisas que todas as empresas fazem do mesmo jeito

Nos capítulos anteriores, você viu que o tipo de subdomínio em questão afeta as decisões de design estratégico e tático:

* Como projetar os limites dos contextos delimitados

- Como orquestrar a integração entre os contextos
- Quais padrões de design utilizar para conciliar a complexidade da lógica de negócio

Para projetar um software guiado pelas necessidades do domínio de negócio, é crucial identificar os subdomínios de negócio e seus tipos. Entretanto, essa não é a história toda. É igualmente importante estar atento à evolução dos subdomínios. À medida que uma organização cresce e evolui, não é raro que alguns de seus subdomínios mudem de um tipo para outro. Vejamos alguns exemplos de tais mudanças.

Principal para Genérico

Imagine que uma empresa de varejo online chamada BuyIT esteja implementando sua própria solução de entrega de pedidos. Ela desenvolveu um algoritmo inovador para otimizar as rotas de seus entregadores e, assim, é capaz de cobrar taxas de entrega mais baixas do que seus concorrentes.

Um dia, outra empresa — a DeliverIT — revoluciona o setor de entregas. Afirma ter resolvido o problema do "caixeiro-viajante" e fornece a otimização do caminho como um serviço. A otimização da DeliverIT não só é mais avançada, como é oferecida por uma fração do preço que custa para a BuyIT realizar a mesma tarefa.

Da perspectiva da BuyIT, uma vez que a solução da DeliverIT se tornou disponível como um produto pronto, seu subdomínio principal se transformou em um subdomínio genérico. Como resultado, a solução ideal tornou-se disponível para todos os concorrentes da BuyIT. Sem investimentos maciços em pesquisa e desenvolvimento, a BuyIT não pode mais ter uma vantagem competitiva no subdomínio de otimização do trajeto. O que antes era considerado uma vantagem competitiva para a BuyIT tornou-se uma mercadoria disponível para todos os seus concorrentes.

Genérico para Principal

Desde o início, a BuyIT tem usado uma solução pronta para gerenciar seu estoque. Entretanto, seus relatórios de inteligência comercial estão continuamente mostrando previsões inadequadas das demandas de seus clientes. Consequentemente, a BuyIT não consegue reabastecer o estoque dos produtos mais populares e está desperdiçando armazéns com produtos impopulares. Após avaliar algumas soluções alternativas de gestão de estoque, a equipe gerencial da BuyIT toma a decisão estratégica de investir no design e na construção de um sistema interno. Essa solução interna considerará as particularidades dos produtos que a BuyIT vende e fará melhores previsões das demandas dos clientes.

A decisão da BuyIT de substituir a solução pronta por sua própria implementação transformou a gestão de estoque de um subdomínio genérico em um subdomínio central: a implementação bem-sucedida da funcionalidade proporcionará à BuyIT uma vantagem competitiva adicional sobre seus concorrentes — os concorrentes continuarão "presos" à solução genérica e não poderão usar os algoritmos avançados de previsão de demanda inventados e desenvolvidos pela BuyIT.

Um exemplo real de uma empresa que transforma um subdomínio genérico em um subdomínio central é a Amazon. Como todos os prestadores de serviços, a Amazon precisava de uma infraestrutura na qual pudesse executar seus serviços. A empresa foi capaz de "reinventar" a forma como gerenciou sua infraestrutura física e, mais tarde, até mesmo transformá-la em um negócio lucrativo: Amazon Web Services.

De Suporte para Genérico

O departamento de marketing da BuyIT implementa um sistema para gerenciar os fornecedores com os quais trabalha e seus contratos. Não há nada de especial ou complexo no sistema — são apenas algumas interfaces de usuário CRUD para a entrada de dados. Em outras palavras, é um típico subdomínio de suporte.

Entretanto, alguns anos depois que a BuyIT começou a implementar a solução interna, surgiu uma solução de gestão de contratos de código aberto. O projeto open source implementa a mesma funcionalidade que a solução existente e tem características mais avançadas, como OCR e busca de texto completo. Esses recursos adicionais já estavam no backlog da BuyIT há muito tempo, mas nunca foram priorizados devido ao baixo impacto comercial. Portanto, a empresa decide abandonar a solução interna em favor da integração da solução de código aberto. Ao fazer isso, o subdomínio de gerenciamento de documentos passa de subdomínio de suporte a subdomínio genérico.

De Suporte a Principal

Um subdomínio de suporte também pode se transformar em um subdomínio principal — por exemplo, se uma empresa encontra uma forma de otimizar a lógica de suporte de tal forma que reduza os custos ou gere lucros adicionais.

O sintoma típico de tal transformação é a crescente complexidade da lógica de negócio do subdomínio de suporte. Os subdomínios de suporte, por definição, são simples, lembrando principalmente interfaces CRUD ou processos ETL. Entretanto, se a lógica de negócio se torna mais complicada com o tempo, deve haver uma razão para a complexidade adicional. Se não afeta os lucros da empresa, por que se tornaria mais complicada? É uma complexidade acidental do negócio. Por outro lado, se aumenta a rentabilidade da empresa, é sinal de um subdomínio de suporte se tornando um subdomínio principal.

Principal para de Suporte

Um subdomínio principal pode, com o tempo, tornar-se um subdomínio de suporte. Isso pode acontecer quando a complexidade do subdomínio não é justificada. Em outras palavras, não é lucrativo. Nesses casos, a organização pode decidir cortar a complexidade externa, deixando a lógica mínima necessária para apoiar a implementação de outros subdomínios.

De Genérico para Suporte

Finalmente, pela mesma razão de um subdomínio principal, um subdomínio genérico pode se transformar em um subdomínio de suporte. Voltando ao exemplo do sistema de gestão de documentos da BuyIT, suponha que a empresa tenha decidido que a complexidade de integrar a solução de código aberto não justifique os benefícios e tenha recorrido ao sistema interno. Como resultado, o subdomínio genérico transformou-se em um subdomínio de suporte.

As mudanças nos subdomínios que acabamos de discutir são demonstradas na Figura 11-1.

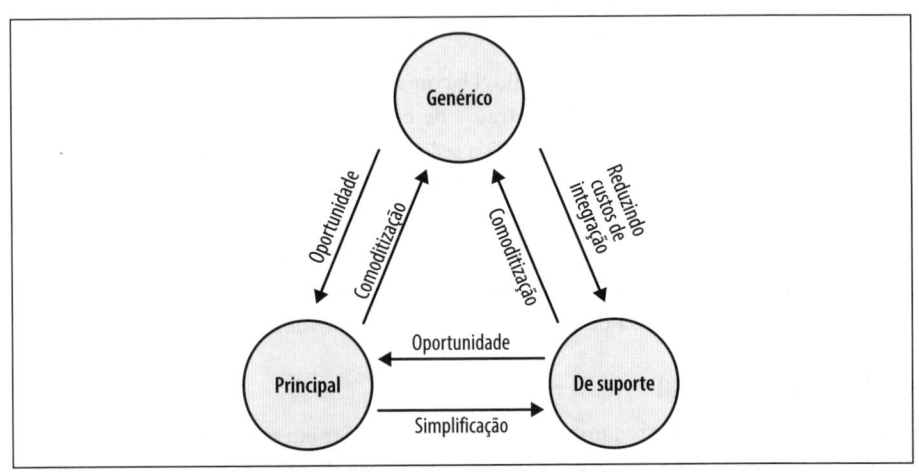

Figura 11-1. Fatores de mudança dos tipos de subdomínio

Preocupações do Design Estratégico

Uma mudança no tipo de subdomínio afeta diretamente seu contexto delimitado e, consequentemente, as correspondentes decisões estratégicas de design. Como você aprendeu no Capítulo 4, diferentes padrões de integração do contexto delimitado aceitam diferentes tipos de subdomínio. Os subdomínios principais têm que proteger seus modelos usando camadas anticorrupção e têm que proteger os consumidores das mudanças frequentes nos modelos de implementação, usando linguagens publicadas (OHS).

Outro padrão de integração afetado por tais mudanças é o padrão de caminhos separados. Como você viu anteriormente, as equipes podem usar esse padrão para os subdomínios de suporte e genéricos. Se o subdomínio se transforma em um subdomínio principal, a duplicação de sua funcionalidade por várias equipes não é mais aceitável. Portanto, as equipes não têm outra escolha senão integrar suas implementações. A relação cliente-fornecedor fará mais sentido nesse caso, uma vez que o subdomínio principal será implementado apenas por uma equipe.

Do ponto de vista da estratégia de implementação, os subdomínios principais e de suporte diferem na forma como podem ser implementados. Os subdomínios de suporte podem ser terceirizados ou usados como "rodas de apoio" para novas contratações. Os subdomínios principais devem ser implementados internamente, o mais próximo possível das fontes de conhecimento do domínio. Portanto, quando um subdomínio de suporte se transforma em um subdomínio principal, sua implementação deve ser transferida internamente. A mesma lógica funciona ao contrário. Se um subdomínio principal se transforma em um subdomínio de suporte, é possível terceirizar a implementação para permitir que as equipes de P&D internas se concentrem no subdomínio principal.

Preocupações de Design Tático

O principal indicador de mudança no tipo de subdomínio é a inabilidade do design técnico existente de dar suporte às necessidades atuais do negócio.

Voltemos ao exemplo de um subdomínio de suporte que se torna subdomínio principal. Os subdomínios de suporte são implementados com padrões de design relativamente simples para modelar o negócio: padrões do script de transação ou registro ativo. Como vimos no Capítulo 5, esses padrões não são uma boa opção para a lógica de negócio que envolve regras complexas e invariantes.

Se regras complicadas e invariantes são adicionadas à lógica de negócio com o passar do tempo, a base de código se tornará cada vez mais complexa também. Será difícil adicionar a nova funcionalidade, pois o design não suportará o novo nível de complexidade. Essa "dificuldade" é um sinal importante. Utilize-a para reavaliar o domínio de negócio e as escolhas de design.

A necessidade de mudança na estratégia de implementação não deve ser temida. Ela é normal. Não podemos prever como um negócio irá evoluir no futuro. Também não podemos aplicar os padrões de design mais elaborados em todos os tipos de subdomínio; isso seria ineficaz e um desperdício. Temos que escolher o design mais apropriado e evoluí-lo quando necessário.

Se a decisão de como modelar a lógica de negócio for feita de forma consciente e você estiver ciente de todas as escolhas de design possíveis e das diferenças entre elas, migrar de um padrão de design para outro não é tão trabalhoso. As seguintes subseções destacam alguns exemplos.

Script de Transação para Registro Ativo

Em sua essência, tanto o padrão do script de transação quanto o de registro ativo baseiam-se no mesmo princípio: a lógica de negócio é implementada como um script de procedimento. A diferença entre eles é como as estruturas de dados são modeladas: o padrão de registro ativo introduz estruturas de dados para encapsular a complexidade do seu mapeamento no mecanismo de armazenamento.

Como resultado, quando trabalhar com dados for um desafio em um script de transação, refatore para o padrão de registro ativo. Procure estruturas de dados complicadas e as encapsule nos objetos de registro ativo. Em vez de acessar o banco de dados diretamente, use os registros ativos para abstrair seu modelo e estrutura.

Registro Ativo para Modelo de Domínio

Se a lógica de negócio que manipula os registros ativos fica complexa e você nota cada vez mais casos de inconsistência e duplicações, refatore a implementação para o padrão do modelo de domínio.

Comece identificando os objetos de valor. Quais estruturas de dados podem ser modeladas como objetos imutáveis? Procure a lógica de negócio relacionada e faça dela uma parte dos objetos de valor também.

Em seguida, analise as estruturas de dados e procure os limites transacionais. Para garantir que toda lógica que modifica um estado seja explícita, faça com que todos os setters dos registros ativos sejam privados, para que eles só possam ser modificados de dentro do registro ativo. Obviamente, espere que a compilação falhe; porém, erros na complicação irão esclarecer onde a lógica de modificação do estado reside. Refatore dentro dos limites do registro ativo. Por exemplo:

```
public class Player
{
    public Guid Id { get; set; }
    public int Points { get; set; }
}

public class ApplyBonus
{
    ...

    public void Execute(Guid playerId, byte percentage)
    {
        var player = _repository.Load(playerId);
        player.Points *= 1 + percentage/100.0;
        _repository.Save(player);
    }
}
```

No código seguinte, podemos ver os primeiros passos para a transformação. O código ainda não compilará, mas os erros explicitarão onde os componentes externos estão controlando o estado do objeto:

```
public class Player
{
    public Guid Id { get; private set; }
    public int Points { get; private set; }
}

public class ApplyBonus
{
    ...

    public void Execute(Guid playerId, byte percentage)
    {
        var player = _repository.Load(playerId);
        player.Points *= 1 + percentage/100.0;
        _repository.Save(player);
    }
}
```

Na próxima iteração, podemos mover a lógica dentro do limite do registro ativo:

```
public class Player
{
    public Guid Id { get; private set; }
    public int Points { get; private set; }

    public void ApplyBonus(int percentage)
    {
        this.Points *= 1 + percentage/100.0;
    }
}
```

Quando toda a lógica de negócio que modifica o estado for movida dentro dos limites dos objetos correspondentes, examine quais hierarquias são necessárias para assegurar uma verificação fortemente consistente das regras de negócio e das invariantes. Esses são bons candidatos a agregados. Tendo em mente os princípios de design de agregados que discutimos no Capítulo 6, procure os menores limites de transação, ou seja, a menor quantidade de dados de que você precisa para manter uma forte consistência. Decomponha as hierarquias ao longo desses limites. Verifique se os agregados externos são referenciados apenas por suas IDs.

Finalmente, para cada agregado, identifique sua raiz ou o ponto de entrada de sua interface pública. Torne privados os métodos de todos os outros objetos internos no agregado, só podendo ser chamados de dentro do agregado.

Modelo de Domínio para Modelo de Domínio Orientado a Eventos

Uma vez que você tenha um modelo de domínio com limites agregados adequadamente projetados, pode fazer a transição para o modelo orientado a eventos. Em vez de modificar diretamente os dados do agregado, modele os eventos de domínio necessários para representar o ciclo de vida do agregado.

O aspecto mais desafiador da refatoração de um modelo de domínio em um modelo de domínio orientado a eventos é a história dos agregados existentes: a migração do estado "atemporal" para o modelo baseado em eventos. Como os dados granulares que representam todas as mudanças de estado passadas não existem, você tem que gerar eventos passados com base no melhor esforço ou nos eventos da migração de modelos.

Geração de Transições Passadas

Essa abordagem implica gerar um fluxo aproximado de eventos para cada agregado, de modo que o fluxo de eventos possa ser projetado na mesma representação de estado da implementação original. Considere o exemplo que você viu no Capítulo 7, conforme representado na Tabela 11-1.

Tabela 11-1. Uma representação baseada no estado dos dados do agregado

lead-id	nome	sobrenome	telefone	status	último contato em	pedido feito em	convertido em	acompanhamento
12	Shauna	Mercia	555-4753	convertido	17-05-2020T 12:02:12.51Z	27-05-2020T 12:02:12.51Z	27-05-2020T 12:02:12.51Z	null

Podemos presumir, da perspectiva da lógica do negócio, que a instância do agregado foi inicializada; então a pessoa foi contatada, um pedido foi feito, e, finalmente, desde que o status foi "convertido", o pagamento do pedido foi confirmado. O seguinte conjunto de eventos pode representar todas essas suposições:

```
{
    "lead-id": 12,
    "event-id": 0,
    "event-type": "lead-initialized",
    "first-name": "Shauna",
    "last-name": "Mercia",
    "phone-number": "555-4753"
},
{
    "lead-id": 12,
    "event-id": 1,
    "event-type": "contacted",
    "timestamp": "2020-05-27T12:02:12.51Z"
},
{
    "lead-id": 12,
    "event-id": 2,
```

```
        "event-type": "order-submitted",
        "payment-deadline": "2020-05-30T12:02:12.51Z",
        "timestamp": "2020-05-27T12:02:12.51Z"
    },
    {
        "lead-id": 12,
        "event-id": 3,
        "event-type": "payment-confirmed",
        "status": "converted",
        "timestamp": "2020-05-27T12:38:44.12Z"
    }
```

Quando aplicados um a um, esses eventos podem ser projetados na representação de estado exata, como no sistema original. Os eventos "recuperados" podem ser facilmente testados, projetando o estado e comparando-o aos dados originais.

Entretanto, é importante ter em mente a desvantagem dessa abordagem. O objetivo de utilizar o event sourcing é ter um histórico confiável e fortemente consistente dos eventos de domínio dos agregados. Quando essa abordagem é utilizada, é impossível recuperar o histórico completo das transições do estado. No exemplo anterior, não sabemos quantas vezes o agente de vendas entrou em contato com a pessoa e, portanto, quantos eventos "contatados" não vimos.

Modelando Eventos de Migração

A abordagem alternativa é reconhecer a falta de conhecimento sobre os eventos passados e modelá-lo explicitamente como um evento. Em vez de recuperar os eventos que podem ter levado ao estado atual, defina um evento de migração e use-o para inicializar os fluxos de eventos das instâncias agregadas existentes:

```
{
    "lead-id": 12,
    "event-id": 0,
    "event-type": "migrated-from-legacy",
    "first-name": "Shauna",
    "last-name": "Mercia",
    "phone-number": "555-4753",
    "status": "converted",
    "last-contacted-on": "2020-05-27T12:02:12.51Z",
    "order-placed-on": "2020-05-27T12:02:12.51Z",
    "converted-on": "2020-05-27T12:38:44.12Z",
    "followup-on": null
}
```

A vantagem dessa abordagem é que ela torna explícita a falta de dados passados. Em nenhum momento alguém pode presumir erroneamente que o fluxo de eventos captura todos os eventos de domínio que aconteceram durante o ciclo de vida da instância agregada. A desvantagem é que os vestígios do sistema antigo permanecerão para sempre no armazenamento de eventos. Por exemplo, se você estiver usando o padrão CQRS (e com o modelo de domínio orientado a eventos que muito provavelmente você mais terá), as projeções sempre terão que levar em conta os eventos de migração.

Mudanças Organizacionais

Outro tipo de mudança que pode afetar o design de um sistema é uma mudança na própria organização. O Capítulo 4 examinou diferentes padrões de integração de contextos delimitados: parceria, núcleo compartilhado, camada conformista, camada anticorrupção, serviço de host aberto e caminhos separados. As mudanças na estrutura da organização podem afetar os níveis de comunicação e a colaboração das equipes e, como resultado, as formas como os contextos delimitados devem ser integrados.

Um exemplo comum de tal mudança é o crescimento dos centros de desenvolvimento, como mostrado na Figura 11-2. Como um contexto delimitado pode ser implementado por apenas uma equipe, acrescentar novas equipes de desenvolvimento pode fazer com que os limites existentes de um contexto delimitado mais amplo se dividam em limites menores, para que cada equipe possa trabalhar em seu próprio contexto delimitado.

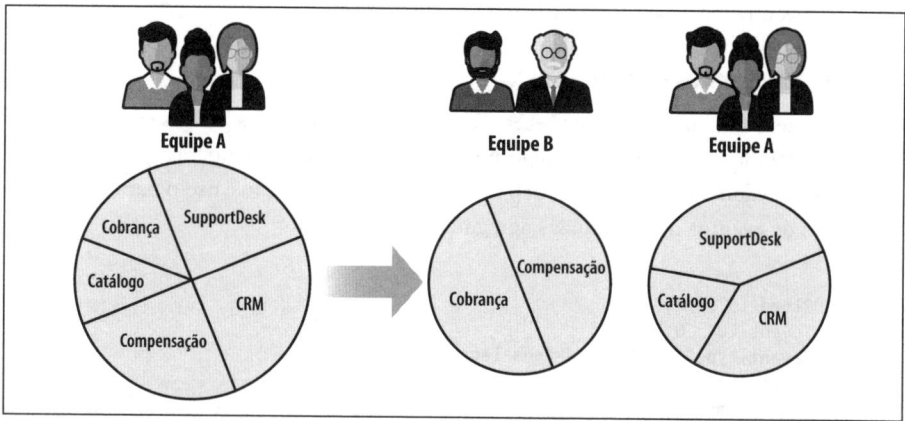

Figura 11-2. Dividindo um contexto delimitado amplo para acomodar equipes de engenharia crescentes

Além disso, os centros de desenvolvimento da organização estão frequentemente localizados em diferentes localizações geográficas. Quando o trabalho nos contextos delimitados existentes muda para outro local, isso pode ter um impacto negativo na colaboração das equipes. Como resultado, os padrões de integração dos contextos delimitados têm que evoluir de acordo, como descrito nos seguintes cenários.

Parceria entre Cliente-Fornecedor

O padrão de parceria pressupõe uma forte comunicação e colaboração entre as equipes. Com o passar do tempo, este pode deixar de ser o caso; por exemplo, quando o trabalho em um dos contextos delimitados é transferido para um centro de desenvolvimento distante. Tal mudança afetará negativamente a comunicação das equipes, e pode fazer sentido afastar-se do padrão de parceria e adotar uma relação cliente-fornecedor.

Cliente-Fornecedor para Caminhos Separados

Infelizmente, não é raro que as equipes tenham graves problemas de comunicação. Os problemas podem ser causados pela distância geográfica ou por políticas organizacionais. Tais equipes podem ter cada vez mais problemas de integração ao longo do tempo. Em algum momento, pode ser mais econômico duplicar a funcionalidade em vez de perseguir continuamente um ao outro.

Conhecimento de Domínio

Como você deve se lembrar, o princípio fundamental do domain-driven design é que o conhecimento do domínio é essencial para projetar um sistema de software de sucesso. Adquirir conhecimento de domínio é um dos aspectos mais desafiadores da engenharia de software, especialmente para os subdomínios principais. A lógica de um subdomínio principal não só é complicada, mas também se espera que mude com frequência. Além disso, a modelagem é um processo contínuo. Os modelos têm que melhorar à medida que se adquire mais conhecimento do domínio de negócio.

Muitas vezes, a complexidade do domínio de negócio está implícita. Inicialmente, tudo parece simples e direto. A simplicidade inicial é frequentemente enganosa e logo se transforma em complexidade. À medida que mais funcionalidade é acrescentada, mais e mais casos extremos, invariantes e regras são descobertos. Tais percepções são frequentemente disruptivas, exigindo a reconstrução do modelo a partir do zero, incluindo os limites dos contextos delimitados, os agregados e outros detalhes da implementação.

Do ponto de vista do design estratégico, é uma heurística útil para projetar os limites dos contextos delimitados de acordo com o nível de conhecimento do domínio. Pode ser alto o custo de decompor um sistema em contextos delimitados que, com o tempo, revelam-se incorretos. Portanto, quando a lógica de domínio não é clara e muda com frequência, faz sentido projetar contextos delimitados com limites mais amplos. Então, conforme o conhecimento de domínio é descoberto ao longo do tempo e as mudanças na lógica de negócio se estabilizam, esses contextos delimitados mais amplos podem ser decompostos em contextos delimitados mais estreitos ou *microserviços*. Discutiremos a interação entre contextos delimitados e microsserviços com mais detalhes, no Capítulo 14.

Quando um novo conhecimento de domínio é descoberto, ele deve ser utilizado para desenvolver o design e torná-lo mais resiliente. Infelizmente, as mudanças no conhecimento de domínio nem sempre são positivas: o conhecimento de domínio pode ser perdido. Com o passar do tempo, a documentação muitas vezes se torna obsoleta, as pessoas que trabalhavam no design original deixam a empresa, e novas funcionalidades são adicionadas de forma pontual até que, em algum momento, a base de código ganha o status duvidoso de um sistema antigo. É muito importante evitar tal degradação do conhecimento de domínio de forma proativa. Uma ferramenta eficaz para recuperar o conhecimento de domínio é o workshop EventStorming, que é o tópico do próximo capítulo.

Crescimento

Crescimento é sinal de um sistema saudável. Quando a nova funcionalidade é continuamente adicionada, é sinal de que o sistema é bem-sucedido: ele proporciona valor aos usuários, é expandido para atender ainda mais as suas necessidades e manter o nível de concorrência de seus produtos. Mas o crescimento tem um lado ruim. Conforme o projeto de software cresce, sua base de código pode se tornar uma grande bola de lama:

> Uma grande bola de lama é um emaranhado de código espaguete com estrutura irregular, espalhado, negligente e colado com fita adesiva. Esses sistemas mostram sinais inequívocos de crescimento desregulado, com reparos repetidos e urgentes.
> — Brian Foote e Joseph Yoder[1]

O crescimento desregulado que leva a grandes bolas de lama resulta da ampliação da funcionalidade de um sistema de software sem reavaliar suas decisões de design. O crescimento explode os limites dos componentes, ampliando cada vez mais sua funcionalidade. É crucial examinar os efeitos do crescimento sobre as decisões de design, especialmente porque muitas ferramentas de domain-driven design são sobre o estabelecimento de limites: blocos de construção de negócios (subdomínios), modelo (contextos delimitados), imutabilidade (objetos de valor) ou consistência (agregados).

O princípio orientador para lidar com a complexidade orientada pelo crescimento é identificar e eliminar a complexidade acidental: a complexidade causada por decisões de design ultrapassadas. A complexidade essencial, ou a complexidade inerente do domínio de negócio, deve ser gerenciada por meio de ferramentas e práticas de domain-driven design.

Quando discutimos o DDD nos capítulos anteriores, seguimos o processo de, primeiro, analisar o domínio de negócio e seus componentes estratégicos, projetando

---

[1] Brian Foote e Joseph Yoder. Big Ball of Mud. Quarta Conferência sobre Padrões das Linguagens de Programa (PLoP '97/EuroPLoP '97 — conteúdo em inglês), Monticello, Illinois, setembro de 1997.

os modelos relevantes do domínio de negócio, depois projetando e implementando os modelos no código. Seguiremos o mesmo roteiro para lidar com a complexidade orientada pelo crescimento.

Subdomínios

Como vimos no Capítulo 1, os limites dos subdomínios podem ser difíceis de identificar, e, como resultado, em vez de lutar por limites perfeitos, devemos nos esforçar por limites úteis, ou seja, os subdomínios devem nos permitir identificar componentes de diferentes valores de negócio e usar as ferramentas apropriadas para projetar e implementar a solução.

À medida que o domínio de negócio cresce, os limites dos subdomínios podem ficar ainda mais indefinidos, dificultando a identificação de casos de subdomínio que abrangem múltiplos subdomínios mais refinados. Portanto, é importante revisitar os subdomínios identificados e seguir a heurística de casos de uso coerente (conjuntos de casos de uso trabalhando com o mesmo conjunto de dados) para tentar identificar onde dividir um subdomínio (veja a Figura 11-3).

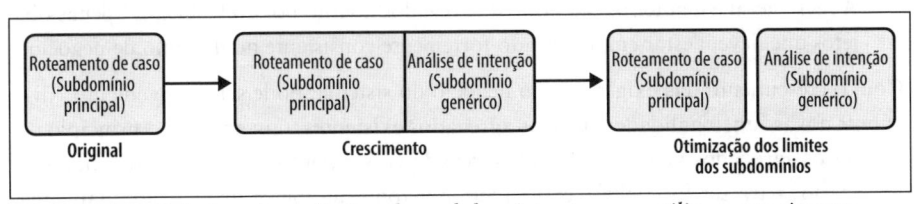

Figura 11-3. Otimizando os limites dos subdomínios para conciliar o crescimento

Se você for capaz de identificar subdomínios mais refinados de diferentes tipos, essa será uma visão importante que lhe permitirá administrar a complexidade essencial do domínio de negócio. Quanto mais precisas forem as informações sobre os subdomínios e seus tipos, mais eficaz será a escolha das soluções técnicas para cada subdomínio.

A identificação dos subdomínios internos que podem ser extraídos e explicitados é especialmente importante para os subdomínios centrais. Devemos sempre procurar extrair os subdomínios principais de todos os outros o máximo possível, para que possamos investir nosso esforço onde é mais importante do ponto de vista da estratégia do negócio.

Contextos Delimitados

No Capítulo 3, você aprendeu que o padrão de contexto delimitado nos permite utilizar diferentes modelos do domínio de negócio. Em vez de construir um modelo que "tenta resolver todos os problemas, mas acaba por não resolver nenhum", podemos construir múltiplos modelos, cada um focado em resolver um problema específico.

Conforme o projeto evolui e cresce, não é raro que os contextos delimitados percam seu foco e acumulem uma lógica relacionada a diferentes problemas. Isso é uma complexidade acidental. Como nos subdomínios, é crucial rever de tempos em tempos os limites dos contextos delimitados. Sempre busque oportunidades para simplificar os modelos, extraindo contextos delimitados que sejam muito focados em resolver problemas específicos.

O crescimento também pode explicitar os problemas de design implícito existentes. Por exemplo, você pode notar que vários contextos limitados se tornam cada vez mais "falantes" ao longo do tempo, incapazes de completar qualquer operação sem chamar outro contexto delimitado. Isso pode ser um forte sinal de um modelo ineficaz e deve ser abordado redesenhando os limites dos contextos delimitados para aumentar sua autonomia.

Agregados

Quando discutidos o padrão do modelo de domínio no Capítulo 6, utilizamos o seguinte princípio orientador para projetar os limites dos agregados:

> A regra geral é manter os tão poucos agregados quanto possível e incluir apenas objetos que devem estar em um estado fortemente consistente no domínio de negócio.

Com o crescimento das exigências do negócio do sistema, pode ser "conveniente" distribuir novas funcionalidades entre os agregados existentes, sem analisar o princípio de manter os agregados pequenos. Se um agregado cresce para incluir dados que não são necessários para ser fortemente consistente por toda sua lógica de negócio, mais uma vez, isso é uma complexidade acidental que deve ser eliminada.

A extração da funcionalidade de negócio em um agregado específico não apenas simplifica o agregado original, mas pode potencialmente simplificar o contexto delimitado ao qual ele pertence. Muitas vezes, tal refatoração descobre um modelo oculto adicional que, uma vez explícito, deve ser extraído em um contexto delimitado diferente.

Conclusão

Como Heráclito disse, a única constante na vida é a mudança. Os negócios não são exceção. Para se manterem competitivas, as empresas se esforçam constantemente para evoluir e se reinventar. Essas mudanças devem ser tratadas como elementos de excelência do processo de design.

À medida que o domínio de negócio evolui, as mudanças em seus subdomínios devem ser identificadas e atuadas no design do sistema. Verifique se suas decisões de design passadas estão alinhadas com o estado atual do domínio de negócio e seus subdomínios. Quando necessário, evolua seu design para melhor corresponder à estratégia e às necessidades atuais do negócio.

Também é importante reconhecer que as mudanças na estrutura organizacional podem afetar a comunicação e a cooperação entre as equipes e as formas de integração de seus contextos delimitados. O aprendizado sobre o domínio de negócio é um processo contínuo. Conforme descobrimos mais conhecimento de domínio ao longo do tempo, ele tem que ser utilizado para evoluir as decisões estratégicas e as táticas de design.

Por fim, o crescimento do software é um tipo de mudança desejada, mas, quando não é gerenciado corretamente, pode ter efeitos desastrosos sobre o design e a arquitetura do sistema. Portanto:

- Quando a funcionalidade de um subdomínio for expandida, tente identificar limites de subdomínios mais refinados que permitirão que você tome melhores decisões de design.
- Não permita que um contexto delimitado se torne "pau para toda obra". Certifique-se de que os modelos englobados por contextos delimitados estão focados em resolver problemas específicos.
- Certifique-se de que os limites de seus agregados sejam tão pequenos quanto possível. Use a heurística dos dados fortemente consistentes para detectar possibilidades de extrair a lógica de negócio em novos agregados.

Minhas últimas palavras de sabedoria sobre o tema são para verificar continuamente os diferentes limites em busca de sinais de complexidade orientados pelo crescimento. Busque eliminar complexidades inesperadas e usar ferramentas de domain-driven design para gerenciar a complexidade essencial do domínio de negócio.

Exercícios

1. Que tipo de mudança na integração do contexto delimitado é causado pelo crescimento organizacional?

    a. Parceria entre cliente-fornecedor (conformista, camada anticorrupção ou serviço de host aberto)

    b. Camada anticorrupção para serviço de host aberto

    c. Conformista para o núcleo compartilhado

    d. Serviço de host aberto para o núcleo compartilhado

2. Suponha que a integração dos contextos delimitados muda de uma relação conformista para formas separadas. Quais informações você pode deduzir com base na mudança?

    a. As equipes de desenvolvimento tiveram dificuldade de cooperar.

    b. A funcionalidade duplicada é um subdomínio genérico ou de suporte.

    c. A funcionalidade duplicada é um subdomínio principal.

    d. A e B.

    e. A e C.

3. Quais são os sintomas de um subdomínio de suporte que se torna um subdomínio principal?

   a. Evoluir o modelo existente e implementar novas exigências se torna mais fácil.

   b. Evoluir o modelo existente fica difícil.

   c. O subdomínio muda com maior frequência.

   d. B e C.

   e. Nenhuma das opções.

4. Qual mudança é resultado da descoberta de uma nova oportunidade de negócio?

   a. Um subdomínio de suporte se torna principal.

   b. Um subdomínio de suporte se torna genérico.

   c. Um subdomínio genérico se torna principal.

   d. Um subdomínio genérico se torna de suporte.

   e. A e B.

   f. A e C.

5. Que mudança na estratégia do negócio poderia transformar um dos subdomínios genéricos da WolfDesk (a empresa fictícia descrita no prefácio) em um subdomínio principal?

CAPÍTULO 12

EventStorming

Neste capítulo, faremos um intervalo na discussão sobre padrões de técnicas de design de software. Em vez disso, focaremos um processo de modelagem de baixa tecnologia chamado *EventStorming*. Esse processo reúne os principais aspectos do domain-driven design que abordamos nos capítulos anteriores.

Aprenderemos sobre o processo de EventStorming, como facilitar um workshop de EventStorming e como aproveitar o EventStorming para compartilhar o conhecimento de domínio e construir uma linguagem ubíqua de maneira mais eficaz.

O que é EventStorming?

O EventStorming é uma atividade de baixa tecnologia em que um grupo de pessoas pode fazer brainstorming e modelar rapidamente um processo de negócio. Em certo sentido, EventStorming é uma ferramenta tática para compartilhar o conhecimento do domínio de negócio.

Uma sessão de EventStorming tem um *escopo*: o processo de negócio que o grupo está interessado em explorar. Os participantes exploram o processo como uma série de eventos de domínio, representados por notas adesivas, ao longo de uma linha de tempo. Passo a passo, o modelo é aprimorado com conceitos adicionais (atores, comandos, sistemas externos e outros) até que todos os seus elementos contem a história de como o processo de negócios funciona.

Quem Deve Participar do EventStorming?

> *Lembre-se de que o objetivo do workshop é aprender o máximo possível com o mínimo de tempo. Convidamos pessoas-chave para o workshop e não queremos desperdiçar o precioso tempo delas.*
>
> — Alberto Brandolini, criador do workshop de *EventStorming*

O ideal é que um grupo diverso de pessoas participe do workshop. Na verdade, qualquer pessoa relacionada ao domínio de negócio em questão pode participar: engenheiros, especialistas de domínio, proprietários do produto, testadores, designer de UI/UX, pessoal de suporte etc. Quanto mais pessoas com históricos diferentes forem envolvidas, mais conhecimento será descoberto.

Porém, cuidado para não deixar o grupo muito grande. Todos os participantes devem conseguir contribuir para o processo, mas isso pode ser desafiador para grupos com mais de dez participantes.

O que É Necessário para o EventStorming?

O EventStorming é considerado um workshop de baixa tecnologia, pois é feito utilizando caneta e papel — muito papel. Vejamos do que você precisará para realizar uma sessão de EventStorming:

Espaço de modelagem

Em primeiro lugar, você precisará de um grande espaço de modelagem. Uma parede inteira coberta com papel pardo é o melhor espaço de modelagem, como mostra a Figura 12-1. Um grande quadro branco pode ser uma boa opção também, mas ele precisa ser tão grande quanto possível — você precisará de todo o espaço de modelagem de que puder dispor.

Notas adesivas

A seguir, você precisa de muitas notas adesivas de cores diferentes. As notas serão usadas para representar diferentes conceitos do domínio de negócio, e cada participante deve ser capaz de adicioná-las livremente, portanto tenha cores e quantidade suficientes para todos. As cores tradicionalmente usadas para o EventStorming são descritas na próxima seção [cores não mostradas na impressão do livro]. É melhor ater-se a essas convenções, se possível, para ser consistente com todos os livros e treinamentos do EventStorming atualmente disponíveis.

Marcadores de texto

Você também precisará de marcadores de texto que possa usar para escrever nas notas adesivas. Mais uma vez, os materiais não devem ser um empecilho para o compartilhamento de conhecimento — deve haver marcadores suficientes para todos os participantes.

Petiscos

Uma sessão de EventStorming típica dura de duas a quatro horas, então traga alguns petiscos saudáveis para reabastecer as energias.

Sala

Por fim, você precisará de uma sala espaçosa. Verifique se não há uma enorme mesa no meio que impeça os participantes de se moverem livremente e observar o espaço de modelagem. Também não deve haver cadeiras nas sessões de EventStorming. As pessoas devem participar e compartilhar conhecimento, e não ficar sentadas em um canto e se distraírem. Portanto, se possível, tire as cadeiras da sala.[1]

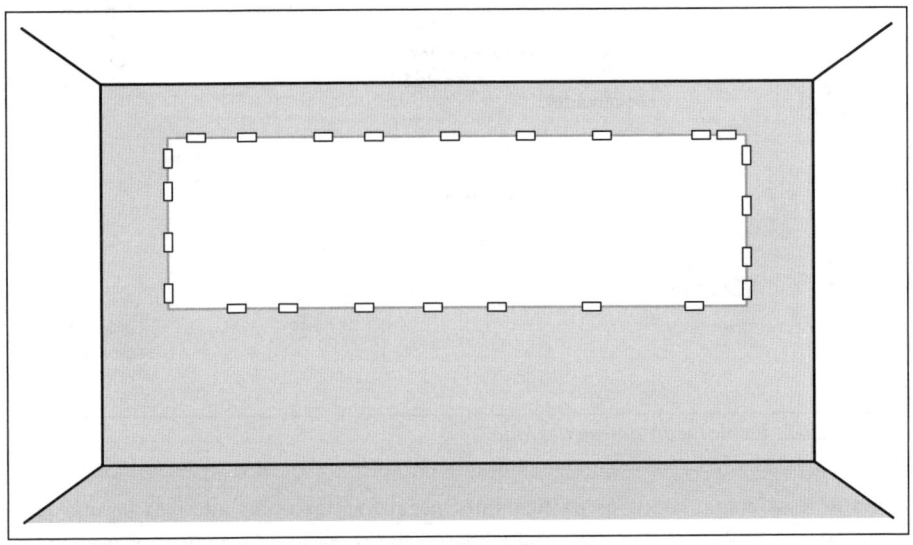

Figura 12-1. Espaço de modelagem para o EventStorming

O Processo do EventStorming

Um workshop de EventStorming é geralmente conduzido em dez etapas. Durante cada etapa, o modelo é enriquecido com informações e conceitos adicionais.

Etapa 1: Exploração Desestruturada

O EventStorming começa com um brainstorming dos eventos de domínio relacionados ao domínio de negócios sendo explorado. Um *evento de domínio* é algo interessante que aconteceu no negócio. É importante formular eventos de domínio no passado (veja a Figura 12-2); eles descrevem coisas que já aconteceram.

---

[1] Obviamente, não é uma regra rígida. Deixe algumas cadeiras se alguns participantes tiverem dificuldade de ficar de pé por muito tempo.

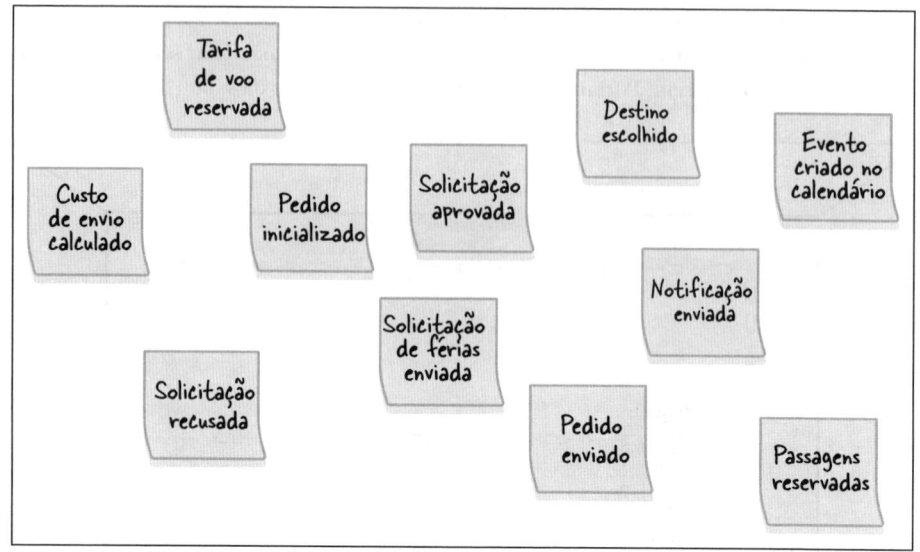

Figura 12-2. Exploração desestruturada

Durante essa etapa, todos os participantes pegam várias notas adesivas laranja [em todas as ocorrências, a cor não é mostrada no livro], anotando quaisquer eventos de domínio que venham à mente, e colando-as na superfície de modelagem.

Nessa fase inicial, não há necessidade de se preocupar com os eventos de pedidos ou mesmo com a redundância. Essa etapa tem tudo a ver com o brainstorming das possíveis coisas que podem acontecer no domínio de negócio.

O grupo deve continuar gerando eventos de domínio até que a taxa de adição de novos eventos diminua significativamente.

Etapa 2: Linhas do Tempo

Em seguida, os participantes examinam os eventos de domínio gerados e os organizam na ordem em que acontecem no domínio de negócio.

Os eventos devem começar com o "cenário do caminho feliz": o fluxo que descreve um cenário de negócio bem-sucedido.

Uma vez feito o "caminho feliz", cenários alternativos podem ser acrescentados; por exemplo, caminhos onde são encontrados erros ou onde são tomadas diferentes decisões de negócio. A ramificação do fluxo pode ser expressa como dois fluxos provenientes do evento anterior ou com setas desenhadas na superfície de modelagem, como mostrado na Figura 12-3.

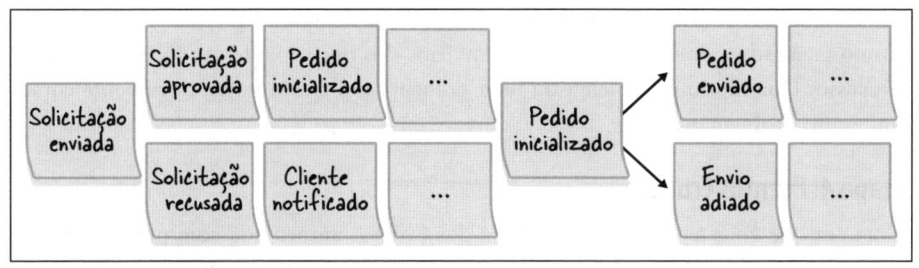

Figura 12-3. Fluxos dos eventos

Essa etapa também é o momento de corrigir os eventos incorretos, remover as duplicatas e, naturalmente, adicionar eventos ausentes, se necessário.

Etapa 3: Pontos Problemáticos

Uma vez que os eventos estejam organizados em uma linha do tempo, use essa visão ampla para identificar pontos no processo que requeiram atenção. Podem ser gargalos, etapas manuais que precisam de automação, documentação ausente ou conhecimento de domínio em falta.

É importante explicitar essas ineficiências para que seja fácil retornar a elas à medida que a sessão de EventStorming avança ou tratá-las posteriormente. Os pontos problemáticos são marcados com notas adesivas cor-de-rosa giradas (losango), como ilustrado na Figura 12-4.

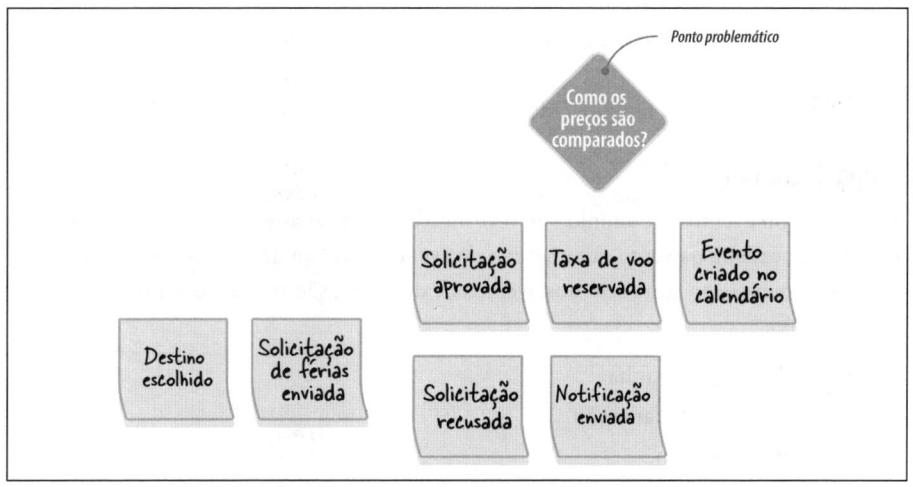

Figura 12-4. Uma nota adesiva rosa em losango, apontando um aspecto do processo que requer atenção: conhecimento de domínio ausente sobre como os preços das tarifas aéreas são comparados durante o processo de reserva

É claro que essa etapa não é a única oportunidade de rastrear os pontos problemáticos. Como facilitador, esteja atento aos comentários dos participantes ao longo de todo o processo. Quando um problema ou uma preocupação é levantada, documente como um ponto problemático.

Etapa 4: Eventos Cruciais

Uma vez que você tenha uma cronologia dos eventos aumentada com pontos problemáticos, procure por eventos comerciais significativos que indiquem uma mudança no contexto ou na fase. São os chamados *eventos cruciais* e são marcados com uma barra vertical que divide os eventos antes e depois do evento crucial.

Por exemplo, "carrinho de compras inicializado", "pedido inicializado", "pedido enviado", "pedido entregue" e "pedido devolvido" representam mudanças significativas no processo de fazer um pedido, como mostra a Figura 12-5.

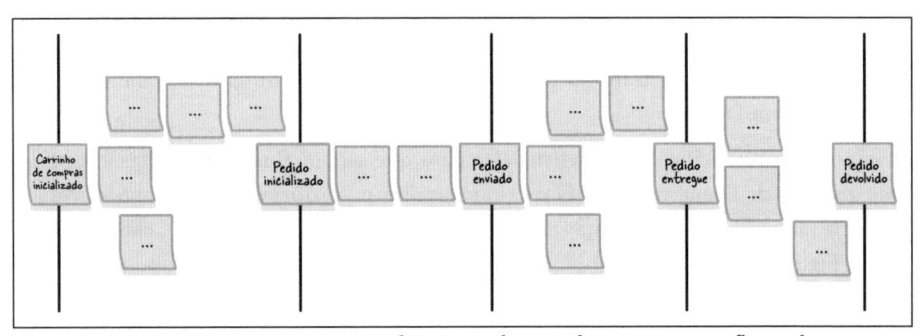

Figura 12-5. Eventos cruciais que indicam mudanças de contexto no fluxo de eventos

Os eventos cruciais são um indicador de possíveis limites no contexto delimitado.

Etapa 5: Comandos

Enquanto um evento de domínio descreve algo que já aconteceu, um *comando* descreve o que desencadeou o evento ou um fluxo de eventos. Os comandos descrevem as operações do sistema e, ao contrário dos eventos de domínio, são formulados no imperativo. Por exemplo:

- Publique campanha
- Reverta uma transação
- Envie o pedido

Os comandos são escritos em notas adesivas azul-claras e colocados no espaço de modelagem antes dos eventos que eles podem produzir. Se determinado comando é executado por um ator em um papel específico, a informação do ator é adicionada ao comando em uma pequena nota adesiva amarela, como ilustrado na Figura 12-6. O ator representa um usuário dentro do domínio de negócio, tal como cliente, administrador ou editor.

Naturalmente, nem todos os comandos terão um ator associado. Portanto acrescente as informações do ator somente onde for óbvio. Na próxima etapa, aumentaremos o modelo com entidades adicionais que podem disparar comandos.

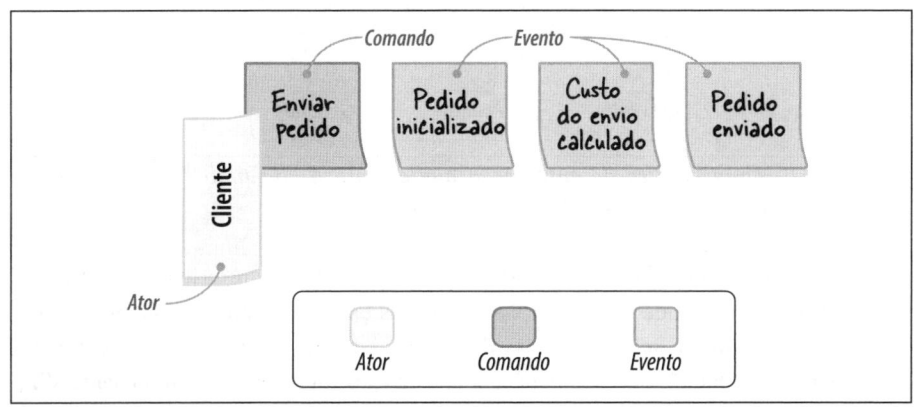

Figura 12-6. O comando "Enviar pedido", executado por um cliente (ator) e seguido dos eventos "Pedido inicializado", "Custo do envio calculado e "Pedido enviado"

Etapa 6: Políticas

Quase sempre, alguns comandos são adicionados ao modelo, mas não têm nenhum ator específico associado a eles. Durante essa etapa, buscaremos políticas de automação que possam executar esses comandos.

Uma *política de automação* é um cenário no qual um evento dispara a execução de um comando, ou seja, um comando é automaticamente executado quando um evento de domínio específico acontece.

Na superfície de modelagem, as políticas são representadas em notas adesivas lilás que conectam os eventos aos comandos, como mostra a nota "Política" na Figura 12-7.

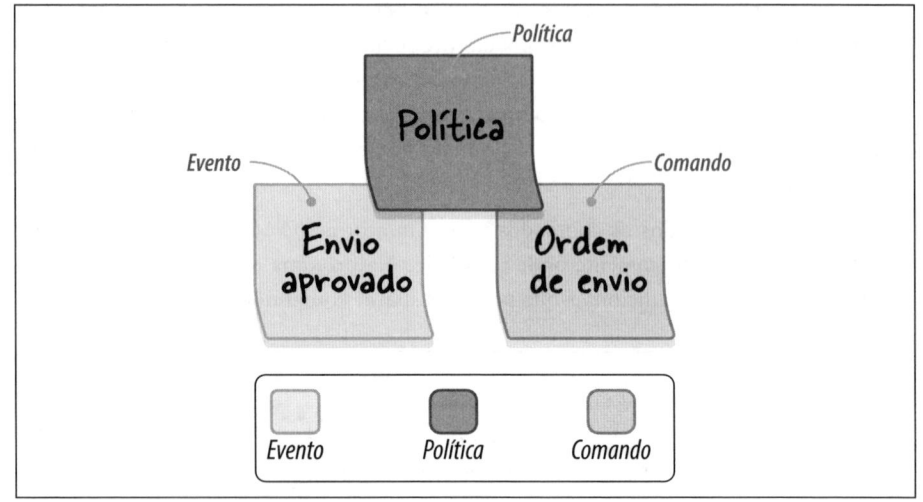

Figura 12-7. Uma política de automação que dispara o comando "Enviar pedido" quando o evento "Envio aprovado" é observado.

Se o comando em questão só deve ser disparado quando alguns critérios de decisão são atendidos, você pode especificar esses critérios explicitamente na nota adesiva da política. Por exemplo, se você precisa disparar o comando escalate após o evento "reclamação recebida", mas somente se a reclamação foi recebida de um cliente VIP, pode declarar explicitamente a condição "somente para clientes VIP" na nota adesiva da política.

Se os eventos e os comandos estiverem muito distantes, você pode desenhar uma seta na superfície de modelagem para conectá-los.

Etapa 7: Modelos de Leitura

Um modelo de leitura é a visão dos dados dentro do domínio que o ator utiliza para tomar a decisão de executar um comando. Pode ser uma das telas do sistema, um relatório, uma notificação e assim por diante.

Os modelos de leitura são representados por notas adesivas verdes (veja a nota "Carrinho de compras" na Figura 12-8) com uma breve descrição da fonte de informação necessária para auxiliar a decisão do ator. Como um comando é executado após o ator ter visto o modelo de leitura, na superfície de modelagem, os modelos de leitura são posicionados antes dos comandos.

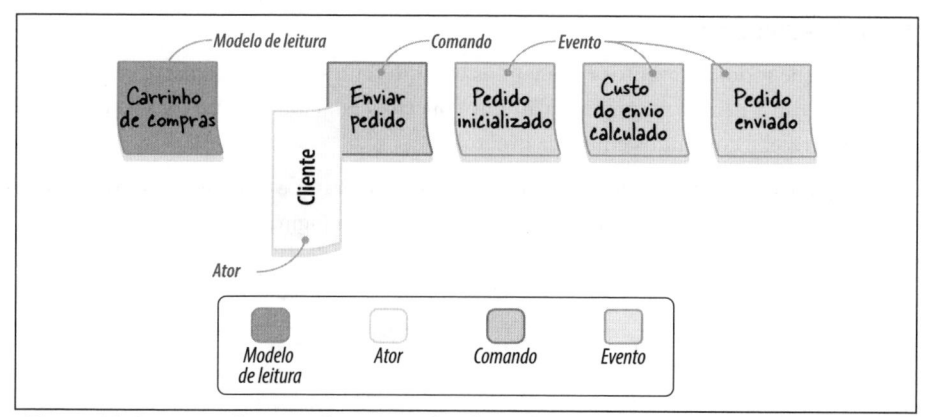

Figura 12-8. A visualização do "Carrinho de compras" (modelo de leitura) necessária para que o cliente (ator) tome a decisão de realizar o pedido (comando)

Etapa 8: Sistemas Externos

Essa etapa é sobre aumentar o modelo com sistemas externos. Um *sistema externo* é definido como qualquer sistema que não faz parte do domínio que está sendo explorado. Ele pode executar comandos (entrada) ou pode ser notificado sobre os eventos (saída).

Os sistemas externos são representados por notas adesivas cor-de-rosa. Na Figura 12-9, o CRM (sistema externo) dispara a execução do comando "Enviar pedido". Quando o envio é aprovado (evento), ele é comunicado ao CRM (sistema externo) através de uma política.

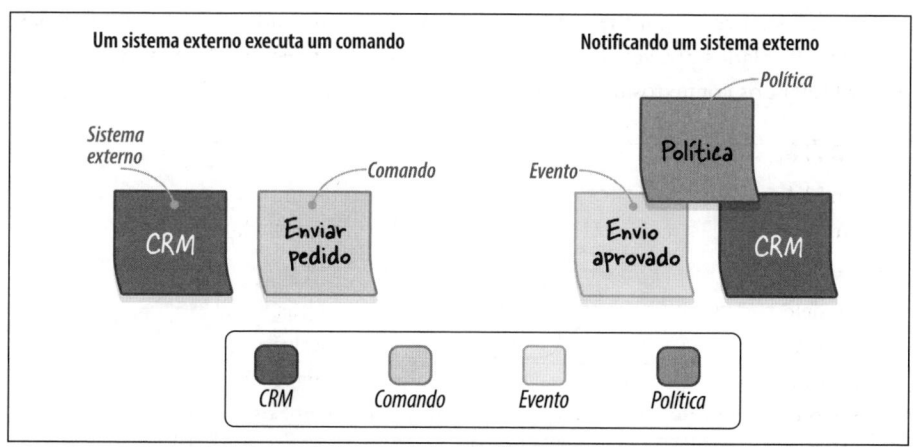

Figura 12-9. Sistema externo disparando a execução de um comando (esquerda) e a aprovação do evento sendo comunicada ao sistema externo (direita)

Ao final dessa etapa, todos os comandos devem ser executados pelos atores, disparados pelas políticas ou chamados pelos sistemas externos.

Etapa 9: Agregados

Uma vez que todos os eventos e comandos estejam representados, os participantes podem começar a pensar na organização dos conceitos relacionados nos agregados. Um *agregado* recebe comandos e produz eventos.

Os agregados são representados em notas adesivas amarelas e grandes, com os comandos à esquerda e os eventos à direita, como ilustrado na Figura 12-10.

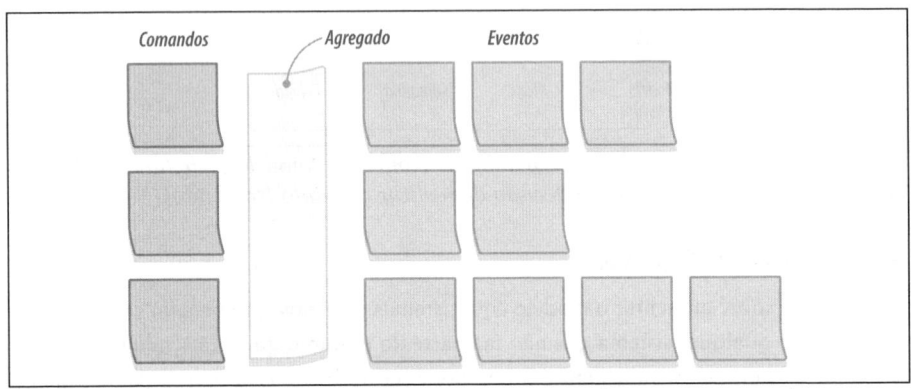

Figura 12-10. Comandos e eventos de domínio organizados em um agregado

Etapa 10: Contextos Delimitados

A última etapa de uma sessão de EventStorming é procurar agregados que estejam relacionados entre si, porque representam funcionalidades intimamente relacionadas ou estão acoplados através de políticas. Os grupos de agregados formam candidatos naturais para os contextos delimitados, como mostra a Figura 12-11.

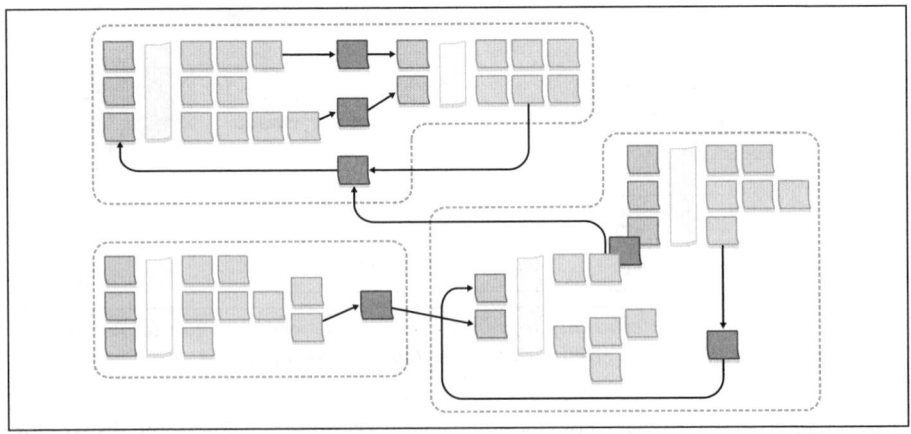

Figura 12-11. Uma possível decomposição do sistema resultante nos contextos delimitados

Variantes

Alberto Brandolini, criador do workshop de EventStorming, define esse processo como *"orientação, não regras rígidas"*. Você está livre para experimentar o processo para encontrar a "receita" que funciona melhor no seu caso.

Em minha experiência, ao introduzir o EventStorming em uma organização, prefiro começar explorando o panorama geral do domínio de negócio, seguindo as etapas de 1 (exploração caótica) até 4 (eventos cruciais). O modelo resultante cobre uma ampla gama do domínio de negócios da empresa, constrói uma base sólida para as linguagens ubíquas e delineia possíveis limites para os contextos delimitados.

Depois de obter o quadro geral e identificar os diferentes processos de negócio, continuamos a realizar uma sessão de EventStorming específica para cada processo de negócios relevante — desta vez, seguindo todos as etapas para modelar o processo completo.

Ao final de uma sessão completa de EventStorming, você terá um modelo que descreve eventos, comandos, agregados e até mesmo possíveis contextos delimitados do domínio de negócio. No entanto, todos são apenas belos bônus. O real valor de uma sessão de EventStorming é o próprio processo — o compartilhamento de conhecimento entre as diferentes partes interessadas, o alinhamento de seus modelos mentais do negócio, a descoberta de modelos conflitantes e, por último, mas não menos importante, a formulação da linguagem ubíqua.

O modelo resultante pode ser adotado como base para a implementação de um modelo de domínio orientado a eventos. A decisão de seguir ou não esse caminho depende de seu domínio de negócio. Se você decidir implementar o modelo de domínio orientado a eventos, terá os limites do contexto delimitado, os agregados e, claro, o plano dos eventos de domínio obrigatórios.

Quando Utilizar o EventStorming

O workshop pode ser realizado por muitas razões:

Construir uma linguagem ubíqua
> À medida que o grupo coopera na construção do modelo do processo de negócio, ele instintivamente sincroniza a terminologia e começa a usar a mesma linguagem.

Modelar o processo de negócio
> Uma sessão de EventStorming é uma forma eficaz de construir um modelo do processo de negócio. Por ser baseado em blocos de construção orientados pelo DDD, também é uma forma eficaz de descobrir os limites dos agregados e dos contextos delimitados.

Explorar novos requisitos de negócio

Podemos utilizar o EventStorming para nos certificar de que todos os participantes estejam em sincronia com relação à nova funcionalidade e revelar casos extremos não cobertos pelos requisitos de negócio.

Recuperar o conhecimento de domínio

Com o tempo, o conhecimento de domínio pode se perder. Isso é especialmente acentuado nos sistemas antigos que requerem modernização. O EventStorming é uma maneira eficaz de mesclar o conhecimento de cada participante em um único quadro coerente.

Explorar formas de melhorar um processo de negócio existente

Ter uma visão de ponta a ponta do processo de negócio fornece a perspectiva necessária para perceber as ineficiências e as oportunidades para melhorar o processo.

Integrar novos membros da equipe

Facilitar uma sessão de EventStorming com novos membros da equipe é uma ótima forma de expandir seu conhecimento de domínio.

Além de falar sobre quando usar, é importante mencionar quando não usar o EventStorming. Ele terá menos sucesso quando o processo de negócio que você está explorando é simples ou óbvio, como seguir uma série de etapas sequenciais sem nenhuma lógica ou complexidade de negócio interessante.

Dicas de Realização

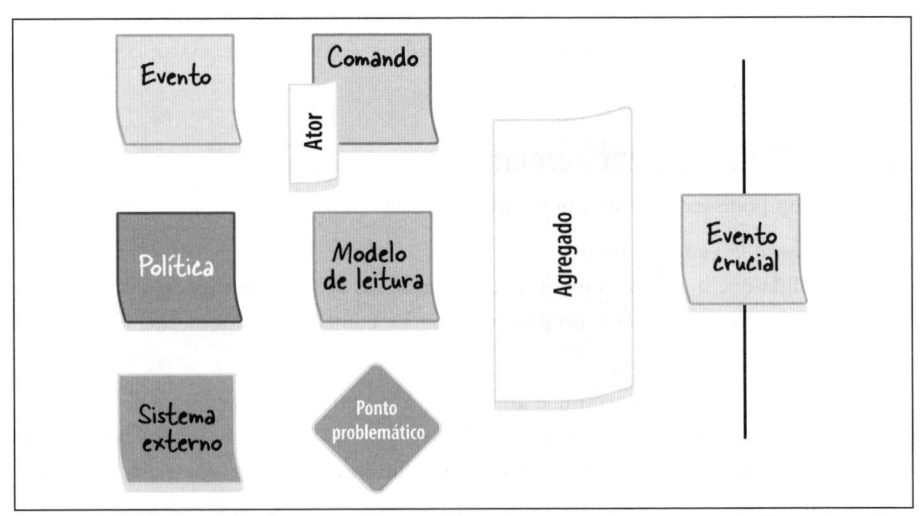

Figura 12-12. Legenda descrevendo os vários elementos do processo de EventStoming escritos nas notas adesivas correspondentes

Ao facilitar uma sessão de EventStorming com um grupo de pessoas que nunca fez o EventStorming antes, prefiro começar com uma rápida visão geral do processo. Explico o que estamos prestes a fazer, o processo de negócio que iremos explorar e os elementos de modelagem que usaremos no workshop. Ao passarmos pelos elementos — eventos de domínio, comandos, atores etc. —, construímos uma legenda, ilustrada na Figura 12-12, usando as notas adesivas que usaremos e rótulos para ajudar os participantes a lembrarem o código de cores. A legenda deve ser visível para todos os participantes durante o workshop.

Cuidado com a Dinâmica

À medida que o workshop avança, é importante controlar a energia do grupo. Se a dinâmica diminui, veja se você pode reacender o processo fazendo perguntas ou se é hora de avançar para a próxima etapa do workshop.

Lembre-se de que o EventStorming é uma atividade em grupo, portanto certifique-se de que seja tratado como tal. Garanta que todos tenham uma chance de participar da modelagem e da discussão. Se notar que alguns participantes estão se afastando do grupo, tente envolvê-los no processo, fazendo perguntas sobre o estado atual do modelo.

O EventStorming é uma atividade intensa e, em algum momento, o grupo precisará de uma pausa. Não retome a sessão até que todos os participantes estejam de volta à sala. Retome o processo passando pelo estado atual do modelo para devolver ao grupo um clima de modelagem colaborativa.

EventStorming Remoto

O EventStorming foi inventado como uma atividade de baixa tecnologia na qual as pessoas interagem e aprendem juntas na mesma sala. O criador do workshop, Alberto Brandolini, frequentemente se opôs à realização do EventStorming à distância, porque é impossível alcançar os mesmos níveis de participação e, portanto, colaboração e compartilhamento de conhecimento, quando o grupo não está junto.

Entretanto, com o início da pandemia da Covid-19, em 2020, tornou-se impossível ter reuniões presenciais e fazer o EventStorming como era para ser feito. Várias ferramentas tentaram permitir a colaboração e a facilitação das sessões de EventStorming remotas. Na época desta redação, a mais notável delas é o miro.com. Seja mais paciente ao fazer o EventStorming online e leve em conta a comunicação menos eficaz resultante.

Além disso, minha experiência mostra que as sessões de EventStorming remoto são mais eficazes com menos participantes. Embora até dez pessoas possam participar de uma sessão de EventStorming presencial, prefiro limitar as sessões online a cinco participantes. Quando precisar de mais participantes para contribuir com seus conhecimentos, você pode realizar várias sessões e, posteriormente, comparar e mesclar os modelos resultantes.

Assim que a situação permitir, volte a fazer o EventStorming presencial.

Conclusão

EventStorming é um workshop de colaboração para a modelagem de processos de negócio. Além dos modelos resultantes, seu principal benefício é o compartilhamento de conhecimento. Ao final da sessão, todos os participantes sincronizarão seus modelos mentais do processo de negócio e darão os primeiros passos para usar uma linguagem ubíqua.

O EventStorming é como andar de bicicleta. É muito mais fácil aprender fazendo do que ler sobre isso em um livro. No entanto, o workshop é divertido e fácil de realizar. Você não precisa ser faixa preta em EventStorming para começar. Basta realizar a sessão, seguir os passos e aprender durante o processo.

Exercícios

1. Quem deve ser convidado para uma sessão de EventStorming?

   a. Engenheiros de software

   b. Especialistas de domínio

   c. Engenheiros de QA

   d. Todos os envolvidos que tenham conhecimento sobre o domínio de negócio que você quer explorar

2. Qual atividade é uma boa oportunidade para realizar uma sessão de EventStorming?

   a. Construir uma linguagem ubíqua.

   b. Explorar um novo domínio de negócio.

   c. Recuperar o conhecimento perdido de um projeto brownfield.

   d. Apresentar novos membros da equipe.

   e. Descobrir novas formas de otimizar o processo de negócio.

   f. Todas as opções acima estão corretas.

3. Quais resultados podemos esperar de uma sessão de EventStorming?

   a. Uma melhor compreensão compartilhada do domínio de negócio

   b. Uma base forte para a linguagem ubíqua

   c. Pontos em branco descobertos no entendimento do domínio de negócio

   d. Um modelo baseado em eventos que possa ser usado para implementar um modelo de domínio

   e. Todos os itens acima, dependendo do objetivo da sessão

CAPÍTULO 13

Domain-Driven Design na Prática

Falamos sobre ferramentas de domain-driven design para analisar domínios de negócio, compartilhar conhecimentos e tomar decisões de design estratégico e tático. Imagine como será divertido aplicar esse conhecimento na prática. Iremos considerar um cenário em que você trabalha em um projeto greenfield. Todos os seus colegas de trabalho têm um forte domínio de domain-driven design e, desde o início, todos estão fazendo o melhor para projetar modelos eficazes e, claro, estão usando a linguagem ubíqua. À medida que o projeto avança, os limites dos contextos delimitados são explícitos e eficazes na proteção dos modelos de domínio de negócio. Finalmente, como todas as decisões de design tático estão alinhadas com a estratégia do negócio, a base de código está sempre em grande forma: ela fala a linguagem ubíqua e implementa os padrões de design que se conciliam à complexidade do modelo. Agora, acorde.

Suas chances de vivenciar as condições de laboratório que acabei de descrever são quase tão boas quanto ganhar na loteria. Claro, é possível, mas não provável. Infelizmente, muitas pessoas acreditam erroneamente que o domain-driven design só pode ser aplicado em projetos greenfield e em condições ideais nas quais todos da equipe são faixa preta em DDD. Ironicamente, os projetos que mais podem se beneficiar do DDD são os projetos brownfield: aqueles que já provaram sua viabilidade comercial e precisam de uma reorganização para combater o débito técnico acumulado e a entropia do design. Por coincidência, trabalhar em tais bases de códigos brownfield, antigas e grandes bolas de lama é onde passamos a maior parte de nossas carreiras de engenharia de software.

Outro equívoco comum sobre o DDD é que seja uma proposta de tudo ou nada — você aplica todas as ferramentas que a metodologia tem a oferecer ou não é domain-driven design. Isso não é verdade. Pode parecer muito difícil dominar todos esses conceitos, e mais difícil ainda implementá-los na prática. Por sorte, você não precisa aplicar todos os padrões e práticas para se beneficiar do domain-driven design. Isso é especialmente verdadeiro para projetos brownfield, em que é praticamente impossível introduzir todos os padrões e práticas em um prazo razoável.

Neste capítulo, você aprenderá estratégias para aplicar ferramentas e padrões de domain-driven design no mundo real, inclusive em projetos brownfield e ambientes menos ideais.

Análise Estratégica

Seguindo a ordem de nossa exploração de padrões e práticas de domain-driven design, o melhor ponto de partida para introduzir o DDD em uma organização é investir tempo na compreensão da estratégia de negócio da organização e do estado atual da arquitetura de seus sistemas.

Entenda o Domínio de Negócio

Primeiro, identifique o domínio de negócio da empresa:

- Quais são os domínios de negócio da empresa?
- Quem são seus clientes?
- Que serviço, ou valor, a organização proporciona a seus clientes?
- Com quais empresas ou produtos a empresa está concorrendo?

Responder a essas perguntas lhe dará uma visão geral dos objetivos de alto nível da empresa. Em seguida, "dê um zoom" no domínio e procure os blocos de construção do negócio que a organização emprega para atingir seus objetivos de alto nível: os subdomínios.

Uma boa heurística inicial é o organograma da empresa: seus departamentos e outras unidades organizacionais. Examine como essas unidades cooperam para permitir que a empresa possa competir nesse domínio de negócio.

Além disso, procure sinais dos tipos específicos de subdomínios.

Subdomínios principais

Para identificar os subdomínios principais da empresa, busque aquilo que a diferencia de sua concorrência:

- A empresa tem um "tempero secreto" que a concorrência não tem? Por exemplo, propriedade intelectual, como patentes e algoritmos projetados internamente?
- Não se esqueça que a vantagem competitiva e, portanto, os domínios principais não são necessariamente técnicos. A empresa tem uma vantagem competitiva que não é técnica? Por exemplo, a habilidade de contratar funcionários de alto nível, produzir um design artístico único etc.?

Outra heurística poderosa, mas infeliz para os subdomínios principais, é a identificação dos componentes de software com o pior design, ou seja, as grandes bolas de lama que todos os engenheiros odeiam, mas que o negócio não está disposto a reescrever do zero por causa do risco. O importante aqui é que o sistema antigo não pode ser substituído por um sistema pronto — seria um subdomínio genérico —, e qualquer modificação nele implica riscos para o negócio.

Subdomínios genéricos

Para identificar os subdomínios genéricos, procure por soluções prontas, serviços de assinatura ou integração do software de código aberto. Como você aprendeu no Capítulo 1, as mesmas soluções prontas devem estar disponíveis para as empresas concorrentes, e as empresas que utilizam a mesma solução não devem ter impacto comercial em sua empresa.

Subdomínios de suporte

Para os subdomínios de suporte, procure os componentes de software restantes que não podem ser substituídos por soluções prontas, mas que ainda não fornecem diretamente uma vantagem competitiva. Se o código está em forma bruta, ele desencadeia uma resposta menos emocional dos engenheiros de software, uma vez que muda com pouca frequência. Assim, os efeitos do design de software não ideal são menos severos quanto aos subdomínios principais.

Não é necessário identificar todos os subdomínios principais. Não seria prático nem possível fazê-lo, mesmo para uma empresa de médio porte. Em vez disso, identifique a estrutura geral, mas preste mais atenção aos subdomínios que são mais relevantes para os sistemas de software em que você está trabalhando.

Explore o Design Atual

Uma vez familiarizado com o domínio do problema, você pode continuar a investigar a solução e as decisões de design. Primeiro, comece com os componentes de alto nível. Não estou necessariamente falando dos contextos delimitados no sentido do DDD, mas dos limites utilizados para decompor o domínio de negócio em subsistemas.

A propriedade característica a ser procurada são os ciclos de vida desacoplados dos componentes. Mesmo que os subsistemas sejam gerenciados no mesmo repositório de controle da fonte (mono-repo) ou se todos os componentes residem em uma única base de código monolítico, verifique qual pode ser desenvolvido, testado e implantado independentemente dos outros.

Avalie o design tático

Para cada componente de alto nível, verifique quais subdomínios de negócio ele contém e quais decisões técnicas de design foram tomadas: quais padrões são usados para implementar a lógica de negócio e definir a arquitetura do componente?

A solução é adequada para a complexidade do problema? Há áreas onde são necessários padrões de design mais elaborados? Por outro lado, há subdomínios onde é possível aparar as arestas ou usar soluções já prontas? Use essas informações para tomar decisões estratégicas e utilizar táticas mais inteligentes.

Avalie o design estratégico

Use o conhecimento dos componentes de alto nível para traçar o mapa de contexto do design atual, como se esses componentes de alto nível fossem contextos delimitados. Identifique e rastreie as relações entre os componentes em termos de padrões de integração de contextos delimitados.

Finalmente, analise o mapa de contexto resultante e avalie a arquitetura a partir de uma perspectiva de domain-driven design. Existem decisões estratégicas de design não ideais? Por exemplo:

- Múltiplas equipes trabalhando no mesmo componente de alto nível
- Implementações de subdomínios principais duplicadas
- Implementação de um subdomínio principal por uma empresa terceirizada
- Atrito por causa de uma integração que falha com frequência
- Modelos inconvenientes, desde serviços externos até sistemas antigos

Essas percepções são um bom ponto de partida para o planejamento da estratégia de modernização do design. Mas, primeiro, dado esse conhecimento mais profundo do problema (domínio de negócio) e da solução (design atual) dos espaços, busque o conhecimento de domínio perdido. Como visto no Capítulo 11, o conhecimento do domínio de negócio pode se perder por vários motivos. O problema é generalizado e agudo nos subdomínios principais, em que a lógica de negócio é complexa e crítica. Se você encontrar tais casos, realize sessões de EventStorming para tentar recuperar o conhecimento. Além disso, use a sessão de EventStorming como base para cultivar uma linguagem ubíqua.

Estratégia de Modernização

Os esforços da "grande reescrita", nos quais os engenheiros tentam reescrever o sistema do zero, desta vez projetando e implementando todo o sistema corretamente, raramente são bem-sucedidos. É ainda mais raro que a gerência apoie tais reformas arquitetônicas.

Uma abordagem mais segura para melhorar o projeto dos sistemas existentes é pensar grande, mas começar pequeno. Como diz Eric Evans, nem todo sistema grande será bem projetado. Isso é um fato que temos que aceitar e, portanto, devemos decidir estrategicamente onde investir em termos de esforços de modernização. Um pré-requisito para tomar essa decisão é ter limites que dividam os subdomínios do sistema. Os limites não precisam ser físicos, fazendo com que cada subdomínio seja um contexto totalmente delimitado. Em vez disso, comece verificando se pelo menos os limites lógicos (namespace, módulos e pacotes, dependendo da pilha de tecnologia) estão alinhados com os limites dos subdomínios, como mostra a Figura 13-1.

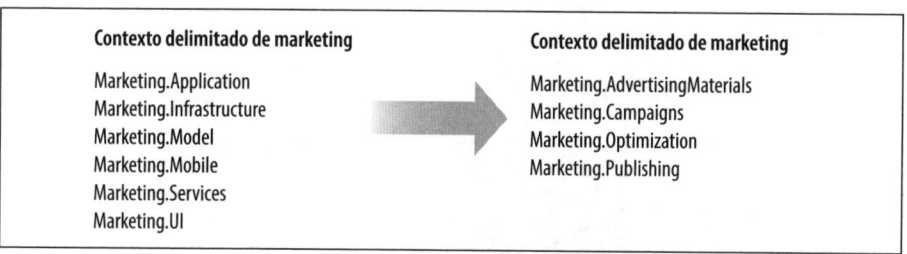

Figura 13-1. Reorganizando os módulos do contexto delimitado para refletir os limites dos subdomínios de negócio em vez dos padrões técnicos de implementação

O ajuste dos módulos do sistema é uma forma relativamente segura de refatoração. Você não está modificando a lógica de negócio, apenas reposicionando os tipos em uma estrutura mais bem organizada. Dito isso, garanta que as referências por nomes completos dos tipos, como carregamento dinâmico de bibliotecas, reflexão etc., não estejam quebradas.

E mais, mantenha o controle da lógica de negócio dos subdomínios implementados em diferentes bases de código, procedimentos armazenados em um banco de dados, funções sem servidor etc. Introduza novos limites também nessas plataformas. Por exemplo, se parte da lógica é tratada nos procedimentos armazenados no banco de dados, renomeie os procedimentos para refletir o módulo ao qual pertencem ou introduza um esquema de banco de dados dedicado e realoque os procedimentos armazenados.

Modernização Estratégica

Como visto no Capítulo 10, pode ser arriscado decompor prematuramente o sistema nos menores contextos delimitados possíveis. Detalharemos mais os contextos delimitados e os microsserviços no próximo capítulo. Por enquanto, procure onde o maior valor pode ser obtido ao transformar os limites lógicos em limites físicos. O processo de extrair um contexto delimitado transformando um limite lógico em um limite físico é mostrado na Figura 13-2.

Perguntas a fazer:

- Várias equipes trabalham na mesma base de código? Se sim, desacople os ciclos de vida do desenvolvimento, definindo contextos delimitados para cada equipe.
- Há modelos conflitantes sendo utilizados por diferentes componentes? Se sim, realoque-os em contextos delimitados separados.

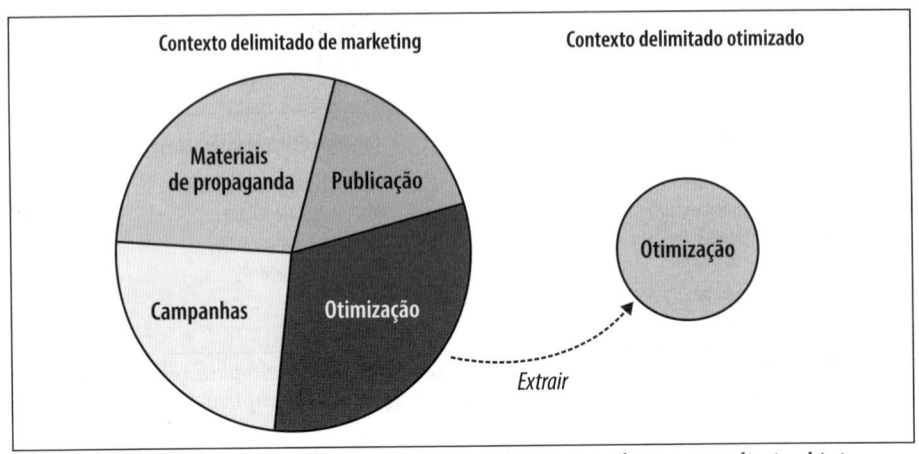

Figura 13-2. Extraindo um contexto delimitado ao transformar um limite lógico em um limite físico

Quando os contextos delimitados mínimos exigidos estiverem em vigor, examine as relações e os padrões de integração entre eles. Veja como as equipes que trabalham em diferentes contextos delimitados se comunicam e colaboram. Em especial quando se comunicam por meio de uma integração específica ou de um núcleo compartilhado, as equipes têm objetivos compartilhados e níveis adequados de colaboração?

Preste atenção aos problemas que os padrões de integração de contexto podem resolver:

Relações do cliente-fornecedor

Como vimos no Capítulo 11, o crescimento organizacional pode invalidar os padrões anteriores de comunicação e colaboração. Procure componentes projetados para uma relação de *parceria* de múltiplas equipes de engenharia, cuja parceria não é mais sustentável. Refatore o tipo apropriado de relação do cliente-fornecedor (conformista, camada anticorrupção ou serviço de host aberto).

Camada anticorrupção

As camadas anticorrupção podem ser úteis para proteger contextos delimitados de sistemas antigos, sobretudo quando esses sistemas usam modelos ineficientes que tendem a se espalhar nos componentes descendentes.

Outro caso de uso comum para implementar uma camada anticorrupção é proteger um contexto delimitado das mudanças frequentes nas interfaces públicas de um serviço ascendente que ele usa.

Serviço de host aberto

Se as mudanças nos detalhes da implementação de um componente muitas vezes se propagam pelo sistema e afetam seus consumidores, considere torná-lo um serviço de host aberto: desacople seu modelo de implementação da API pública que ele exibe.

Caminhos separados

Especialmente em grandes organizações, você pode encontrar atritos entre equipes de engenharia, por ter que colaborarem e desenvolverem em conjunto uma funcionalidade compartilhada. Se a funcionalidade "maçã da discórdia" não é crítica para o negócio, ou seja, não é um subdomínio central, as equipes podem seguir *caminhos separados* e implementar suas próprias soluções, eliminando a fonte de atrito.

Modernização Tática

Antes de tudo, do ponto de vista tático, procure os desajustes mais "problemáticos" no valor do negócio e nas estratégias de implementação, tais como subdomínios principais que implementam padrões que não correspondem à complexidade do modelo — script de transação ou registro ativo. Esses componentes do sistema que impactam diretamente o sucesso do negócio têm que mudar com mais frequência, mas são difíceis de manter e evoluir devido ao design ruim.

Cultive uma Linguagem Ubíqua

Um pré-requisito para a modernização bem-sucedida de um design é o conhecimento do domínio e o modelo eficaz do domínio de negócio. Como já mencionei várias vezes ao longo deste livro, a linguagem ubíqua do domain-driven design é essencial para alcançar o conhecimento e construir um modelo de solução eficaz.

Não se esqueça do atalho de domain-driven design para a coleta de conhecimentos de domínio: EventStorming. Use o EventStorming para construir uma linguagem ubíqua com os especialistas de domínio e explorar a base de código antiga, especialmente se a base é uma bagunça não documentada que ninguém entende de verdade. Reúna todas as pessoas relacionadas à sua funcionalidade e explore o domínio de negócio. O EventStorming é uma ferramenta fantástica para recuperar o conhecimento do domínio.

Uma vez equipado com o conhecimento do domínio e seu(s) modelo(s), decida quais os padrões de implementação da lógica de negócio que melhor se adequam à funcionalidade do negócio em questão. Como ponto de partida, use a heurística do design descrita no Capítulo 10. A próxima decisão que você deve tomar diz respeito à estratégia de modernização: substituir gradualmente componentes inteiros do sistema (padrão Strangler ou estrangulador) ou refatorar gradualmente a solução existente.

Padrão Estrangulador

A *figueira-estranguladora*, mostrada na Figura 13-3, é uma família de árvores tropicais que compartilham um padrão de crescimento peculiar: as estranguladoras crescem sobre outras árvores — as árvores hospedeiras. Uma estranguladora começa sua vida como uma semente nos galhos superiores da árvore hospedeira. À medida que a estranguladora cresce, ela desce até enraizar no solo. Por fim, a folhagem da estranguladora ofusca a árvore hospedeira e a leva à morte.

Figura 13-3. Uma figueira-estranguladora crescendo sobre sua árvore hospedeira (fonte: https://unsplash.com/photos/y_l5tep9wxI — conteúdo em inglês)

O padrão estrangulador de migração é baseado na mesma dinâmica de crescimento da árvore da qual recebeu este nome. A ideia é criar um novo contexto delimitado (o estrangulador), usá-lo para implementar novos requisitos e migrar gradualmente a funcionalidade do contexto antigo para ele. Ao mesmo tempo, com exceção de correções e outras emergências, a evolução e o desenvolvimento do contexto delimitado antigo param. Por fim, todas as funcionalidades são migradas para o novo contexto delimitado (o estrangulador), e, seguindo a analogia, isso leva à morte do hospedeiro, ou seja, a base de código antiga.

Normalmente, o padrão estrangulador é usado junto ao padrão de fachada: uma fina camada de abstração que atua como interface pública e é responsável pelo encaminhamento das solicitações para o processamento pelo contexto delimitado antigo ou modernizado. Quando a migração está completa, isto é, quando o hospedeiro morre, a fachada é removida, pois não é mais necessária (veja a Figura 13-4).

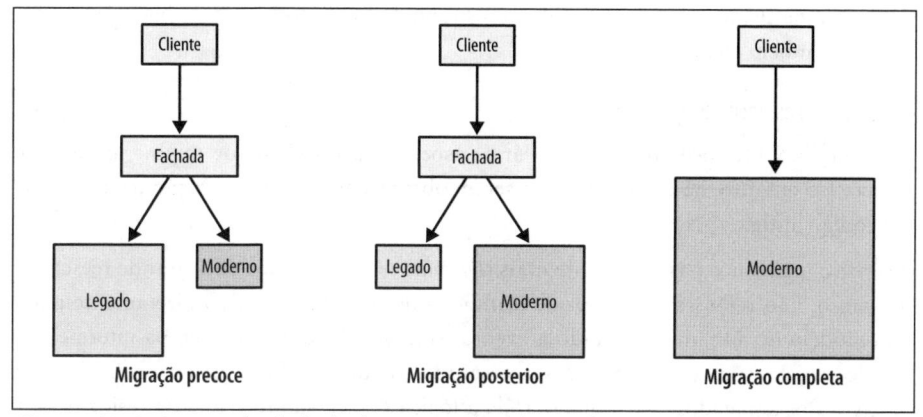

Figura 13-4. A camada de fachada encaminhando a solicitação com base no status de migração da funcionalidade do sistema antigo para o modernizado; uma vez concluída a migração, a fachada e o sistema antigo são removidos

Ao contrário do princípio de que cada contexto delimitado é um subsistema separado e, portanto, não pode compartilhar seu banco de dados com outros contextos delimitados, a regra pode ser relaxada ao implementar o padrão estrangulador. Tanto o contexto modernizado quanto o antigo podem usar o mesmo banco de dados para evitar uma integração complexa entre os contextos, o que em muitos casos pode envolver transações distribuídas — ambos os contextos têm que trabalhar com os mesmos dados, como mostra a Figura 13-5.

A condição para quebrar a regra de um banco de dados por contexto delimitado é que, em certo momento, e quanto antes melhor, o contexto antigo será aposentado, e o banco de dados será usado exclusivamente pela nova implementação.

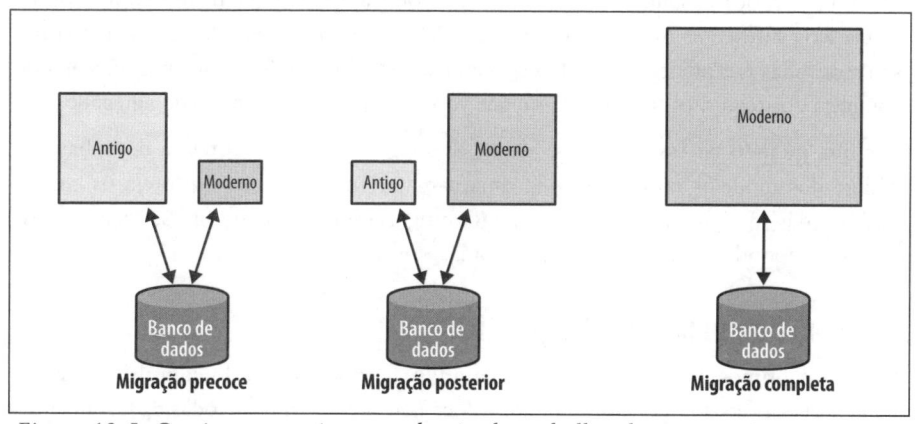

Figura 13-5. Os sistemas antigo e modernizado trabalhando temporariamente com o mesmo banco de dados

Uma alternativa à migração baseada no estrangulador é modernizar a base de código antiga, também chamada de *refatoração*.

Refatorando as decisões de design tático

No Capítulo 11, você aprendeu os vários aspectos das decisões de migrar um design tático. No entanto, há duas nuances a serem observadas na modernização de uma base de código antiga.

Primeiro, pequenos passos incrementais são mais seguros do que uma grande reescrita. Portanto, não refatore um script de transação ou um registro ativo diretamente para um modelo de domínio orientado a eventos. Em vez disso, pegue a etapa intermediária de projetar agregados baseados no estado. Invista no esforço de encontrar limites efetivos dos agregados. Verifique se toda a lógica de negócio relacionada reside nesses limites. Passar de agregados baseados em estado para agregados orientados a eventos será mais seguro do que descobrir limites transacionais errados em um agregado orientado a eventos.

Em segundo lugar, seguindo o mesmo raciocínio de dar pequenos passos incrementais, a refatoração para um modelo de domínio não tem que ser uma mudança atômica. Em vez disso, você pode introduzir gradualmente os elementos do padrão do modelo de domínio.

Comece procurando possíveis objetos de valor. Objetos imutáveis podem reduzir significativamente a complexidade da solução, mesmo que você não esteja usando um modelo de domínio completo.

Como vimos no Capítulo 11, a refatoração dos registros ativos em agregados não precisa ser feita da noite para o dia. Ela pode ser em etapas graduais. Comece reunindo a lógica de negócio relacionada. A seguir, analise os limites transacionais. Existem decisões que requerem forte consistência, mas que operam com base em dados finalmente consistentes? Ou é o contrário? A solução impõe uma forte consistência em que uma eventual consistência seria suficiente? Ao analisar a base de código, não se esqueça de que essas decisões são motivadas por preocupações do negócio, não tecnológicas. Somente após uma análise completa dos requisitos transacionais é que você deve projetar os limites do agregado.

Por fim, quando necessário, ao refatorar os sistemas antigos, proteja a nova base de código dos modelos antigos usando uma camada anticorrupção e proteja os consumidores das mudanças na base de código antiga, implementando um serviço de host aberto e expondo uma linguagem publicada.

Domain-Driven Design Pragmático

Como discutimos na introdução deste capítulo, a aplicação do domain-driven design não é um esforço do tipo tudo ou nada. Você não precisa aplicar todas as ferramentas que o DDD tem a oferecer. Por exemplo, por alguma razão, os padrões táticos podem não funcionar no seu caso. Talvez você prefira usar outros padrões de design porque eles funcionam melhor em seu domínio específico ou apenas porque acha outros padrões mais eficazes. Não tem problema nenhum!

Desde que você analise o domínio de negócio e sua estratégia, procure modelos eficazes para resolver problemas específicos e, o mais importante, tome decisões de design com base nas necessidades do domínio comercial: isso é DDD!

Vale a pena reiterar que o domain-driven design não se trata de agregados ou objetos de valor. Ele é sobre deixar que seu *domínio de negócio* oriente as decisões de *design* do software.

Vendendo o Domain-Driven Design

Quando apresento esse tema em conferências de tecnologia, há uma pergunta que quase sempre é feita: "Tudo parece ótimo, mas como eu 'vendo' o domain-driven design para minha equipe e gerência?" Essa é uma pergunta extremamente importante.

Vender é difícil e, pessoalmente, eu odeio vender. Assim, se você pensar bem, projetar um software é vender. Estamos vendendo nossas ideias para a equipe, para a gerência ou clientes. Entretanto, uma metodologia que cobre uma gama tão ampla de aspectos da decisão de design e que chega até mesmo fora da área da engenharia para envolver outras partes interessadas pode ser extremamente difícil de ser vendida.

O suporte da gerência é essencial para fazer qualquer mudança considerável em uma organização. Entretanto, a menos que os gerentes de alto nível já estejam familiarizados com o domain-driven design ou dispostos a investir tempo para aprender sobre o valor da metodologia, isso não é o mais importante para eles, especialmente devido à mudança aparentemente grande no processo de engenharia que o DDD implica. Felizmente, isso não significa que você não possa usar o domain-driven design.

Domain-Driven Design Infiltrado

Faça do domain-driven design uma parte de sua caixa de ferramentas profissional, não uma estratégia organizacional. Os padrões e as práticas do DDD são técnicas de engenharia, portanto, como a engenharia de software é seu trabalho, use-as!

Vejamos como incorporar o DDD em seu trabalho diário sem fazer muito barulho sobre isso.

Linguagem Ubíqua

O uso de uma linguagem ubíqua é a prática fundamental do domain-driven design. É essencial para a descoberta do conhecimento de domínio, a comunicação e a modelagem eficaz da solução.

Por sorte, essa prática é tão corriqueira que é praticamente um senso comum. Ouça atentamente a linguagem que as partes interessadas usam quando falam sobre o domínio de negócio. Com gentileza, desvie a terminologia do jargão técnico para o seu significado no negócio específico.

Procure termos inconsistentes e peça esclarecimentos. Por exemplo, se houver vários nomes para a mesma coisa, procure o motivo. Esses diferentes modelos estão entrelaçados na mesma solução? Procure contextos e explicite-os. Se o significado for o mesmo, siga o bom senso e peça que apenas um termo seja usado.

Além disso, comunique-se o máximo possível com os especialistas de domínio. Esses esforços não devem necessariamente exigir reuniões formais. Pausas para tomar água e coffee breaks são ótimos facilitadores de comunicação. Fale com os especialistas do domínio sobre o domínio de negócio. Tente usar a linguagem deles. Fique atento às dificuldades de compreensão e peça esclarecimentos. Não se preocupe, os especialistas do domínio geralmente ficam felizes em colaborar com engenheiros sinceramente interessados em aprender sobre o domínio do problema!

Mais importante ainda, use a linguagem ubíqua no código e em toda a comunicação relacionada ao projeto. Seja paciente. Mudar a terminologia que já vem sendo usada em uma organização levará tempo, mas, no final, ela pegará.

Contextos delimitados

Ao explorar as possíveis opções de decomposição, utilize os princípios que estão por trás daquilo em que o padrão do contexto delimitado se baseia:

- Por que é melhor projetar modelos orientados a problemas em vez de um único modelo para todos os casos de uso? Porque as soluções "multifuncionais" raramente são eficazes.
- Por que um contexto delimitado não pode hospedar modelos conflitantes? Por causa do aumento da carga cognitiva e da complexidade da solução.
- Por que é uma má ideia que várias equipes trabalhem na mesma base de código? Por causa do atrito e da colaboração dificultada entre elas.

Use o mesmo raciocínio para os padrões de integração do contexto delimitado: compreenda o problema que cada padrão deve resolver.

Decisões de design tático

Ao discutir os padrões de design tático, não recorra à autoridade: "Usaremos um agregado aqui porque o livro de DDD está dizendo!" Em vez disso, apele para a lógica. Por exemplo:

- Por que limites transacionais explícitos são importantes? Para proteger a consistência dos dados.
- Por que uma base de dados não pode modificar mais do que uma instância do agregado? Para garantir que os limites de consistência estejam corretos.

- Por que o estado de um agregado não pode ser modificado diretamente por um componente externo? Para garantir que toda a lógica de negócio relacionada seja colocada junto, e não duplicada.

- Por que não podemos descarregar parte da funcionalidade do agregado para um procedimento armazenado? Para ter certeza de que nenhuma lógica seja duplicada. A lógica duplicada, sobretudo em componentes lógica e fisicamente distantes de um sistema, tende a sair de sincronia e levar à corrupção dos dados.

- Por que devemos buscar limites agregados pequenos? Porque o amplo escopo transacional aumentará a complexidade do agregado e afetará negativamente o desempenho.

- Por que, em vez do event sourcing, não podemos simplesmente escrever eventos em um arquivo de log? Porque não há garantias da consistência dos dados a longo prazo.

Por falar em event sourcing, quando a solução requer um modelo de domínio orientado a eventos, a implementação desse padrão pode ser difícil de vender. Vejamos um truque Jedi que pode ajudar.

Modelo de domínio orientado a eventos

Apesar de suas muitas vantagens, o event sourcing parece radical para muitas pessoas. Como em tudo o que discutimos neste livro, a solução é deixar o domínio de negócio orientar a decisão.

Fale com os especialistas de domínio. Mostre os modelos baseados em estados e eventos. Explique as diferenças e as vantagens oferecidas pelo event sourcing, especialmente no que diz respeito à dimensão do tempo. Na maioria das vezes, eles ficarão extasiados com o nível de percepção que isso proporciona e defenderão o event sourcing por conta própria.

Enquanto interage com os especialistas do domínio, não se esqueça de trabalhar na linguagem ubíqua!

Conclusão

Neste capítulo, você aprendeu várias técnicas para utilizar ferramentas de domain-driven design em cenários da vida real: ao trabalhar em projetos brownfield e bases de código antigas, e não necessariamente com uma equipe de especialistas em DDD.

Como nos projetos greenfield, comece sempre por analisar o domínio de negócio. Quais são os objetivos da empresa e sua estratégia para atingi-los? Use a estrutura organizacional e as decisões de design do software existentes para identificar os subdomínios da organização e seus tipos. Com este conhecimento, planeje a estratégia de modernização. Procure por pontos problemáticos. Procure obter o maior valor de negócio possível. Modernize o código antigo, refatorando ou substituindo componentes relevantes. De qualquer forma, faça-o gradualmente. Grandes reescritas implicam mais riscos do que valor de negócio!

Por fim, você pode usar ferramentas de domain-driven design mesmo que o DDD não seja amplamente adotado em sua organização. Use as ferramentas certas e, ao discuti-las com os colegas, sempre use a lógica e os princípios por trás de cada padrão.

Este capítulo termina nossa discussão sobre o domain-driven design. Na Parte IV, aprenderemos a interação entre DDD e outras metodologias e padrões.

Exercícios

1. Suponha que você queira introduzir ferramentas e práticas de domain-driven design em um projeto brownfield. Qual seria seu primeiro passo?

   a. Refatorar toda a lógica do negócio para o modelo de domínio orientado a eventos.

   b. Analisar o domínio de negócio da organização e sua estratégia.

   c. Melhorar os componentes do sistema, garantindo que eles sigam os princípios dos contextos delimitados adequados.

   d. É impossível usar domain-driven design em um projeto brownfield.

2. De que formas o padrão estrangulador contradiz alguns dos princípios centrais do domain-driven design durante o processo de migração?

   a. Múltiplos contextos delimitados usam uma base de dados compartilhada.

   b. Se o contexto delimitado modernizado é um subdomínio principal, sua implementação é duplicada nas implementações nova e antiga.

   c. Múltiplas equipes trabalham no mesmo contexto delimitado.

   d. A e B.

3. Por que geralmente não é uma boa ideia refatorar a lógica de negócio baseada em registros ativos diretamente no modelo de domínio orientado a eventos?

   a. Um modelo baseado no estado facilita a refatoração dos limites dos agregados durante o processo de aprendizagem.

   b. É mais seguro introduzir grandes mudanças gradualmente.

   c. A e B.

   d. Nenhuma das alternativas acima. É razoável refatorar até mesmo um script de transação diretamente em um modelo de domínio orientado a eventos.

4. Quando você introduz o padrão agregado, sua equipe pergunta por que o agregado não pode apenas referenciar todas as entidades possíveis e, assim, tornar possível percorrer todo o domínio de negócio a partir de um único lugar. Como você responde?

PARTE IV

Relações com Outras Metodologias e Padrões

Até aqui, você aprendeu como usar o domain-driven design para projetar soluções de software de acordo com a estratégia e as necessidades dos negócios de uma organização. Vimos como aplicar ferramentas e práticas DDD para entender o domínio de negócio, projetar os limites dos componentes do sistema e implementar a lógica de negócio.

O domain-driven design cobre grande parte do ciclo de vida do desenvolvimento de software, mas não pode cobrir toda a engenharia de software. Outras metodologias e ferramentas têm seus papéis. Na Parte IV, discutiremos o DDD em relação a outras metodologias e padrões:

- Não é segredo que o domain-driven design ganhou a maior parte de sua força devido à popularidade do estilo arquitetônico baseado em microsserviços. No Capítulo 14, iremos explorar a interação entre os microsserviços e o domain--driven design e como as duas abordagens se complementam.

- A arquitetura orientada a eventos é um método popular de arquitetar sistemas distribuídos e escalonáveis, eficientes e resilientes. No Capítulo 15, você aprenderá os princípios da arquitetura orientada a eventos e como utilizar o DDD para projetar uma comunicação assíncrona eficaz.

- O Capítulo 16 conclui o livro com uma modelagem eficaz no contexto da análise de dados. Você aprenderá sobre as arquiteturas predominantes do gerenciamento de dados, repositórios de dados e data lakes e como suas deficiências são abordadas pela arquitetura da malha de dados. Também iremos analisar e discutir como o DDD e a arquitetura da malha de dados se baseiam nos mesmos princípios e objetivos de design.

CAPÍTULO 14

Microsserviços

Em meados de 2010, os microsserviços tomaram a indústria da engenharia de software de assalto. A intenção era atender à necessidade dos sistemas modernos de mudar rapidamente, escalonar e se adaptar bem à natureza distribuída da computação em nuvem. Muitas empresas tomaram a decisão estratégica de decompor suas bases de código monolíticas em detrimento da flexibilidade proporcionada pela arquitetura baseada em microsserviços. Infelizmente, muitos desses esforços não terminaram bem. Em vez de arquiteturas flexíveis, as empresas acabaram com grandes bolas de lama distribuídas muito mais frágeis, desajeitadas e caras do que os blocos monolíticos que elas queriam desmontar.

Historicamente, os microsserviços são frequentemente associados ao DDD, em especial ao padrão do contexto delimitado. Muitas pessoas até usam os termos *contexto delimitado* e *microsserviços* alternadamente. Mas eles são realmente a mesma coisa? Este capítulo explora a relação entre a metodologia de domain-driven design e o padrão arquitetônico dos microsserviços. Você aprenderá sobre a interação entre os padrões e, mais importante ainda, como pode aproveitar o DDD para projetar sistemas eficazes baseados em microsserviços.

Iremos começar com o básico e definir o que exatamente são serviços e microsserviços.

O que é Serviço?

Segundo a OASIS, serviço é um mecanismo que permite o acesso a uma ou mais capacidades, em que o acesso é fornecido usando uma interface prescrita.[1] *Interface prescrita* é qualquer mecanismo usado para obter dados dentro ou fora de um serviço. Ela pode ser síncrona, como um modelo de solicitação/resposta, ou assíncrona, como um modelo que produz e consome eventos. É a interface pública de serviço, como mostra a Figura 14-1, que fornece um meio de comunicação e integração com outros componentes do sistema.

---

[1] Modelo de referência para a arquitetura orientada a serviços v1.0. (sem data). Acessado em 14 de junho de 2021, na OASIS.

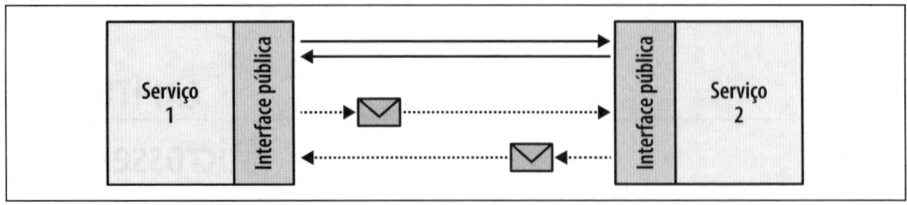

Figura 14-1. Comunicação entre os serviços

Randy Shoup (https://oreil.ly/IU6xJ) compara a interface de um serviço com a porta da frente. Todos os dados que entram ou saem do serviço têm que passar por ela. Além disso, a interface pública de um serviço define o serviço em si: a funcionalidade exposta pelo serviço. Uma interface bem expressada é suficiente para descrever a funcionalidade implementada por um serviço. Por exemplo, a interface pública ilustrada na Figura 14-2 descreve explicitamente a funcionalidade do serviço.

Figura 14-2. Interface pública de um serviço

O que nos leva à definição de microsserviço.

O que é Microsserviço?

A definição de microsserviço é incrivelmente simples. Como um serviço é definido por sua interface pública, um microsserviço é um serviço com uma interface micropública: uma microporta da frente.

Ter uma interface micropública facilita a compreensão da função de um único serviço e de sua integração com outros componentes do sistema. A redução da funcionalidade de um serviço também limita seus motivos de mudança e torna o serviço mais autônomo para o desenvolvimento, o gerenciamento e a escala.

Além disso, isso explica a prática de que os microsserviços não expõem seus bancos de dados. Expor um banco de dados, tornando-o parte da porta da frente do serviço, tornaria sua interface pública enorme. Por exemplo, quantas consultas SQL diferentes você pode executar em um banco de dados relacional? Uma vez que SQL é uma linguagem bastante flexível, a estimativa provável seria infinita. Assim, os microsserviços encapsulam seus bancos de dados. Os dados só podem ser acessados através de uma interface pública muito mais compacta e orientada à integração.

Método como Serviço: Microsserviços Perfeitos?

Dizer que um microsserviço é uma interface micropública engana. Faz parecer que a limitação das interfaces de serviço a um único método resultaria em microsserviços perfeitos. Vejamos o que acontecerá se aplicarmos essa decomposição simplista na prática.

Considere o serviço de gerenciamento do backlog na Figura 14-3. Sua interface pública consiste em oito métodos públicos, e queremos aplicar a regra "um método por serviço".

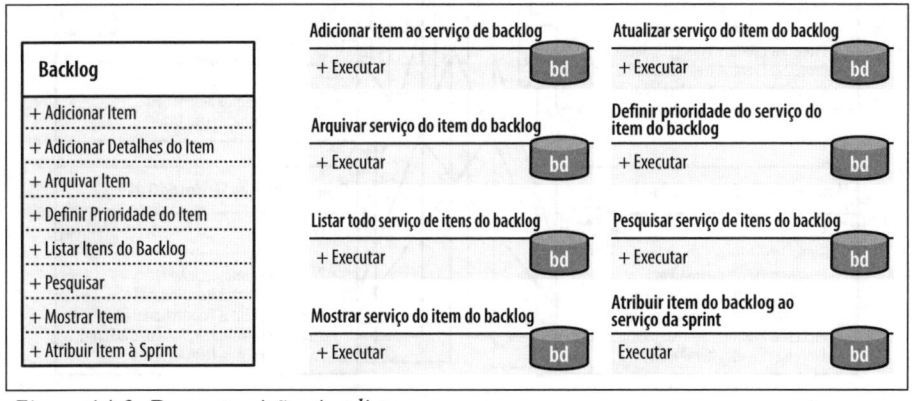

Figura 14-3. Decomposição simplista

Como são microsserviços bem comportados, cada um encapsula seu banco de dados. Nenhum serviço pode acessar diretamente o banco de dados de outro serviço; apenas através de sua interface pública. Mas, atualmente, não há interface pública para isso. Os serviços têm que trabalhar juntos e sincronizar as mudanças que cada serviço está aplicando. Como resultado, precisamos expandir as interfaces dos serviços para levar em conta essas preocupações relacionadas à integração. Além disso, quando visualizadas, as integrações e o fluxo de dados entre os serviços resultantes se parecem com uma típica grande bola de lama distribuída, como mostra a Figura 14-4.

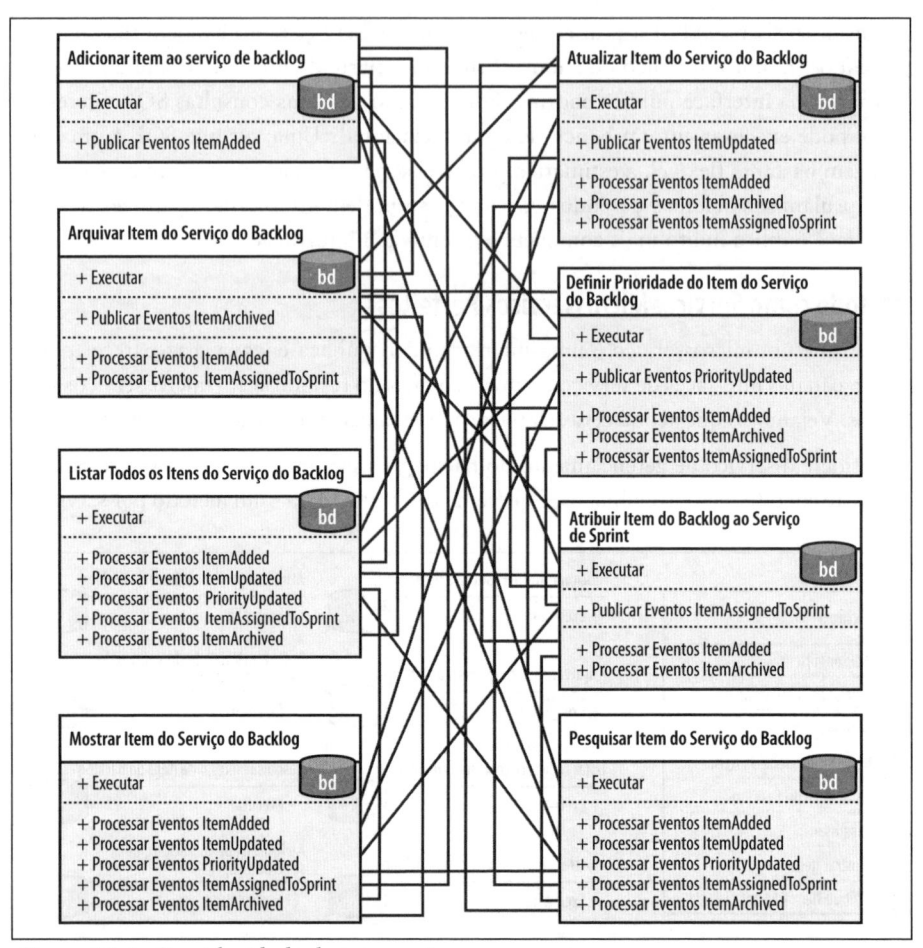

Figura 14-4. Complexidade da integração

Parafraseando a metáfora de Randy Shoup, ao decompor o sistema em serviços tão refinados, minimizamos definitivamente as portas da frente dos serviços. Entretanto, para implementar a funcionalidade do sistema global, tivemos que adicionar enormes entradas "apenas de pessoal" a cada serviço. Veremos o que podemos aprender com esse exemplo.

Objetivo do Design

Seguir a heurística de decomposição simplista de ter cada serviço expondo apenas um único método provou ser ineficiente por muitas razões. Em primeiro lugar, simplesmente não é possível. Como os serviços têm que trabalhar juntos, fomos forçados a expandir suas interfaces públicas com métodos públicos relacionados à integração. Em segundo lugar, ganhamos a batalha, mas perdemos a guerra. Cada serviço acabou sendo muito mais simples do que o design original, porém, o sistema resultante, muito mais complexo.

O objetivo da arquitetura de microsserviços é produzir um sistema flexível. Concentrar os esforços de projeto em um único componente, mas ignorar suas interações com o resto do sistema vai contra a própria definição de sistema:

- Um conjunto de coisas ou dispositivos conectados que operam juntos
- Um conjunto de equipamentos e programas de computador utilizados em conjunto para determinado fim

Portanto, um sistema não pode ser construído a partir de componentes independentes. Em um sistema próprio baseado em microsserviços, por mais desacoplados que sejam, os serviços ainda têm que ser integrados e se comunicar entre si. Iremos analisar a interação entre a complexidade dos microsserviços individuais e a complexidade do sistema global.

Complexidade do Sistema

Há 40 anos, não havia computação em nuvem, não havia requisitos de escala global nem a necessidade de implantar um sistema a cada 11,7 segundos. Mas os engenheiros ainda tinham que domar a complexidade dos sistemas. Mesmo que as ferramentas naquela época fossem diferentes, os desafios — e, mais importante, a solução — são relevantes atualmente e podem ser aplicados ao design dos sistemas baseados em microsserviços.

Em seu livro *Composite/Structured Design* (sem publicação no Brasil), Glenford J. Myers fala sobre como estruturar o código de procedimento para reduzir sua complexidade. Na primeira página do livro, ele escreve [em tradução livre]:

> Há muito mais no tema da complexidade do que simplesmente tentar minimizar a complexidade local de cada parte do programa. Um tipo muito mais importante de complexidade é a complexidade global: a complexidade da estrutura geral de um programa ou um sistema (ou seja, o grau de associação ou interdependência entre as principais partes do programa).

Em nosso contexto, *complexidade local* é a complexidade de cada microsserviço individual, enquanto *complexidade global* é a complexidade de todo o sistema. A complexidade local depende da implementação de um serviço; a complexidade global é definida pelas interações e as dependências entre os serviços. Qual complexidade é mais importante otimizar ao projetar um sistema baseado em microsserviços? Iremos analisar os dois extremos.

É surpreendentemente fácil reduzir a complexidade global a um mínimo. Tudo o que temos que fazer é eliminar qualquer interação entre os componentes do sistema, ou seja, implementar todas as funcionalidades em um único serviço monolítico. Como vimos anteriormente, essa estratégia pode funcionar em certos cenários. Em outros, ela pode levar à temida grande bola de lama: provavelmente o nível mais alto possível de complexidade local.

Por outro lado, sabemos o que acontece quando otimizamos apenas a complexidade local, mas negligenciamos a complexidade global do sistema — a ainda mais temida grande bola de lama distribuída. A Figura 14-5 mostra a relação.

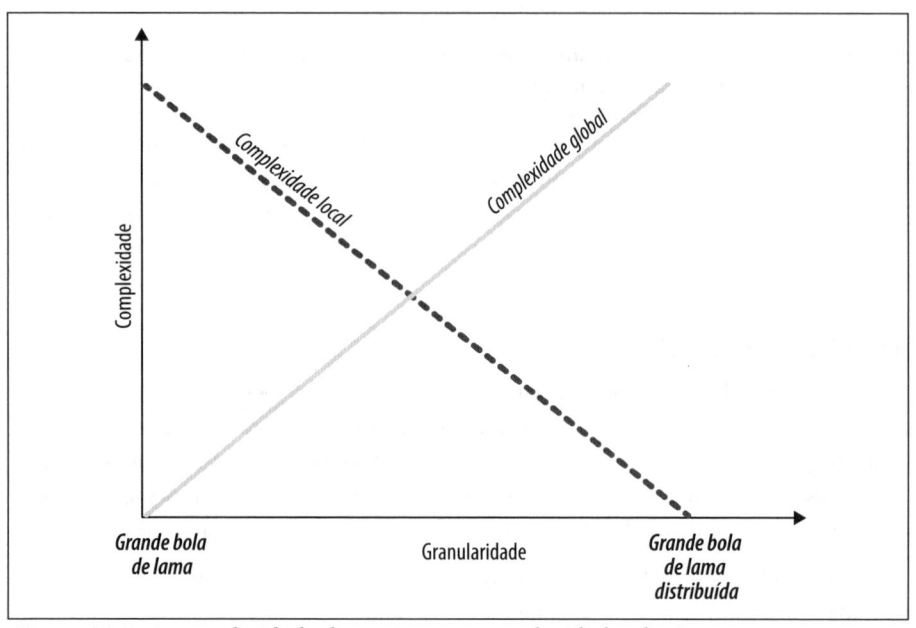

Figura 14-5. A granularidade de serviço e as complexidades do sistema

Para projetar um sistema adequado baseado em microsserviços, temos que otimizar as complexidades globais e locais. Definir o objetivo do design para otimizar apenas uma delas individualmente é melhor no local. O melhor no global equilibra as duas complexidades. Veremos como a noção de interfaces micropúblicas pode equilibrar as complexidades globais e locais.

Microsserviços como Serviços Profundos

O módulo em um sistema de software, ou em qualquer sistema, é definido por sua função e lógica. A *função* é o que o módulo deve fazer — sua funcionalidade de negócio. A *lógica* é a lógica de negócios do módulo — como o módulo implementa sua funcionalidade de negócios.

Em seu livro *The Philosophy of Software Design* (sem publicação no Brasil), John Ousterhout discute a noção de modularidade e propõe uma heurística visual simples, mas poderosa, para avaliar o design de um módulo: a profundidade.

Ousterhout propõe visualizar um módulo como um retângulo, como na Figura 14-6. A borda superior do retângulo representa a função do módulo ou a complexidade de sua interface pública. Um retângulo mais largo representa uma funcionalidade mais ampla, enquanto um retângulo mais estreito tem uma função mais restrita e, portanto, uma interface pública mais simples. A área do retângulo representa a lógica do módulo ou a implementação de sua funcionalidade.

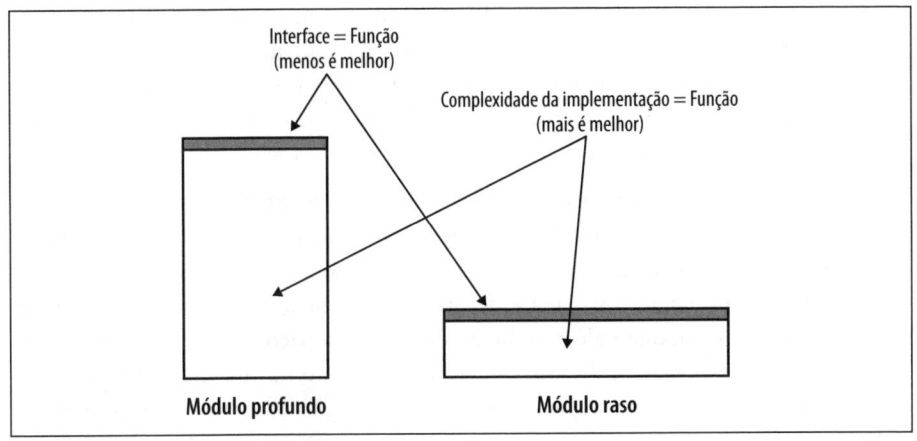

Figura 14-6. Módulos profundos

De acordo com esse modelo, os módulos eficazes são profundos: uma interface pública simples encapsula uma lógica complexa. Os módulos ineficazes são rasos: a interface pública de um módulo raso encapsula muito menos complexidade do que um módulo profundo. Considere o método na seguinte lista:

```
int AddTwoNumbers(int a, int b)
{
    return a + b;
}
```

Esse é o caso extremo de um módulo raso: a interface pública (a assinatura do método) e sua lógica (os métodos) são exatamente iguais. Ter tal módulo introduz "partes móveis" externas e, assim, em vez de encapsular a complexidade, acrescenta uma complexidade acidental ao sistema global.

Microsserviços como Módulos Profundos

Além da terminologia diferente, a noção de módulos profundos difere do padrão dos microsserviços, pois os módulos podem denotar tanto limites lógicos quanto físicos, enquanto os microsserviços são estritamente físicos. Fora isso, seus conceitos e princípios de design subjacentes são os mesmos.

Os serviços que implementam um único método de negócios, mostrados na Figura 14-3, são os módulos rasos. Como tivemos que introduzir métodos públicos relacionados à integração, as interfaces resultantes são "mais amplas" do que deveriam.

Em se tratando da complexidade do sistema, um módulo profundo reduz a complexidade global do sistema, enquanto um módulo raso a aumenta, introduzindo um componente que não encapsula sua complexidade local.

Os serviços rasos também são a razão pela qual tantos projetos orientados a microsserviços falham. As definições errôneas de microsserviço como um serviço não tendo mais que X linhas de código ou como um serviço que deveria ser mais fácil de reescrever do que de modificar, concentram-se no serviço individual e se esquecem do aspecto mais importante da arquitetura: o sistema.

O parâmetro sobre o qual um sistema pode ser decomposto em microsserviços é definido pelos casos de uso do sistema dos quais os microsserviços fazem parte. Se decompomos um bloco monolítico em serviços, o custo da introdução de uma mudança diminui. Ela é minimizada quando o sistema é decomposto em microsserviços. Entretanto, se você continuar decompondo além do limite dos microsserviços, os serviços profundos se tornarão cada vez mais rasos. Suas interfaces crescerão novamente. Dessa vez, devido às necessidades de integração, o custo da introdução de uma mudança também subirá e a arquitetura geral do sistema se tornará a temida grande bola de lama distribuída. Isso está ilustrado na Figura 14-7.

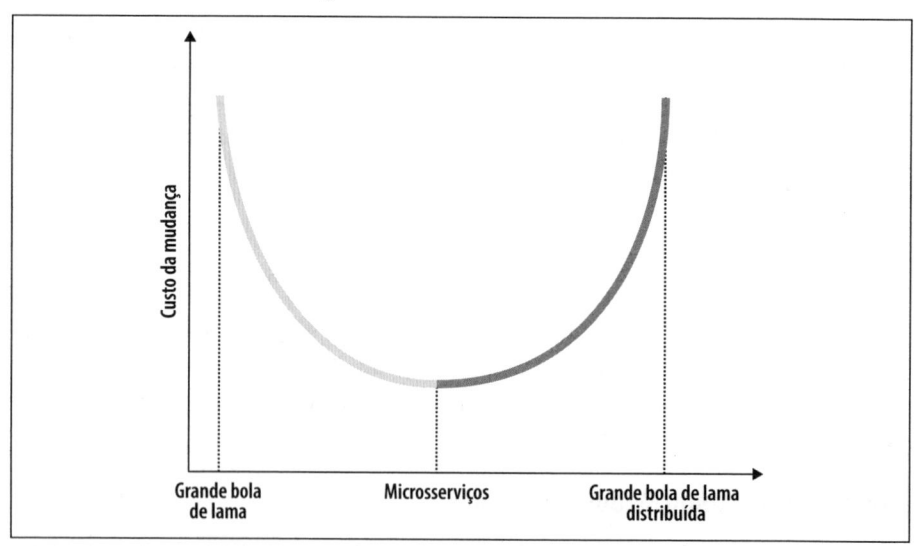

Figura 14-7. Granularidade e custo da mudança

Agora que aprendemos o que são microsserviços, veremos como o domain-driven design pode nos ajudar a encontrar os limites dos serviços profundos.

Domain-Driven Design e Limites dos Microsserviços

Como microsserviços, muitos dos padrões de domain-driven design que discutimos nos capítulos anteriores são sobre limites: o contexto delimitado é o limite do modelo, o subdomínio limita a capacidade do negócio, enquanto os agregados e os objetos de valor são limites transacionais. Vejamos quais desses limites servem para a noção de microsserviços.

Contextos Delimitados

Os padrões de microsserviços e contextos delimitados têm muito em comum, de tal forma que os dois são frequentemente utilizados de forma alternada. Veremos se esse é realmente o caso: os limites dos contextos delimitados se correlacionam com os limites dos microsserviços efetivos?

Tanto os microsserviços quanto os contextos delimitados são limites físicos. Os microsserviços, como contextos delimitados, são propriedade de uma única equipe. Como nos contextos delimitados, modelos conflitantes não podem ser implementados em um microsserviço, resultando em interfaces complexas. Os microsserviços são, de fato, contextos delimitados. Mas será que essa relação funciona ao contrário? Podemos dizer que os contextos delimitados são microsserviços?

Como você aprendeu no Capítulo 3, os contextos delimitados protegem a consistência das linguagens ubíquas e dos modelos. Nenhum modelo conflitante pode ser implementado no mesmo contexto delimitado. Digamos que você esteja trabalhando em um sistema de gestão de publicidade. No domínio de negócio do sistema, a entidade de negócio Lead é representada por diferentes modelos nos contextos de Promoções e Vendas. Portanto, Promoções e Vendas são contextos delimitados, cada um definindo um, e apenas um, modelo da entidade Campanha, que é válido em seus limites, como mostra a Figura 14-8.

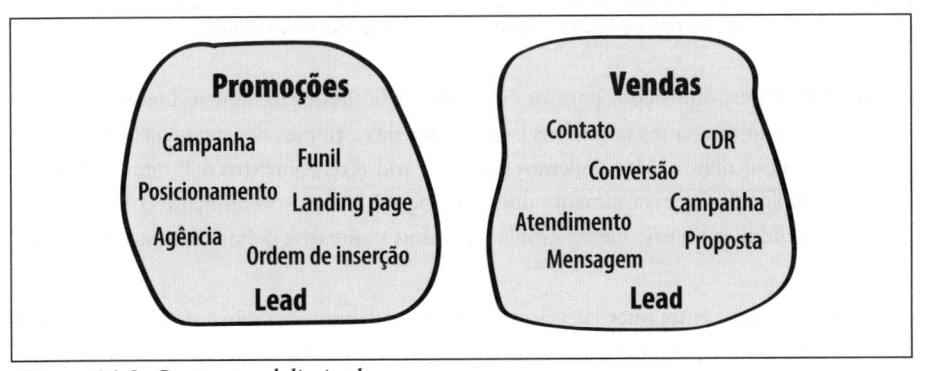

Figura 14-8. Contextos delimitados

Para simplificar, iremos supor que não haja outros modelos conflitantes no sistema além do Lead. Isso faz com que os contextos delimitados resultantes sejam naturalmente abrangentes, e cada contexto delimitado pode conter múltiplos subdomínios. Os subdomínios podem ser movidos de um contexto delimitado para outro. Desde que os subdomínios não impliquem em modelos conflitantes, todas as decomposições alternativas na Figura 14-9 são contextos delimitados perfeitamente válidos.

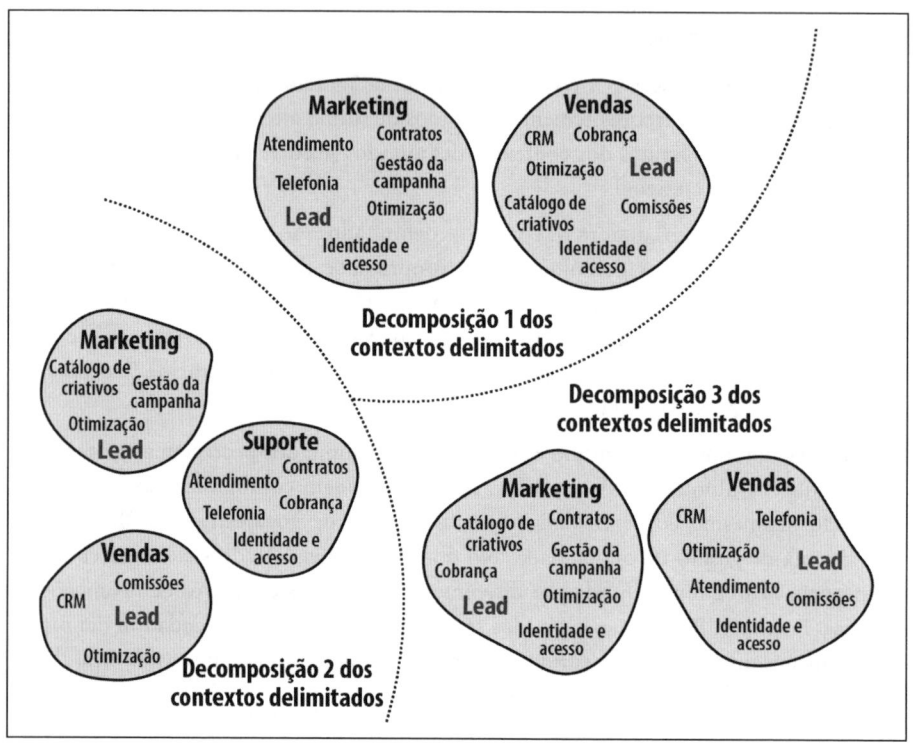

Figura 14-9. Decomposições alternativas para contextos delimitados

As diferentes decomposições para os contextos delimitados atribuem diferentes requisitos, tais como diferentes tamanhos e estruturas das equipes, dependências do ciclo de vida e assim por diante. Mas podemos dizer que todos os contextos delimitados válidos nesse exemplo são necessariamente microsserviços? Não. Especialmente considerando as funcionalidades relativamente amplas dos dois contextos delimitados na decomposição 1.

Portanto, a relação entre microsserviços e contextos delimitados não é simétrica. Embora os microsserviços sejam contextos delimitados, nem todos os contextos delimitados são um microsserviço. Os contextos delimitados, por outro lado, representam os limites do maior bloco monolítico válido. Tal bloco não deve ser confundido com uma grande bola de lama; é uma opção de design viável que protege a consistência de sua linguagem ubíqua ou do seu modelo do domínio de negócio. Como discutiremos no Capítulo 15, tais limites amplos são mais eficazes do que os microsserviços em certos casos.

A Figura 14-10 demonstra visualmente a relação entre os contextos delimitados e os microsserviços. A área entre eles é segura. São opções de design válidas. Entretanto, se o sistema não for decomposto em contextos delimitados apropriados ou se for decomposto além do limite dos microsserviços, resultará em uma grande bola de lama ou uma grande bola de lama distribuída, respectivamente.

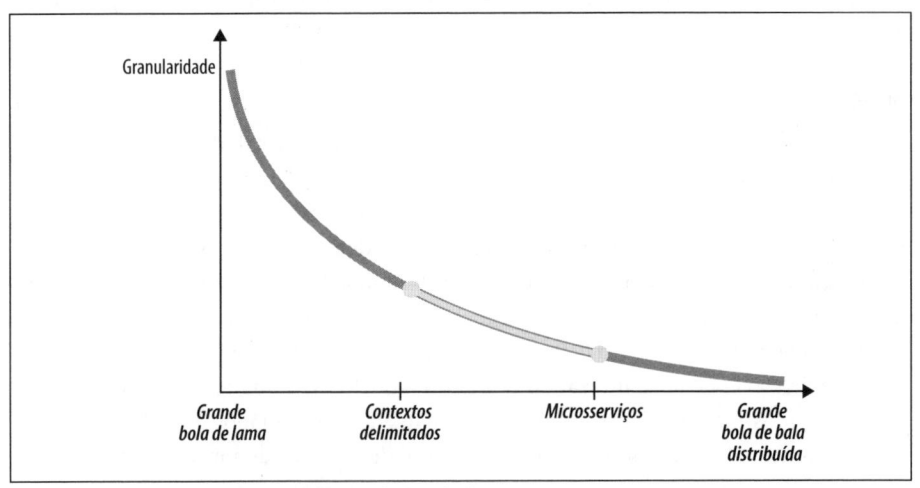

Figura 14-10. Granularidade e modularidade

Em seguida, examinaremos o outro extremo: se os agregados podem ajudar a encontrar os limites dos microsserviços.

Agregados

Enquanto os contextos delimitados impõem restrições aos limites válidos mais amplos, o padrão agregado faz o contrário. O limite do agregado é o mais estreito possível. A decomposição de um agregado em múltiplos serviços físicos, ou contextos delimitados, não é apenas inferior, mas leva a consequências indesejáveis, para dizer o mínimo, como você aprenderá no Apêndice A.

Como contextos delimitados, os limites dos agregados também são frequentemente considerados para orientar os limites dos microsserviços. Um agregado é uma unidade de funcionalidade de negócio indivisível que encapsula as complexidades de suas regras de negócio internas, invariantes e lógicas. Dito isso, como você aprendeu anteriormente neste capítulo, os microsserviços não são sobre serviços individuais. Um serviço individual tem que ser considerado no contexto de suas interações com outros componentes do sistema:

O agregado em questão se comunica com outros agregados em seu subdomínio?

- Ele compartilha objetos de valor com outros agregados?
- Como as mudanças na lógica de negócio do agregado afetarão outros componentes do subdomínio e vice-versa?

Quanto mais forte for a relação do agregado com as outras entidades do negócio de seu subdomínio, mais raso ele será como um serviço individual.

Haverá casos em que ter um agregado como serviço produzirá um design modular. No entanto, com muita frequência tais serviços refinados aumentarão a complexidade global do sistema abrangente.

Subdomínios

Uma heurística mais equilibrada para projetar microsserviços é alinhar os serviços com os limites dos subdomínios de negócio. Como você aprendeu no Capítulo 1, os subdomínios estão correlacionados com as capacidades de negócio mais refinadas. São os blocos de construção de negócios necessários para que a empresa possa competir em seu(s) domínio(s) de negócio. Da perspectiva do domínio de negócio, os subdomínios descrevem as capacidades — o que o negócio faz — sem explicar como as capacidades são implementadas. Do ponto de vista técnico, os subdomínios representam conjuntos de casos de uso coerentes: utilizando o mesmo modelo do domínio de negócio, trabalhando com os mesmos dados ou dados intimamente relacionados e tendo uma forte relação funcional. Uma mudança nos requisitos de negócio de um dos casos de uso pode afetar os outros casos de uso, como mostra a Figura 14-11.

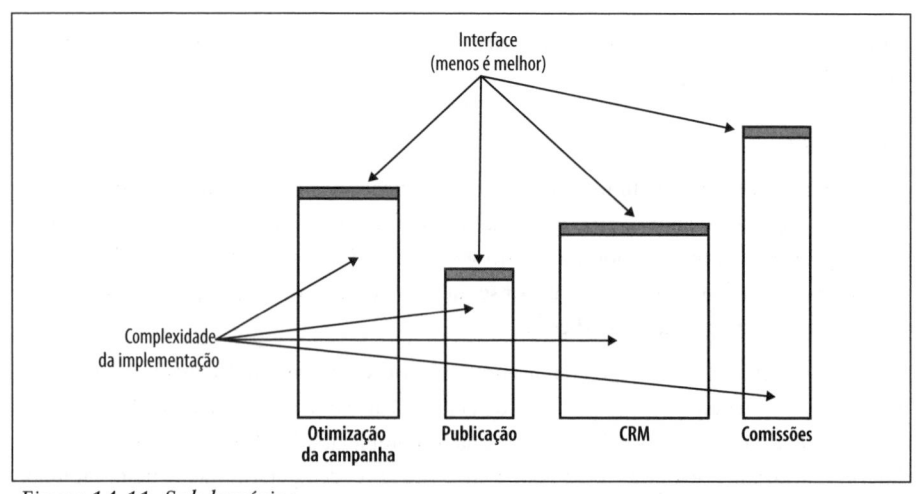

Figura 14-11. Subdomínios

A granularidade dos subdomínios e o foco na funcionalidade ("o quê" em vez do "como") fazem com que os subdomínios sejam módulos naturalmente profundos. A descrição de um subdomínio — a função — encapsula os detalhes de implementação mais complexos — a lógica. A natureza coerente dos casos de uso contidos em um subdomínio também garante a profundidade do módulo resultante. Dividi-los em muitos casos resultaria em uma interface pública mais complexa e, portanto, módulos mais rasos. Tudo isso faz dos subdomínios um limite seguro para o design dos microsserviços.

O alinhamento dos microsserviços com subdomínios é uma heurística segura que produz soluções ótimas para a maioria dos microsserviços. Dito isso, haverá casos em que outros limites serão mais eficientes; por exemplo, permanecer nos limites linguísticos mais amplos do contexto delimitado ou, devido a requisitos não funcionais, recorrer a um agregado como microsserviço. A solução depende não apenas do domínio de negócio, mas também da estrutura da organização, da estratégia de negócio e dos requisitos não funcionais. Como discutimos no Capítulo 11, é crucial adaptar continuamente a arquitetura e o design do software às mudanças no ambiente.

Compactando as Interfaces Públicas dos Microsserviços

Além de encontrar limites de serviço, o domain-driven design pode ajudar a tornar os serviços mais profundos. Esta seção demonstra como os padrões do serviço de host aberto e da camada anticorrupção podem simplificar as interfaces públicas dos microsserviços.

Serviço de Host Aberto

O serviço de host aberto desacopla o modelo do contexto delimitado do domínio de negócio e o modelo utilizado para a integração com outros componentes do sistema, como mostra a Figura 14-12.

A introdução do modelo orientado para a integração, a linguagem publicada, reduz a complexidade global do sistema. Em primeiro lugar, permite desenvolver a implementação do serviço sem afetar seus consumidores: o novo modelo de implementação pode ser traduzido para a linguagem já publicada. Em segundo lugar, a linguagem publicada expõe um modelo mais restrito. Ele é projetado em torno das necessidades de integração. Ele encapsula a complexidade da implementação que não é relevante para os consumidores do serviço. Por exemplo, pode expor menos dados, em um modelo mais conveniente para os consumidores.

Ter uma interface pública (função) mais simples sobre a mesma implementação (lógica) torna o serviço "mais profundo" e contribui para um design de microsserviço mais eficaz.

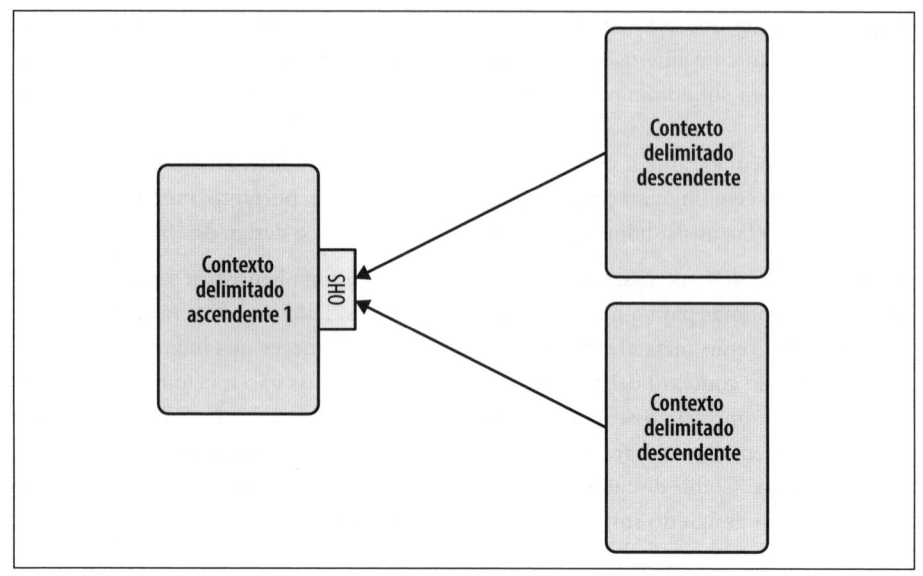

Figura 14-12. Integrando serviços através de uma linguagem publicada

Camada Anticorrupção

O padrão da camada anticorrupção (ACL) funciona ao contrário. Ele reduz a complexidade de integrar o serviço com outros contextos delimitados. Tradicionalmente, a camada anticorrupção pertence ao contexto delimitado que ela protege. Entretanto, como discutimos no Capítulo 9, essa noção pode ser levada um passo adiante e implementada como um serviço autônomo.

O serviço ACL na Figura 14-13 reduz tanto a complexidade local do contexto delimitado consumidor quanto a complexidade global do sistema. A complexidade de negócio do contexto delimitado consumidor é separada da complexidade da integração. Esta última é descarregada no serviço ACL. Como o contexto delimitado consumidor trabalha com um modelo mais conveniente e orientado para a integração, sua interface pública é compacta — não reflete a complexidade da integração exposta pelo serviço produtor.

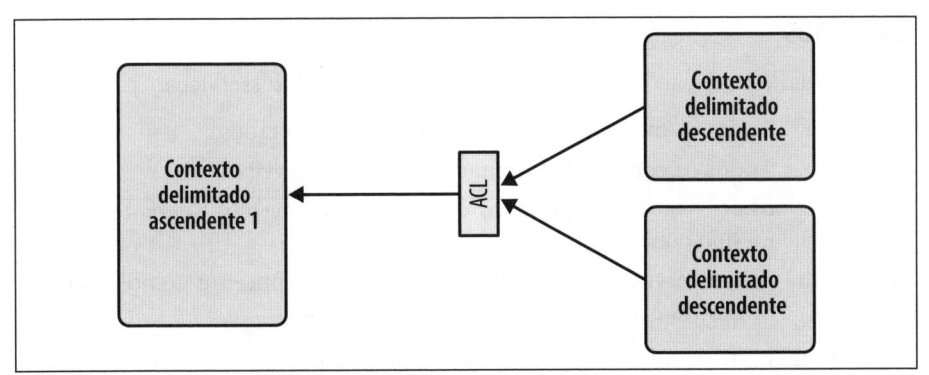

Figura 14-13. Camada anticorrupção como serviço autônomo

Conclusão

Historicamente, o estilo de arquitetura com base em microsserviços está profundamente interligado ao domain-driven design, de tal forma que os termos *microsserviços* e *contexto delimitado* são frequentemente utilizados de forma alternada. Neste capítulo, analisamos a conexão entre os dois e vimos que eles não são a mesma coisa.

Todos os microsserviços são contextos delimitados, mas nem todos os contextos delimitados são necessariamente microsserviços. Em sua essência, um microsserviço define o menor limite válido de um serviço, enquanto um contexto delimitado protege a consistência do modelo englobado e representa os limites válidos mais amplos. A definição de limites para que sejam mais amplos do que seus contextos delimitados resultará em uma grande bola de lama, já os limites menores do que os microsserviços levarão a uma grande bola de lama distribuída.

No entanto, a conexão entre microsserviços e domain-driven design é estreita. Vimos como as ferramentas de domain-driven design podem ser usadas para projetar limites de microsserviços eficazes.

No Capítulo 15, continuaremos discutindo a arquitetura do sistema de alto nível, mas de uma perspectiva diferente: integração assíncrona através de uma arquitetura orientada a eventos. Você aprenderá como utilizar os diferentes tipos de mensagens de evento para otimizar ainda mais os limites dos microsserviços.

Exercícios

1. Qual é a relação entre contextos delimitados e microsserviços?

   a. Todos os microsserviços são contextos delimitados.

   b. Todos os contextos delimitados são microsserviços.

   c. Microsserviços e contextos delimitados são termos diferentes para o mesmo conceito.

   d. Microsserviços e contextos delimitados são conceitos completamente diferentes e não podem ser comparados.

2. Qual parte de um microsserviço deve ser "micro"?

   a. O número de pizzas necessárias para alimentar o time que está implementando os microsserviços. A métrica tem que levar em conta as preferências de cada membro da equipe e o consumo calórico médio diário.

   b. O número de linhas de código necessárias para implementar a funcionalidade do serviço. Como a métrica não depende das larguras das linhas, é preferível implementar microsserviços em monitores ultrawide.

   c. O aspecto mais importante para projetar sistemas baseados em microsserviços é adquirir um middleware e outros componentes de infraestrutura adequados aos microsserviços, de preferência de fornecedores certificados para microsserviços.

   d. O conhecimento do domínio de negócio e suas complexidades expostas nos limites do serviço e refletidas por sua interface pública.

3. Quais são os limites dos componentes seguros?

   a. Limites mais amplos que os contextos delimitados.

   b. Limites mais estreitos que os microsserviços.

   c. Limites entre os contextos delimitados (mais amplos) e os microsserviços (mais estreitos).

   d. Todos os limites são seguros.

4. É uma boa decisão de design alinhar os microsserviços com os limites de agregado?

   a. Sim, os agregados sempre são microsserviços adequados.

   b. Não, os agregados nunca devem ser expostos como microsserviços individuais.

   c. É impossível transformar um único agregado em microsserviço.

   d. A decisão depende do domínio de negócio.

CAPÍTULO 15

Arquitetura Orientada a Eventos

Assim como os microsserviços, a arquitetura orientada a eventos (EDA) é ubíqua nos sistemas distribuídos modernos. Muitos aconselham o uso da comunicação orientada a eventos como um mecanismo de integração padrão ao projetar sistemas distribuídos acoplados de forma mais livre, escalonáveis e tolerantes a falhas.

A arquitetura orientada a eventos está frequentemente ligada ao domain-driven design. Afinal, o EDA é baseado em eventos, e os eventos são proeminentes no DDD — temos eventos de domínio e, quando necessário, usamos até mesmo eventos como uma fonte confiável do sistema. Pode ser tentador utilizar os eventos do DDD como base para o uso da arquitetura orientada a eventos. Mas será que é uma boa ideia?

Os eventos não são uma espécie de molho secreto que você pode simplesmente derramar sobre um sistema antigo e transformá-lo em um sistema distribuído acoplado livremente. Muito pelo contrário: a aplicação descuidada do EDA pode transformar um bloco monolítico modular em uma grande bola de lama distribuída.

Neste capítulo, iremos explorar a interação entre EDA e DDD. Você aprenderá sobre os blocos de construção essenciais da arquitetura orientada a eventos, as causas comuns dos projetos EDA fracassados e como pode utilizar as ferramentas do DDD para projetar sistemas integrados de forma eficaz e assíncrona.

Arquitetura Orientada a Eventos

A *arquitetura orientada a eventos* é um estilo arquitetônico no qual os componentes de um sistema se comunicam de forma assíncrona através da troca de mensagens de eventos (veja a Figura 15-1). Em vez de chamar os pontos de extremidade dos serviços de forma síncrona, os componentes publicam eventos para notificar outros elementos do sistema sobre as mudanças no domínio do sistema. Os componentes podem assinar os eventos gerados no sistema e reagir de acordo com eles. Um exemplo típico de fluxo de execução orientada a eventos é o padrão saga, descrito no Capítulo 9.

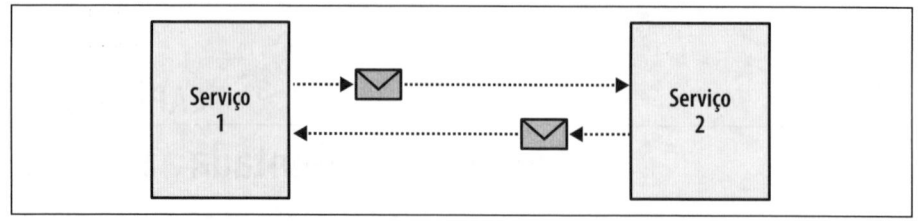

Figura 15-1. Comunicação assíncrona

É importante destacar a diferença entre arquitetura orientada a eventos e event sourcing. Como vimos no Capítulo 7, event sourcing é um método para capturar as mudanças de estado como uma série de eventos.

Embora tanto a arquitetura orientada a eventos (EDA) quanto o event sourcing sejam baseados em eventos, os dois padrões são conceitualmente diferentes. EDA refere-se à comunicação entre os serviços, enquanto o event sourcing acontece dentro de um serviço. Os eventos projetados para event sourcing representam transições de estado (de agregados em um modelo de domínio orientado a eventos) implementadas no serviço. São destinados a capturar as complexidades do domínio de negócio, e não para integrar o serviço com outros componentes do sistema.

Como você verá mais adiante neste capítulo, há três tipos de eventos e alguns são mais adequados para a integração do que outros.

Eventos

Em um sistema EDA, a troca de eventos é o principal mecanismo de comunicação para integrar os componentes e torná-los um sistema. Veremos os eventos com mais detalhes e como eles diferem das mensagens.

Eventos, Comandos e Mensagens

Até o momento, a definição de um evento é semelhante à definição do padrão de mensagem.[1] No entanto, os dois são diferentes. Um evento é uma mensagem, mas uma mensagem não é necessariamente um evento. Há dois tipos de mensagens:

Evento
    Uma mensagem que descreve uma mudança que já aconteceu

Comando
    Uma mensagem que descreve uma operação que precisa ser realizada

Um evento é algo que já aconteceu, enquanto um comando é uma instrução para fazer algo. Tanto os eventos quanto os comandos podem ser comunicados de forma

---

[1]   Hohpe, G. e Woolf, B. (2003). *Enterprise Integration Patterns: Designing, Building, and Deploying Messaging Solutions*. Boston: Addison-Wesley.

assíncrona como mensagens. Entretanto, um comando pode ser rejeitado: o alvo do comando pode se recusar a executá-lo, por exemplo, se o comando é inválido ou está em contradição com as regras de negócio do sistema. O destinatário de um evento, por outro lado, não pode cancelar o evento. O evento descreve algo que já aconteceu. A única coisa que pode ser feita para reverter um evento é emitir uma ação compensatória — um comando, como é realizado no padrão saga.

Como um evento descreve algo que já aconteceu, o nome de um evento deve ser formulado no passado (em inglês): por exemplo, DeliveryScheduled, ShippingCompleted ou DeliveryConfirmed.

Estrutura

Um evento é um registro de dados que pode ser serializado e transmitido usando a plataforma de mensagens de sua escolha. Um esquema de evento típico inclui os metadados do evento e sua carga útil — as informações comunicadas pelo evento:

```
{
    "type": "delivery-confirmed",
    "event-id": "14101928-4d79-4da6-9486-dbc4837bc612",
    "correlation-id": "08011958-6066-4815-8dbe-dee6d9e5ebac",
    "delivery-id": "05011927-a328-4860-a106-737b2929db4e",
    "timestamp": 1615718833,
    "payload": {
        "confirmed-by": "17bc9223-bdd6-4382-954d-f1410fd286bd",
        "delivery-time": 1615701406
    }
}
```

A carga útil de um evento não apenas descreve as informações transmitidas por ele, mas também define o tipo. Veremos os três tipos de eventos em detalhes e como eles diferem um do outro.

Tipos de Eventos

Os eventos podem ser categorizados em um dos três tipos:[2] notificação de eventos, transferência de estado por eventos ou eventos de domínio.

Notificação de Eventos

Notificação de eventos é uma mensagem relativa a uma mudança no domínio de negócio à qual outros componentes reagirão. Exemplos incluem PaycheckGenerated e CampaignPublished, entre outros.

A notificação do evento não deve conter muitas palavras: o objetivo é notificar as partes interessadas sobre o evento, mas a notificação não deve conter todas as informações necessárias para os assinantes reagirem ao evento. Por exemplo:

---

[2] Fowler, M. (sem data). *What do you mean by "Event-Driven"?* Acessado em 12 de agosto de 2021, de Martin Fowler (blog).

```
{
    "type": "paycheck-generated",
    "event-id": "537ec7c2-d1a1-2005-8654-96aee1116b72",
    "delivery-id": "05011927-a328-4860-a106-737b2929db4e",
    "timestamp": 1615726445,
    "payload": {
        "employee-id": "456123",
        "link": "/paychecks/456123/2021/01"
    }
}
```

No código anterior, o evento notifica os componentes externos sobre um pagamento gerado. Ele não traz todas as informações relacionadas ao pagamento. Em vez disso, o receptor pode usar o link para buscar informações mais detalhadas. Esse fluxo de notificação está representado na Figura 15-2.

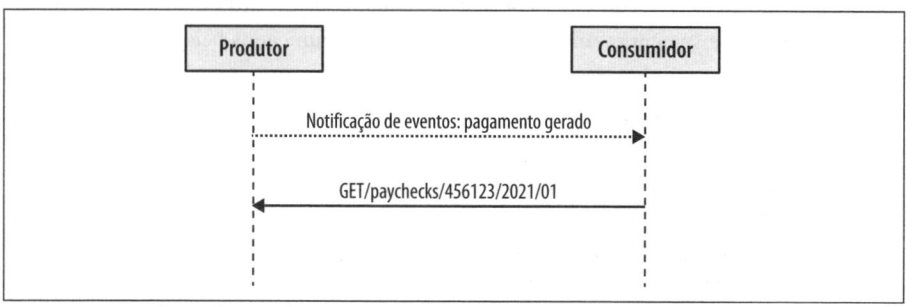

Figura 15-2. Fluxo de notificações do evento

De certa forma, a integração através de mensagens de notificação de eventos é semelhante ao sistema de alerta de emergência sem fio (WEA) nos Estados Unidos e o EU-Alert na Europa (veja Figura 15-3). Os sistemas utilizam torres de celular para transmitir mensagens curtas, notificando os cidadãos sobre questões de saúde pública, ameaças à segurança e outras emergências. Os sistemas são limitados ao envio de mensagens com o máximo de 360 caracteres. Essa mensagem curta é suficiente para notificá-lo sobre a emergência, mas você tem que usar proativamente outras fontes de informação para obter mais detalhes.

Notificações sucintas de eventos podem ser preferíveis em múltiplos cenários. Vejamos melhor dois: segurança e simultaneidade.

Segurança.   Fazer com que o destinatário consulte explicitamente as informações detalhadas impede o compartilhamento de informações sensíveis sobre a infraestrutura das mensagens e requer autorização adicional dos assinantes para acessar os dados.

Simultaneidade.   Devido à natureza assíncrona da integração orientada a eventos, as informações já podem estar obsoletas quando chegam aos assinantes. Se a natureza da informação for sensível às condições race, consultá-la permitirá explicitamente obter o estado atualizado.

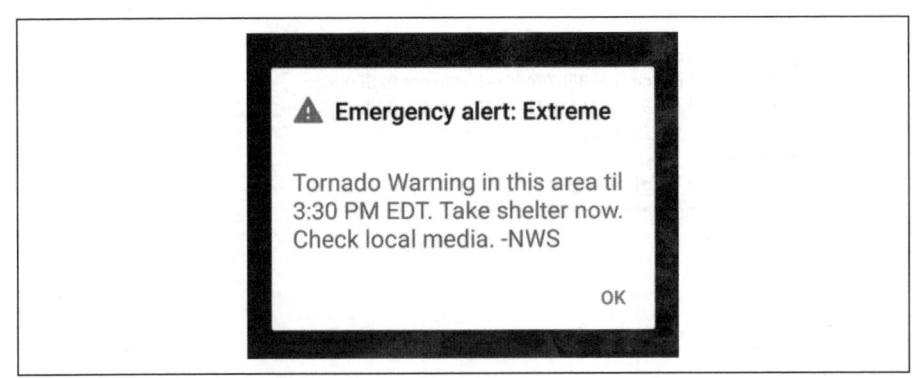

Figura 15-3. Sistema de alerta de emergência

Além disso, no caso de consumidores simultâneos, em que apenas um assinante deve processar um evento, o processo de consulta pode ser integrado com o bloqueio pessimista. Isso garante ao lado do produtor que nenhum outro consumidor será capaz de processar a mensagem.

Transferência de estado por eventos

As mensagens de transferência de estado por eventos (ECST) notificam os assinantes sobre mudanças no estado interno do produtor. Diferente das mensagens de notificação de eventos, as mensagens ECST incluem todos os dados que refletem a mudança no estado.

As mensagens ECST podem vir de duas formas. A primeira é um retrato completo do estado da entidade modificada:

```
{
    "type": "customer-updated",
    "event-id": "6b7ce6c6-8587-4e4f-924a-cec028000ce6",
    "customer-id": "01b18d56-b79a-4873-ac99-3d9f767dbe61",
    "timestamp": 1615728520,
    "payload": {
        "first-name": "Carolyn",
        "last-name": "Hayes",
        "phone": "555-1022",
        "status": "follow-up-set",
        "follow-up-date": "2021/05/08",
        "birthday": "1982/04/05",
        "version": 7
    }
}
```

A mensagem ECST no exemplo anterior inclui um panorama completo do estado atualizado de um cliente. Ao operar grandes estruturas de dados, pode ser razoável incluir na mensagem ECST apenas os campos realmente modificados:

```
{
    "type": "customer-updated",
    "event-id": "6b7ce6c6-8587-4e4f-924a-cec028000ce6",
    "customer-id": "01b18d56-b79a-4873-ac99-3d9f767dbe61",
    "timestamp": 1615728520,
    "payload": {
        "status": "follow-up-set",
        "follow-up-date": "2021/05/10",
        "version": 8
    }
}
```

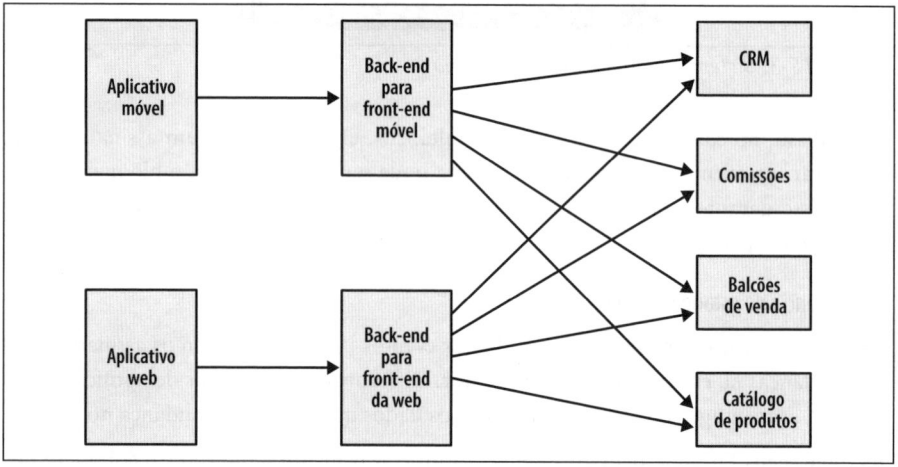

Figura 15-4. Back-end para front-end

Se as mensagens ECST incluem panoramas completos ou apenas os campos atualizados, um fluxo de tais eventos permite aos consumidores manter um cache local dos estados das entidades e trabalhar com ele. Conceitualmente, o uso de mensagens de transferência de estado por eventos é um mecanismo assíncrono de replicação de dados. Essa abordagem torna o sistema mais tolerante a falhas, o que significa que os consumidores podem continuar funcionando mesmo que o produtor não esteja disponível. É também uma forma de melhorar o desempenho dos componentes que têm que processar dados de múltiplas fontes. Em vez de consultar as fontes de dados sempre que os dados são necessários, os dados podem ser armazenados em cache localmente, como na Figura 15-4.

Evento de domínio

O terceiro tipo de mensagem de evento é o evento de domínio que descrevemos no Capítulo 6. De certa forma, os eventos de domínio estão em algum lugar entre a notificação de eventos e as mensagens ECST: ambos descrevem um evento significativo no domínio de negócio e contêm todos os dados que descrevem o evento. Apesar das semelhanças, as mensagens são conceitualmente diferentes.

Eventos de domínio versus notificação de evento

Os eventos de domínio e as notificações de eventos descrevem mudanças no domínio de negócio do produtor. Assim, há duas diferenças conceituais.

Em primeiro lugar, os eventos de domínio incluem todas as informações que descrevem o evento. O consumidor não precisa tomar nenhuma outra medida para obter o quadro completo.

Em segundo lugar, a intenção da modelagem é diferente. As notificações de eventos são projetadas com a intenção de aliviar a integração com outros componentes. Os eventos de domínio, por outro lado, têm a intenção de modelar e descrever o domínio de negócio. Os eventos de domínio podem ser úteis, mesmo que nenhum consumidor externo esteja interessado neles. Isso ocorre sobretudo nos sistemas orientados a eventos, em que os eventos de domínio são usados para modelar todas as transições de estado possíveis. Ter consumidores externos interessados em todos os eventos de domínio disponíveis resultaria em um design abaixo do ideal. Detalharemos isso melhor mais adiante, neste capítulo.

Eventos de domínio versus transferência de estado por eventos

Os dados contidos nos eventos de domínio são conceitualmente diferentes do esquema de uma mensagem ECST típica.

Uma mensagem ECST fornece informações suficientes para manter um cache local dos dados do produtor. Nenhum evento de domínio deve expor um modelo tão rico. Mesmo os dados incluídos em um evento de domínio específico não são suficientes para o cache do estado do agregado, uma vez que outros eventos de domínio nos quais o consumidor não está inscrito podem afetar os mesmos campos.

Além disso, como no caso dos eventos de notificação, a intenção da modelagem é diferente para os dois tipos de mensagens. Os dados incluídos nos eventos de domínio não pretendem descrever o estado do agregado. Em vez disso, eles descrevem um evento de negócio que aconteceu durante seu ciclo de vida.

Tipos de evento: Exemplo

Um exemplo das diferenças entre os três tipos de eventos. Considere as seguintes três formas de representar o evento de um casamento [marriage, em inglês]:

```
eventNotification = {
    "type": "marriage-recorded",
    "person-id": "01b9a761",
    "payload": {
        "person-id": "126a7b61",
        "details": "/01b9a761/marriage-data"
    }
};
```

```
ecst = {
    "type": "personal-details-changed",
    "person-id": "01b9a761",
    "payload": {
        "new-last-name": "Williams"
    }
};

domainEvent = {
    "type": "married",
    "person-id": "01b9a761",
    "payload": {
        "person-id": "126a7b61",
        "assumed-partner-last-name": true
    }
};
```

`marriage-recorded` é uma mensagem de notificação de eventos. Ela não contém nenhuma informação, exceto o fato de que a pessoa com a ID específica se casou. Contém informações mínimas sobre o evento e os consumidores interessados em mais detalhes terão que seguir o link no campo `details`.

`personal-details-changed` é uma mensagem de transferência de estado por eventos. Ela descreve as mudanças nos dados pessoais da pessoa, ou seja, que seu sobrenome mudou. A mensagem não explica a razão da alteração. A pessoa se casou ou se divorciou?

Finalmente, `married` é um evento de domínio. É modelado o mais próximo possível da natureza do evento no domínio de negócio. Inclui a ID da pessoa e uma flag indicando se a pessoa adotou o nome de seu parceiro.

Projetando a Integração Orientada a Eventos

Como vimos no Capítulo 3, o design de software é predominantemente sobre limites. Os limites definem o que permanece dentro, o que permanece fora e, o mais importante, o que cruza os limites — essencialmente, como os componentes se integram. Os eventos em um sistema baseado em EDA são elementos de design de primeira classe, afetando tanto a forma como os componentes são integrados quanto os próprios limites dos componentes. Escolher o tipo correto de mensagem de evento é o que torna (desacopla) ou não (acopla) um sistema distribuído.

Nesta seção, você aprenderá as heurísticas para a aplicação de diferentes tipos de evento. Mas, antes, vejamos como usar eventos para projetar uma grande bola de lama distribuída fortemente acoplada.

Grande Bola de Lama Distribuída

Considere o sistema demonstrado na Figura 15-5.

O contexto delimitado por CRM é implementado como um modelo de domínio orientado a eventos. Quando o sistema CRM teve que ser integrado no contexto delimitado

238 | Capítulo 15: Arquitetura Orientada a Eventos

Marketing, as equipes decidiram aproveitar a flexibilidade do modelo de dados orientado a eventos e deixar o consumidor — nesse caso, o Marketing — assinar os eventos de domínio do CRM e usá-los para projetar o modelo adequado às suas necessidades.

Quando o contexto delimitado AdsOptimization foi introduzido, ele também teve que processar as informações produzidas pelo contexto delimitado CRM. Novamente, as equipes decidiram deixar AdsOptimization assinar todos os eventos de domínio produzidos no CRM e projetar o modelo adequado às necessidades de AdsOptimization.

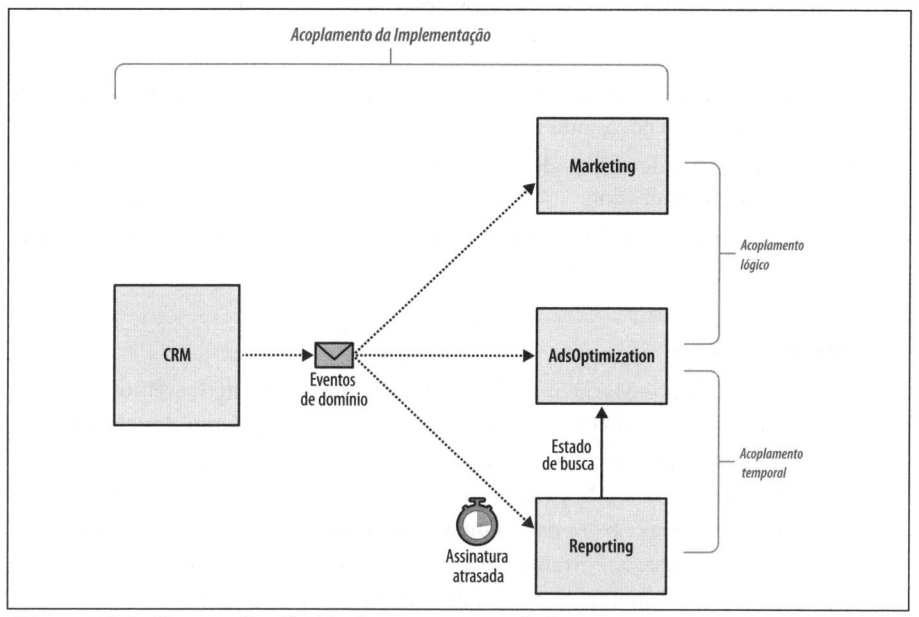

Figura 15-5. Sistema distribuído fortemente acoplado

Curiosamente, tanto o contexto delimitado Marketing quanto AdsOptimization tiveram que apresentar as informações dos clientes no mesmo formato, assim acabaram projetando o mesmo modelo a partir dos eventos de domínio do CRM: um panorama achatado do estado de cada cliente.

O contexto delimitado Reporting assinou apenas um subconjunto de eventos de domínio publicado pelo CRM e usado como mensagens de notificação de eventos para buscar os cálculos realizados no contexto de AdsOptimization. Entretanto, uma vez que os dois contextos delimitados AdsOptimization utilizam os mesmos eventos para disparar seus cálculos, para assegurar que o modelo Reporting seja atualizado, o contexto AdsOptimization introduziu um atraso. Ele processou as mensagens cinco minutos após recebê-las.

Esse design é terrível. Iremos analisar os tipos de acoplamento nesse sistema.

Acoplamento Temporal

Os contextos delimitados AdsOptimization e Reporting são acoplados de modo temporal: eles dependem de uma ordem rigorosa de execução. O componente AdsOptimization tem que terminar seu processamento antes que o módulo Reporting seja disparado. Se a ordem for invertida, serão produzidos dados inconsistentes no sistema Reporting.

Para impor a ordem de execução necessária, os engenheiros introduziram o atraso de processamento no sistema Reporting. Esse atraso de 5 minutos permite que o componente AdsOptimization termine os cálculos necessários. Obviamente, isso não impede que a ordem de execução seja incorreta:

- AdsOptimization pode estar sobrecarregado e não ser capaz de terminar o processamento em 5 minutos.
- Um problema de rede pode atrasar a entrega das mensagens recebidas ao serviço AdsOptimization.
- O componente AdsOptimization pode sofrer uma interrupção e parar o processamento das mensagens recebidas.

Acoplamento Lógico

Os contextos delimitados Marketing e AdsOptimization assinaram os eventos de domínio do CRM e acabaram implementando a mesma projeção dos dados dos clientes. Em outras palavras, a lógica de negócio que transforma os eventos de domínio recebidos em uma representação baseada em estado foi duplicada em ambos os contextos delimitados e teve as mesmas razões para a mudança: tinham que apresentar os dados dos clientes no mesmo formato. Portanto, se a projeção fosse alterada em um dos componentes, a mudança teria que ser replicada no segundo contexto delimitado.

Esse é um exemplo de acoplamento lógico: vários componentes implementando a mesma funcionalidade de negócio, e, se ela muda, ambos os componentes têm que mudar simultaneamente.

Acoplamento da Implementação

Esse tipo de acoplamento é mais sutil. Os contextos delimitados Marketing e AdsOptimization são assinados em todos os eventos de domínio gerados pelo modelo orientado a eventos do CRM. Consequentemente, uma mudança na implementação do CRM, tal como adicionar um novo evento de domínio ou alterar o esquema de um já existente, tem que ser refletida em ambos os contextos delimitados de assinatura! Se isso não for feito, os dados poderão ficar inconsistentes. Por exemplo, se o esquema de um evento mudar, a lógica de projeção dos assinantes falhará. Por outro lado, se um novo evento de domínio for adicionado ao modelo do CRM, ele poderá potencialmente afetar os modelos projetados, e, assim, ignorá-lo levará à projeção de um estado inconsistente.

Refatorando a Integração Orientada a Eventos

Como você pode ver, despejar cegamente eventos em um sistema não o torna desacoplado nem resiliente. Você talvez ache que seja um exemplo irreal, mas infelizmente ele se baseia em uma história verdadeira. Vejamos como os eventos podem ser ajustados para melhorar drasticamente o design.

Expor todos os eventos de domínio que constituem o modelo de dados do CRM acopla os assinantes aos detalhes de implementação do produtor. O acoplamento de implementação pode ser abordado expondo um conjunto de eventos muito mais restrito ou um tipo de evento diferente.

Os assinantes Marketing e AdsOptimization são funcionalmente acoplados uns aos outros, implementando a mesma funcionalidade de negócio.

Tanto o acoplamento de implementação quanto o lógico podem ser abordados encapsulando a lógica de projeção no produtor: os contextos delimitados de CRM. Em vez de expor seus detalhes de implementação, o CRM pode seguir o padrão de contrato orientado ao consumidor: projetar o modelo necessário pelos consumidores e torná-lo parte da linguagem publicada do contexto delimitado — um modelo específico de integração, desacoplado do modelo de implementação interno. Como resultado, os consumidores recebem todos os dados necessários e não ficam cientes do modelo de implementação do CRM.

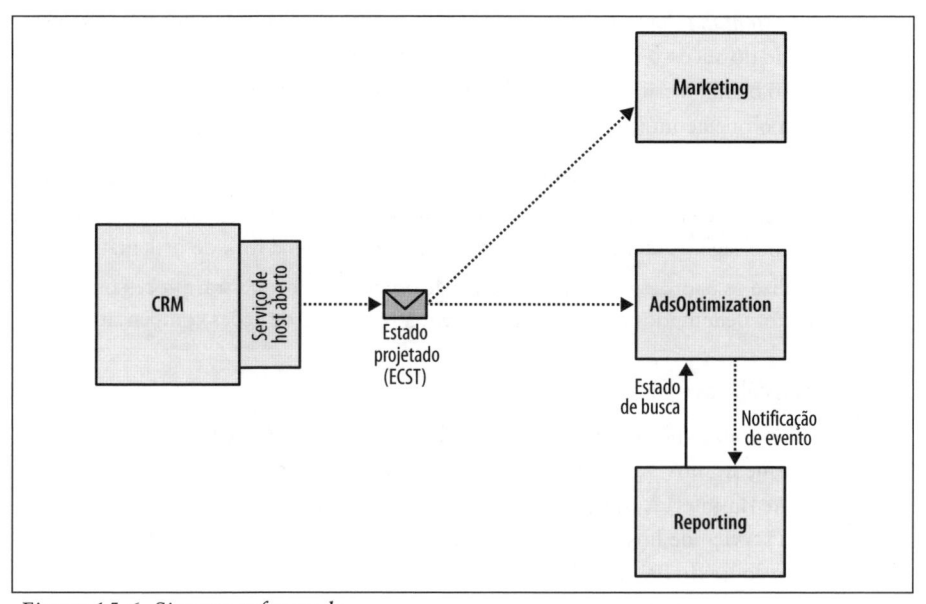

Figura 15-6. Sistema refatorado

Para lidar com o acoplamento temporal entre os contextos delimitados AdsOptimization e Reporting, o componente AdsOptimization pode publicar uma mensagem de notificação de eventos, disparando o componente Reporting para buscar os dados de que necessita. Esse sistema refatorado é mostrado na Figura 15-6.

Heurística do Design Orientado a Eventos

A combinação dos tipos de eventos com as tarefas em mãos torna as ordens de design resultantes muito menos acopladas, mais flexíveis e tolerantes a falhas. Iremos formular a heurística de design por trás das mudanças aplicadas.

Presuma o pior

Como disse Andrew Groven, só os paranoicos sobrevivem.[3] Use essa frase como princípio norteador ao projetar sistemas orientados a eventos:

- A rede será lenta.
- Os servidores falharão no momento mais inconveniente possível.
- Os eventos chegarão fora de ordem.
- Os eventos serão duplicados.

E, o mais importante, esses eventos ocorrerão com maior frequência nos fins de semana e nos feriados.

A palavra *"orientada"* em arquitetura orientada a eventos significa que todo o seu sistema depende do sucesso da entrega das mensagens. Portanto, evite a mentalidade "as coisas ficarão bem". Verifique se os eventos são sempre entregues de forma consistente, não importa o que aconteça:

- Use o padrão da caixa de saída para publicar mensagens de forma confiável.
- Ao publicar mensagens, verifique se os assinantes serão capazes de reduplicar as mensagens, identificar e reorganizar as mensagens fora de ordem.
- Utilize os padrões saga e gerenciador de processo ao orquestrar processos de contextos delimitados cruzados que exigem a realização de ações compensatórias.

Utilize eventos públicos e privados

Tenha cuidado ao expor os detalhes de implementação ao publicar eventos de domínio, especialmente nos agregados orientados a eventos. Trate os eventos como uma parte inerente da interface pública do contexto delimitado. Portanto, ao implementar o padrão do serviço de host aberto, verifique se os eventos são refletidos na linguagem publicada do contexto delimitado. Os padrões de transformação dos modelos baseados em eventos são discutidos no Capítulo 9.

---

[3]   Grove, A. S. (1998). *Só os Paranoicos Sobrevivem*. Londres: Editora Futura.

Ao projetar as interfaces públicas dos contextos delimitados, utilize diferentes tipos de eventos. As mensagens de transferência de estado por eventos comprimem o modelo de implementação em um modelo mais compacto que comunica apenas as informações de que os consumidores precisam.

As mensagens de notificação de eventos podem ser usadas para minimizar ainda mais a interface pública.

Por fim, use com moderação os eventos de domínio para a comunicação com contextos delimitados externos. Considere projetar um conjunto de eventos de domínio público dedicados apenas para esse fim.

Avalie os requisitos de consistência

Ao projetar a comunicação orientada a eventos, avalie os requisitos de consistência dos contextos delimitados como uma heurística adicional para a escolha do tipo de evento:

- Se os componentes puderem aceitar finalmente dados consistentes, use a mensagem de transferência de estado por eventos.
- Se o consumidor precisar ler a última gravação no estado do produtor, envie uma mensagem de notificação de evento, com uma consulta posterior para buscar o estado atualizado do produtor.

Conclusão

Este capítulo apresentou a arquitetura orientada a eventos como um aspecto inerente ao projetar a interface pública de um contexto delimitado. Você aprendeu sobre os três tipos de eventos que podem ser utilizados para a comunicação entre os contextos delimitados:

Notificação de evento
Notificação de que algo importante aconteceu, mas que requer que o consumidor consulte o produtor para obter informação adicional explicitamente.

Transferência de estado por eventos
Um mecanismo de replicação de dados baseado em mensagens. Cada evento contém um panorama do estado que pode ser usado para manter um cache local dos dados do produtor.

Evento de domínio
Uma mensagem que descreve um evento no domínio de negócio do produtor.

O uso de tipos inadequados de eventos inviabilizará um sistema baseado em EDA, transformando-o sem querer em uma grande bola de lama. Para escolher o tipo correto de eventos para a integração, avalie os requisitos de consistência dos contextos delimitados e tenha cuidado ao expor os detalhes de implementação. Projete um conjunto explícito de eventos públicos e privados. Finalmente, garanta que o sistema entregue as mensagens, mesmo em caso de problemas técnicos e interrupções.

Exercícios

1. Qual das seguintes declarações é correta?

   a. A arquitetura orientada a eventos define os eventos destinados a atravessar os limites dos componentes.

   b. O event sourcing define os eventos que se destinam a permanecer dentro dos limites do contexto delimitado.

   c. Arquitetura orientada a eventos e event sourcing são termos diferentes para o mesmo padrão.

   d. A e B estão corretas.

2. Que tipo de evento é mais adequado para comunicar as mudanças no estado?

   a. Notificação de evento.

   b. Transferência de estado por eventos.

   c. Evento de domínio.

   d. Todos os tipos de eventos são igualmente adequados para comunicar mudanças no estado.

3. Que padrão de integração do contexto limitado exige a definição explícita de eventos públicos?

   a. Serviço de host aberto

   b. Camada anticorrupção

   c. Núcleo compartilhado

   d. Conformista

4. Os serviços S1 e S2 são integrados de forma assíncrona. S1 tem que comunicar dados e S2 precisa ser capaz de ler os últimos dados gravados em S1. Que tipo de evento se encaixa nesse cenário de integração?

   a. S2 deve publicar os eventos de transferência de estado por eventos.

   b. S2 deve publicar as notificações de evento, sinalizando para que S1 emita uma solicitação síncrona para obter a informação mais atualizada.

   c. S2 deve publicar eventos de domínio.

   d. A e B.

CAPÍTULO 16

Malha de Dados

Até este ponto no livro, discutimos modelos usados para construir sistemas operacionais. Os sistemas operacionais implementam transações em tempo real que manipulam os dados do sistema e orquestram suas interações do dia a dia com seu ambiente. Esses modelos são os dados de processamento de transações online (OLTP). Outro tipo de dado que merece atenção e a devida modelagem são os dados de processamento analítico online (OLAP).

Neste capítulo, você aprenderá sobre a arquitetura do gerenciamento de dados analíticos chamada malha de dados. Verá como a arquitetura baseada na malha de dados funciona e como ela difere das abordagens mais tradicionais de gerenciamento de dados OLAP. Em última análise, você verá como o domain-driven design e a malha de dados se ajustam. Mas, primeiro, veremos o que são esses modelos de dados analíticos e por que não podemos simplesmente reutilizar os modelos operacionais para casos de uso analíticos.

Modelo de Dados Analíticos Versus Modelo de Dados Transacionais

Dizem que saber é poder. Os dados analíticos são o saber que dá às empresas o poder de utilizar os dados acumulados para ter insights sobre como otimizar o negócio, compreender melhor as necessidades dos clientes e até mesmo tomar decisões automatizadas através de modelos de treinamento do aprendizado de máquina — *Machine Learning* (ML).

Os modelos analíticos (OLAP) e operacionais (OLTP) atendem a diferentes tipos de consumidores, permitem a implementação de diferentes tipos de casos de uso e, portanto, são projetados seguindo outros princípios de design.

Os modelos operacionais são construídos em torno das diversas entidades do domínio de negócio do sistema, implementando seus ciclos de vida e orquestrando as interações entre si. Esses modelos, representados na Figura 16-1, servem aos sistemas operacionais e, portanto, têm que ser otimizados para dar suporte às transações de negócio em tempo real.

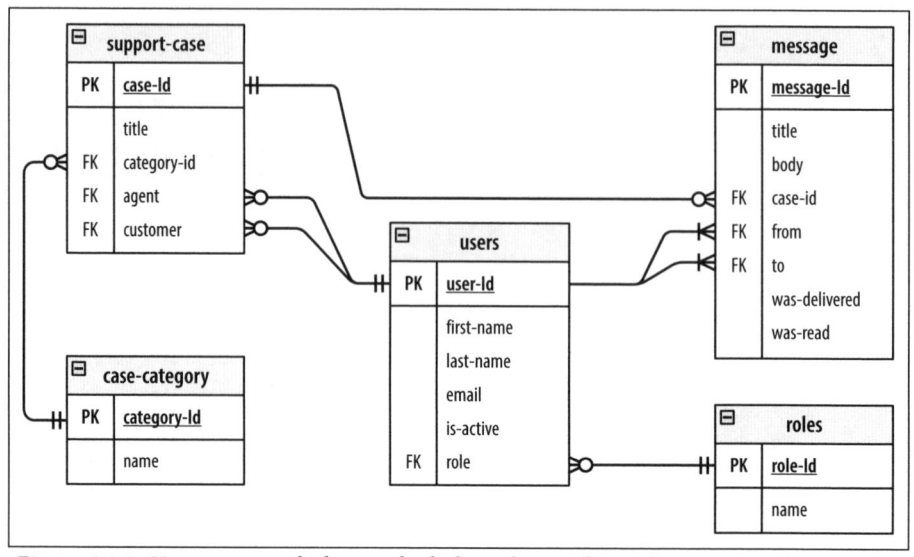

Figura 16-1. Um esquema do banco de dados relacional que descreve as relações entre as entidades em um modelo operacional

Os modelos analíticos são projetados para fornecer diferentes insights sobre os sistemas operacionais. Em vez de implementar transações em tempo real, um modelo analítico visa fornecer insights sobre o desempenho das atividades do negócio e, mais importante ainda, como o negócio pode otimizar suas operações para obter mais valor.

Da perspectiva da estrutura de dados, os modelos OLAP ignoram as entidades de negócio individuais e se concentram nas atividades do negócio através da modelagem de tabelas de fatos e tabelas de dimensões. Analisaremos mais de perto cada uma dessas tabelas a seguir.

Tabela de Fatos

Os fatos representam as atividades de negócio que já aconteceram. Os fatos são semelhantes à noção de eventos de domínio no sentido de que ambos descrevem coisas que aconteceram no passado. No entanto, ao contrário dos eventos de domínio, não há nenhuma exigência estilística para nomear fatos como verbos no passado. E mais, os fatos representam atividades de processos de negócios. Por exemplo, uma tabela de fatos `Fact_CustomerOnboardings` conteria um registro para cada novo cliente integrado, e `Fact_Sales`, um registro para cada venda feita. A Figura 16-2 mostra o exemplo de uma tabela de fatos.

	Fact-SolvedCases
PK	**CaseId**
FK	AgentKey
FK	CategoryKey
FK	OpenedOnDateKey
FK	ClosedOnDateKey
FK	CustomerKey

Figura 16-2. Uma tabela de fatos que contém registros de casos resolvidos pelo serviço de atendimento de uma empresa

Além disso, de forma semelhante aos eventos de domínio, os registros de fatos nunca são excluídos ou modificados: os dados analíticos são dados de anexação apenas; a única maneira de expressar que os dados atuais estão desatualizados é anexar um novo registro com o estado atual. Considere a tabela de fatos Fact_CaseStatus na Figura 16-3. Ela contém as medidas dos status dos pedidos de suporte ao longo do tempo. Não há um verbo explícito no nome do fato, mas o processo de negócio capturado pelo fato é o processo de cuidar dos casos de suporte.

Fact_CaseStatus

CaseId	Timestamp	AgentKey	CategoryKey	CustomerKey	StatusKey
case-141408202228	2021-06-15 10:30:00		12	10060512	1
case-141408202228	15/06/2021 11:00:00	285889	12	10060512	2
case-141408202228	15/06/2021 11:30:00	285889	12	10060512	2
case-141408202228	15/06/2021 12:00:00	285889	12	10060512	3
case-141408202228	15/06/2021 12:30:00	285889	12	10060512	2
case-141408202228	15/06/2021 13:00:00	285889	12	10060512	4

Figura 16-3. Uma tabela de fatos que descreve as mudanças de estado durante o ciclo de vida de um caso de suporte

Outra diferença significativa entre os modelos OLAP e OLTP é a granularidade dos dados. Os sistemas operacionais requerem os dados mais precisos para lidar com as transações do negócio. Para modelos analíticos, os dados agregados são mais eficientes em muitos casos de uso. Por exemplo, na tabela Fact_Case Status mostrada na Figura 16-3, você pode ver que os panoramas são feitos a cada 30 minutos. Os analistas de dados que trabalham com o modelo decidem qual o nível de granularidade que melhor atenderá às suas necessidades. Criar um registro de fatos para cada mudança da medida — por exemplo, cada mudança dos dados de um caso — seria um desperdício em alguns casos e até mesmo tecnicamente impossível em outros.

Tabela de Dimensões

Outro componente essencial de um modelo analítico é uma dimensão. Se um fato representa um processo ou uma ação do negócio (um verbo), uma dimensão descreve o fato (um adjetivo).

As dimensões são projetadas para descrever os atributos dos fatos e são referenciadas como uma chave estrangeira de uma tabela de fatos para uma tabela de dimensões. Os atributos modelados como dimensões são quaisquer medidas ou dados repetidos em diferentes registros de fatos e não podem caber em uma única coluna. Por exemplo, o esquema da Figura 16-4 aumenta o fato SolvedCases com suas dimensões.

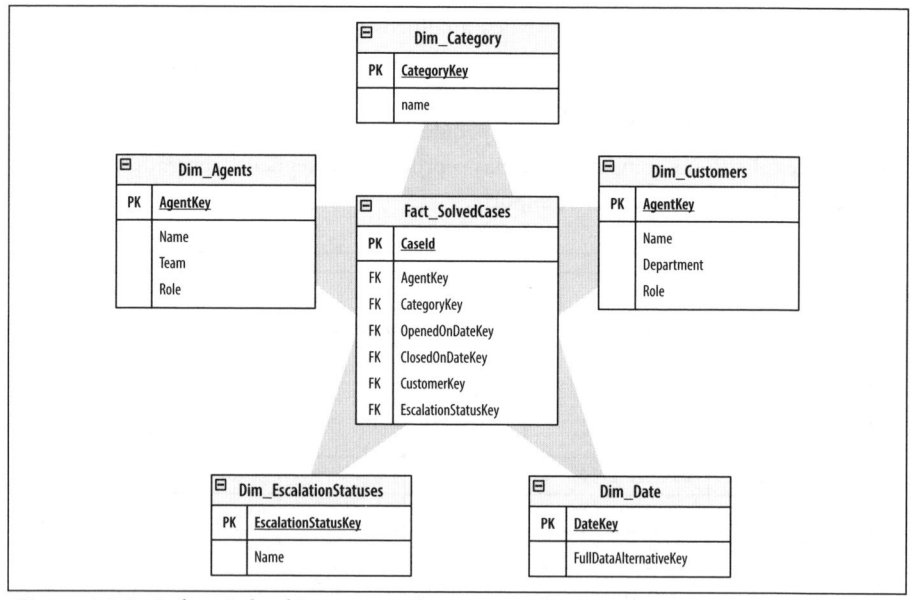

Figura 16-4. O fato SolvedCases cercado por suas dimensões

A razão para a alta normalização das dimensões é a necessidade do sistema analítico de ter suporte para uma consulta flexível. Essa é outra diferença entre os modelos operacionais e analíticos. É possível prever como um modelo operacional será consultado para suportar os requisitos do negócio. Os padrões de consulta dos modelos analíticos não são previsíveis. Os analistas de dados precisam de maneiras flexíveis de examinar os dados, e é difícil prever quais consultas serão executadas no futuro. Como resultado, a normalização suporta a consulta dinâmica e a filtragem, e o agrupamento dos dados dos fatos em diferentes dimensões.

Modelos Analíticos

A estrutura da tabela representada na Figura 16-5 é chamada de *esquema estrela*. Ela se baseia nas relações "muitos para um" entre os fatos e suas dimensões: cada registro dimensional é usado por muitos fatos; a chave estrangeira de um fato aponta para um registro dimensional único.

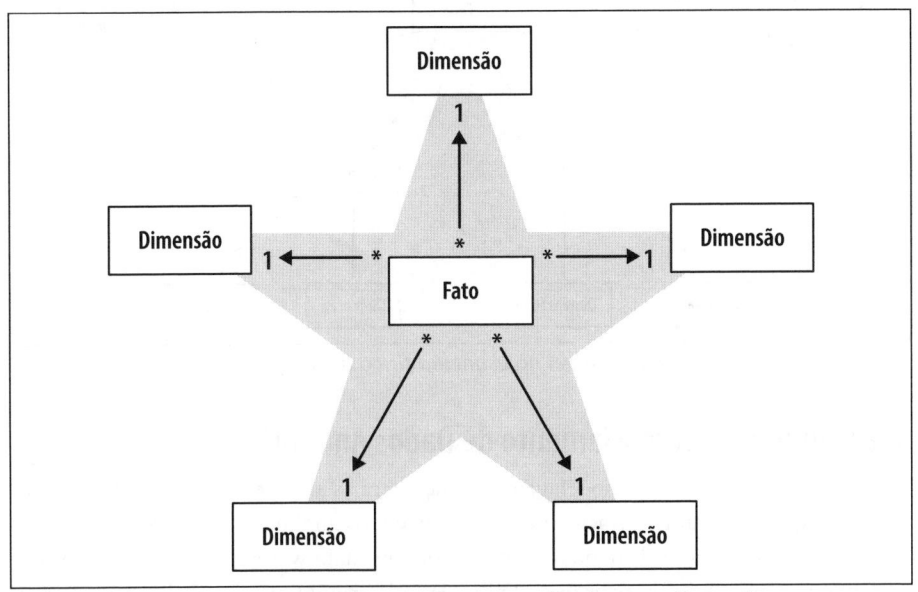

Figura 16-5. A relação "muitos para um" entre os fatos e suas dimensões

Outro modelo analítico predominante é o esquema floco de neve. Esse esquema é baseado nos mesmos blocos de construção: fatos e dimensões. Entretanto, no esquema floco de neve, as dimensões são multiníveis: cada dimensão é normalizada em dimensões mais finas, como mostrado na Figura 16-6.

Como resultado da normalização adicional, o esquema floco de neve utilizará menos espaço para armazenar os dados dimensionais e será mais fácil de manter. Entretanto, para consultar os dados dos fatos, será necessário juntar mais tabelas, portanto são necessários mais recursos computacionais.

Os esquemas estrela e floco de neve permitem que os analistas de dados examinem o desempenho do negócio, obtendo insights sobre o que pode ser otimizado e incorporado nos relatórios de inteligência de negócio (BI).

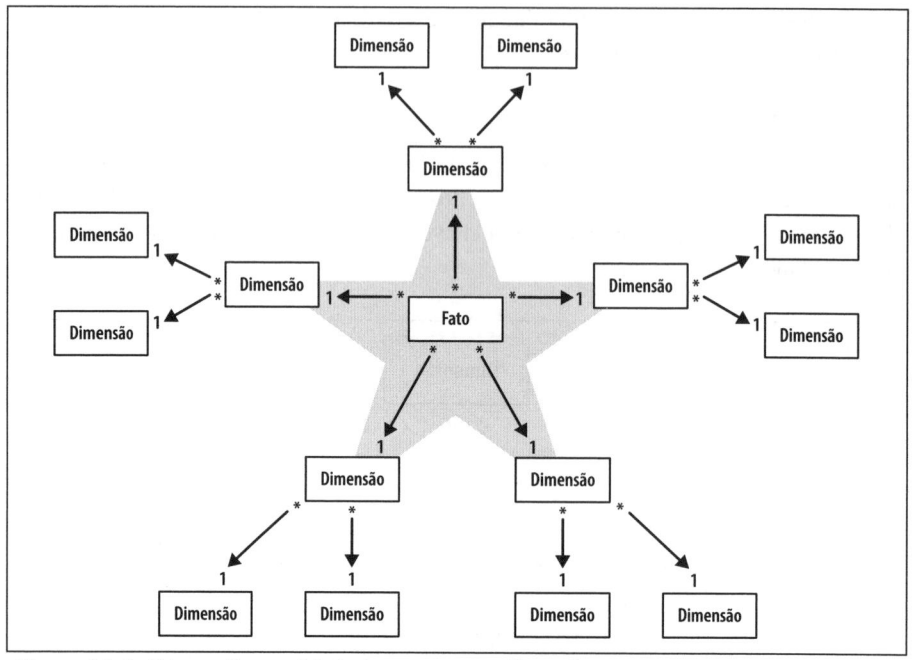

Figura 16-6. Dimensões multinível no esquema floco de neve

Plataformas de Gerenciamento de Dados Analíticos

Mudaremos a discussão da modelagem analítica para as arquiteturas de gerenciamento de dados que suportam a geração e o serviço de dados analíticos. Nesta seção, discutiremos duas arquiteturas de dados analíticos comuns: data warehouse e data lake. Você aprenderá os princípios básicos de trabalho de cada arquitetura, como diferem uns dos outros e os desafios de cada abordagem. O conhecimento de como as duas arquiteturas funcionam construirá a base para discutir o tópico principal deste capítulo: o paradigma da malha de dados e sua interação com o domain-driven design.

Data Warehouse

A arquitetura data warehouse (DWH) é relativamente simples. Extraia os dados de todos os sistemas operacionais da empresa, transforme os dados de origem em um modelo analítico e carregue os dados resultantes em um banco de dados orientado à análise de dados. Esse banco de dados é o data warehouse.

Essa arquitetura de gerenciamento de dados é baseada principalmente nos scripts ETL (extrair-transformar-carregar). Os dados podem vir de várias fontes: bancos de dados operacionais, eventos de streaming, logs etc. Além de traduzir os dados de origem em um modelo baseado em fatos/dimensões, a etapa de transformação pode incluir operações adicionais, tais como remoção de dados sensíveis, eliminação da duplicação dos registros, reordenação dos eventos, agregação de eventos de granulação fina e muito mais. Em alguns casos, a transformação pode requerer um armazenamento temporário para os dados recebidos. Isto é conhecido como a área de preparação.

O data warehouse resultante, mostrado na Figura 16-7, contém dados analíticos que cobrem todos os processos comerciais da empresa. Os dados são expostos usando a linguagem SQL (ou um de seus dialetos) e são usados por analistas de dados e engenheiros de BI.

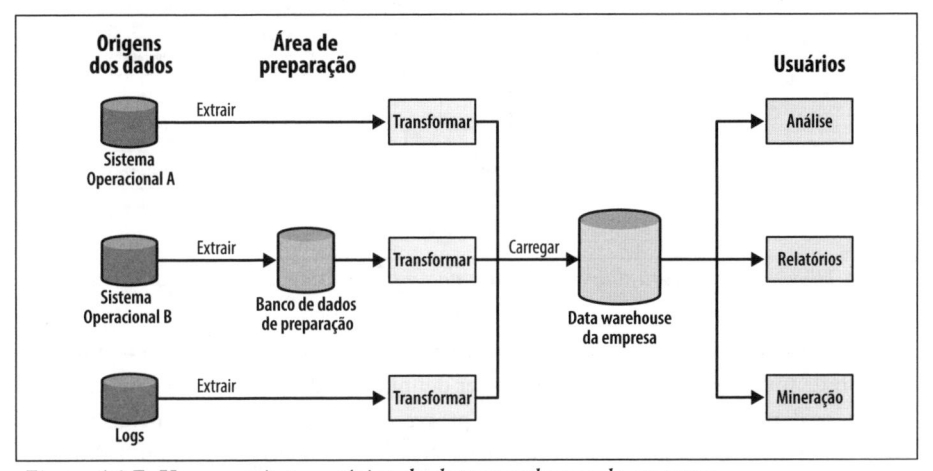

Figura 16-7. Uma arquitetura típica de data warehouse da empresa

O leitor cuidadoso notará que a arquitetura data warehouse compartilha alguns dos desafios discutidos nos Capítulos 2 e 3.

Primeiro, no coração da arquitetura data warehouse, está o objetivo de criar um modelo para toda a empresa. O modelo deve descrever os dados produzidos por todos os sistemas da empresa e lidar com todos os diferentes casos de uso dos dados analíticos. O modelo analítico permite, por exemplo, otimizar o negócio, reduzir os custos operacionais, tomar decisões de negócio inteligentes, elaborar relatórios e até treinar modelos ML. Como você aprendeu no Capítulo 3, tal abordagem é impraticável para qualquer coisa nas organizações menores. Projetar um modelo para a tarefa em questão, como criar relatórios ou treinar modelos ML, é uma abordagem muito mais eficaz e escalonável.

O desafio de construir um modelo abrangente pode ser parcialmente lidado com o uso de data marts. Um data mart é um banco de dados que contém dados relevantes para necessidades analíticas bem definidas, tais como a análise de um único departamento do negócio. No modelo data mart mostrado na Figura 16-8, um mart é preenchido diretamente por um processo ETL de um sistema operacional, enquanto outro mart extrai seus dados do data warehouse.

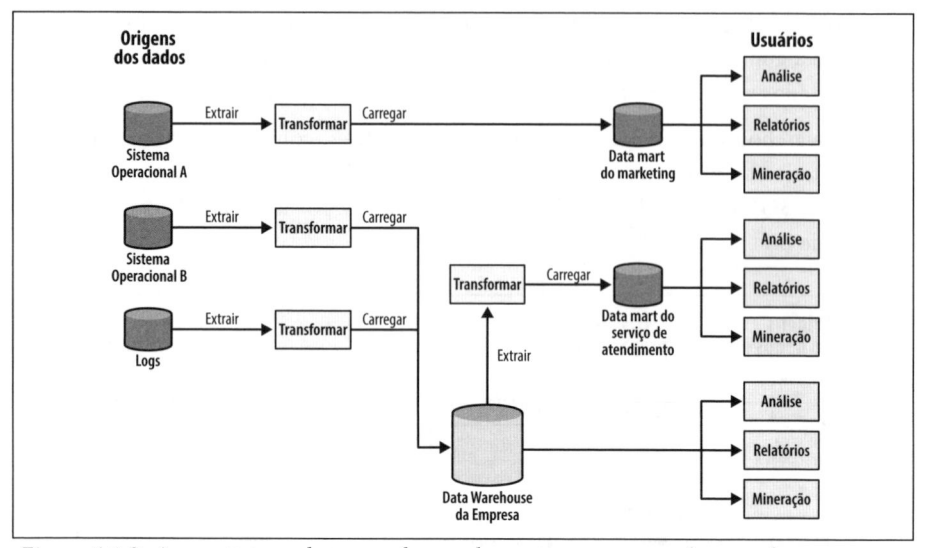

Figura 16-8. A arquitetura data warehouse da empresa aumentada com data marts

Quando os dados são consumidos em um data mart no data warehouse da empresa, o modelo de toda a empresa ainda precisa ser definido no data warehouse. Alternativamente, os data marts podem implementar processos ETL dedicados para consumir os dados diretamente dos sistemas operacionais. Nesse caso, o modelo resultante dificulta a consulta de dados em diferentes marts — por exemplo, em diferentes departamentos —, pois requer uma consulta cruzada do banco de dados e afeta muito o desempenho.

Outro aspecto desafiador da arquitetura data warehouse é que os processos ETL criam um forte acoplamento entre os sistemas analíticos (OLAP) e operacionais (OLTP). Os dados consumidos pelos scripts ETL não são necessariamente expostos através das interfaces públicas do sistema. Muitas vezes, os sistemas DWH simplesmente buscam todos os dados que residem nos bancos de dados dos sistemas operacionais. O esquema utilizado no banco de dados operacional não é uma interface pública, mas um detalhe de implementação interno. Como resultado, uma pequena mudança no esquema acaba interrompendo os scripts ETL do data warehouse. Como os sistemas operacionais e analíticos são implementados e mantidos por unidades organizacionais um tanto distantes, a comunicação entre os dois é um desafio e leva a muitos atritos entre as equipes. Esse padrão de comunicação é mostrado na Figura 16-9.

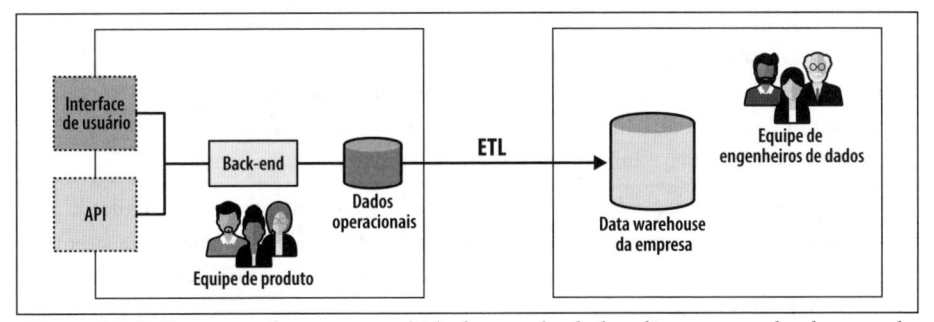

Figura 16-9. Data warehouse preenchido buscando dados diretamente dos bancos de dados operacionais, ignorando as interfaces públicas orientadas à integração

A arquitetura data lake aborda algumas deficiências da arquitetura data warehouse.

Data Lake

Como um data warehouse, a arquitetura data lake se baseia na mesma noção de consumir os dados dos sistemas operacionais e transformá-los em um modelo analítico. Entretanto, existe uma diferença conceitual entre as duas abordagens.

Um sistema baseado em data lake consome os dados dos sistemas operacionais. Entretanto, em vez de serem imediatamente transformados em um modelo analítico, os dados persistem em sua forma bruta, ou seja, no modelo operacional original.

Por consequência, os dados brutos não se adequam às necessidades dos analistas de dados. Assim, é tarefa dos engenheiros de dados e dos engenheiros de BI entender os dados no lake, implementar os scripts ETL que irão gerar modelos analíticos e alimentá-los a um data warehouse. A Figura 16-10 mostra uma arquitetura data lake.

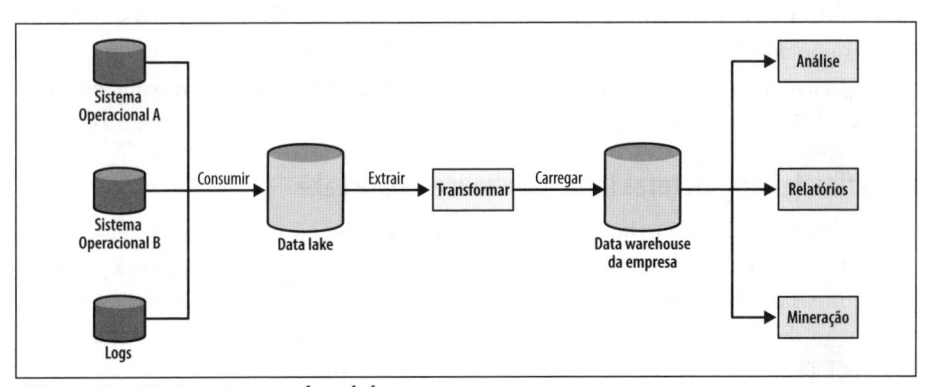

Figura 16-10. Arquitetura data lake

Como os dados dos sistemas operacionais persistem em sua forma original bruta e só são transformados posteriormente, o data lake permite trabalhar com múltiplos modelos analíticos orientados a tarefas. Um modelo pode ser usado para relatórios, outro para o treinamento de modelos ML etc. Além disso, novos modelos podem ser acrescentados no futuro e inicializados com os dados brutos existentes.

Dito isso, a geração atrasada de modelos analíticos aumenta a complexidade do sistema inteiro. Não é incomum para os engenheiros de dados implementar e suportar múltiplas versões do mesmo script ETL para conciliar diferentes versões do modelo operacional, como mostra a Figura 16-11.

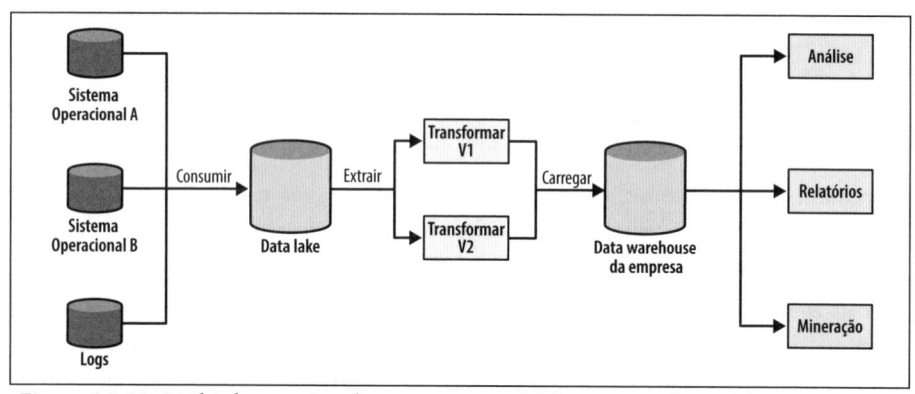

Figura 16-11. Múltiplas versões do mesmo script ETL que conciliam diferentes versões do modelo operacional

Além disso, como os data lakes não têm esquema — não há nenhum esquema imposto aos dados recebidos —, e não há controle sobre a qualidade dos dados recebidos, os dados do data lake se tornam caóticos em certos níveis de escala. Os data lakes facilitam o consumo dos dados, mas também tornam sua utilização mais desafiadora. Ou, como se diz frequentemente, um data lake se torna um pântano de dados. O trabalho do cientista de dados fica mais complexo para entender o caos e extrair dados analíticos úteis.

Desafios das Arquiteturas Data Warehouse e Data Lake

As arquiteturas data warehouse e data lake baseiam-se na suposição de que quanto mais dados são consumidos para análise, maior a percepção que a organização terá. Mas ambas as abordagens tendem a quebrar sob o peso de dados "grandes". A transformação de modelos operacionais em modelos analíticos converge em milhares de scripts ETL impossíveis de manter e específicos em escala.

Da perspectiva da modelagem, ambas as arquiteturas ultrapassam os limites dos sistemas operacionais e criam dependências sobre seus detalhes de implementação. O acoplamento resultante para os modelos de implementação cria atritos entre as equipes de sistemas operacionais e analíticos, muitas vezes a ponto de impedir mudanças nos modelos operacionais para não cortar os trabalhos de ETL do sistema de análise.

Para piorar a situação, já que os analistas e engenheiros de dados pertencem a uma unidade organizacional separada, muitas vezes lhes falta o profundo conhecimento do domínio de negócio das equipes de desenvolvimento dos sistemas operacionais. Em vez do conhecimento do domínio de negócio, eles são especializados principalmente em grandes ferramentas de dados.

Por último, mas não menos importante, o acoplamento com os modelos de implementação é especialmente crítico nos projetos baseados em design e orientados a domínios, nos quais a ênfase está em evoluir continuamente e melhorar os modelos do domínio de negócio. Como resultado, uma mudança no modelo operacional pode ter consequências imprevistas no modelo analítico. Tais mudanças são frequentes em projetos DDD e muitas vezes resultam em atritos entre as equipes de P&D e dados.

Essas limitações dos data warehouses e dos data lakes inspiraram uma nova arquitetura de gerenciamento de dados analíticos: a malha de dados.

Malha de Dados

A arquitetura da malha de dados é, em certo sentido, o domain-driven design para dados analíticos. Como os diferentes padrões do DDD traçam limites e protegem seu conteúdo, essa arquitetura define e protege os limites do modelo e da propriedade dos dados analíticos.

A arquitetura da malha de dados é baseada em quatro princípios fundamentais: decompor dados nos domínios, dados como produto, permitir a autonomia e criar um ecossistema. Veremos cada princípio em detalhes.

Decompor os dados nos domínios

As abordagens data warehouse e data lake visam unificar todos os dados da empresa em um grande modelo. O modelo analítico resultante é ineficaz por todas as mesmas razões de um modelo operacional que abrange toda a empresa. Além disso, a coleta de dados de todos os sistemas em um único local confunde os limites de propriedade dos vários elementos de dados.

Em vez de criar um modelo analítico monolítico, a arquitetura da malha de dados utiliza a mesma solução vista no Capítulo 3 para os dados operacionais: usa múltiplos modelos analíticos e alinha-os com a origem dos dados. Isso alinha naturalmente os limites de propriedade dos modelos analíticos com os limites dos contextos delimitados, como mostra a Figura 16-12. Quando o modelo analítico é decomposto de acordo com os contextos delimitados do sistema, a geração dos dados de análise se torna responsabilidade das equipes de produto correspondentes.

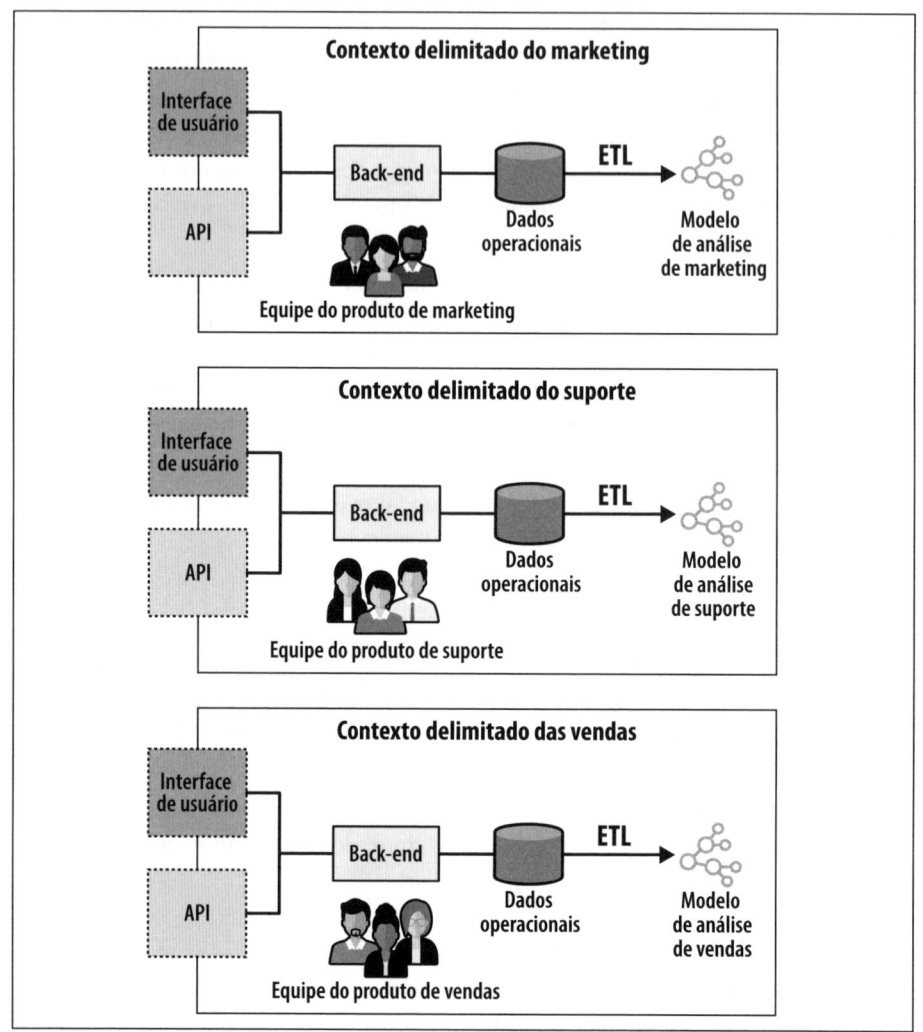

Figura 16-12. Alinhando os limites de propriedade dos modelos analíticos com os limites dos contextos delimitados

Cada contexto delimitado agora tem seus modelos operacionais (OLTP) e analíticos (OLAP). Consequentemente, a mesma equipe é proprietária do modelo operacional, agora encarregada de transformá-lo no modelo analítico.

Dados como Produto

As arquiteturas clássicas de gerenciamento de dados dificultam a descoberta, a compreensão e a obtenção de dados analíticos de qualidade. Isso é especialmente crítico no caso dos data lakes.

O princípio dos dados como produto exige o tratamento dos dados analíticos como cidadão de primeira classe. Em vez de os sistemas analíticos terem que obter os dados operacionais de fontes duvidosas (banco de dados interno, arquivos de log etc.), em um sistema baseado na malha de dados, os contextos delimitados atendem os dados analíticos através de portas de saída bem definidas, como mostra a Figura 16-13.

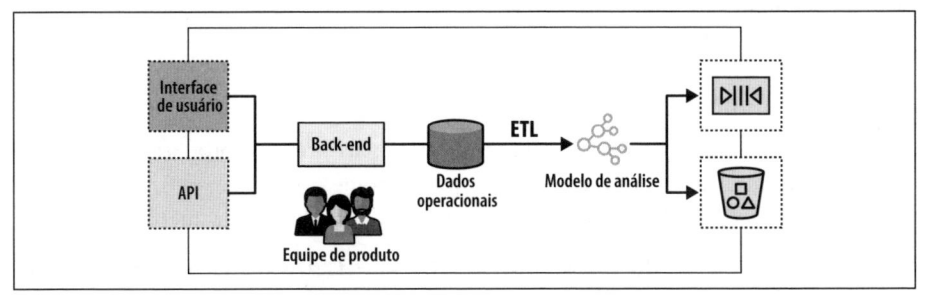

Figura 16-13. Pontos finais de extremidade poliglotas expondo dados analíticos para os consumidores

Os dados analíticos devem ser tratados como qualquer API pública:

- Deve ser fácil descobrir os pontos de extremidade necessários: as portas de saída de dados.
- Os pontos de extremidade analíticos devem ter um esquema bem definido que descreva os dados servidos e seu formato.
- Os dados analíticos devem ser confiáveis e, como qualquer API, devem ter acordos de nível de serviço (SLAs) definidos e monitorados.
- O modelo analítico deve ter versões como uma API normal e, de forma correspondente, gerenciar as mudanças de integração no modelo.

Além disso, uma vez que os dados analíticos são tratados como um produto, eles têm que atender às necessidades de seus consumidores. A equipe do contexto delimitado é responsável por garantir que o modelo resultante atenda às necessidades dos consumidores. Ao contrário das arquiteturas data warehouse e data lake, na malha de dados, a responsabilidade pela qualidade dos dados é uma preocupação de alto nível.

O objetivo da arquitetura de gerenciamento de dados distribuídos é permitir que os modelos analíticos refinados sejam combinados para atender às necessidades de análise de dados da organização. Por exemplo, se um relatório BI deve refletir os dados de múltiplos contextos delimitados, ele deve ser capaz de buscar facilmente seus dados analíticos e, se necessário, aplicar transformações locais e produzir o relatório.

Finalmente, consumidores diferentes podem requerer dados analíticos de diferentes formas. Alguns podem preferir executar consultas SQL, outros podem buscar dados analíticos de um serviço de armazenamento de objetos etc. Como resultado, os produtos de dados têm que ser poliglotas, servindo os dados em formatos que atendam às necessidades de diferentes consumidores.

Para implementar o princípio de dados como produto, as equipes de produto requerem a adição de especialistas orientados a dados. Essa é a peça que falta no quebra-cabeça das equipes multifuncionais, que tradicionalmente incluem apenas especialistas relacionados aos sistemas operacionais.

Permitir a Autonomia

As equipes de produto devem ser capazes de criar seus próprios produtos de dados e consumir produtos de dados atendidos por outros contextos delimitados. Assim como no caso dos contextos delimitados, os produtos de dados devem ser interoperáveis.

Seria um desperdício, ineficiente e difícil de integrar se cada equipe criasse sua própria solução para servir os dados analíticos. Para evitar isso, é necessária uma plataforma para abstrair a complexidade de criar, executar e manter produtos de dados interoperáveis. Projetar e criar essa plataforma é um esforço considerável e requer uma equipe dedicada à infraestrutura de dados.

A equipe da plataforma de infraestrutura de dados deve ser responsável pela definição dos projetos de produtos de dados, pelos padrões de acesso unificados, pelo controle de acesso e pelo armazenamento poliglota que pode ser utilizado pelas equipes de produtos, bem como por monitorar a plataforma e garantir que os SLAs e os objetivos sejam atendidos.

Criar um Ecossistema

A etapa final para criar um sistema de malha de dados é nomear um órgão de governança federado para permitir a interoperabilidade e o pensamento ecossistêmico no domínio dos dados analíticos. Em geral, seria um grupo composto pelos dados dos contextos delimitados, pelos donos de produtos e pelos representantes da equipe da plataforma de infraestrutura de dados, como na Figura 16-14.

O grupo de governança fica encarregado de definir as regras para garantir um ecossistema saudável e interoperável. As regras devem ser aplicadas a todos os produtos de dados e suas interfaces, e é responsabilidade do grupo garantir o cumprimento das regras em toda a empresa.

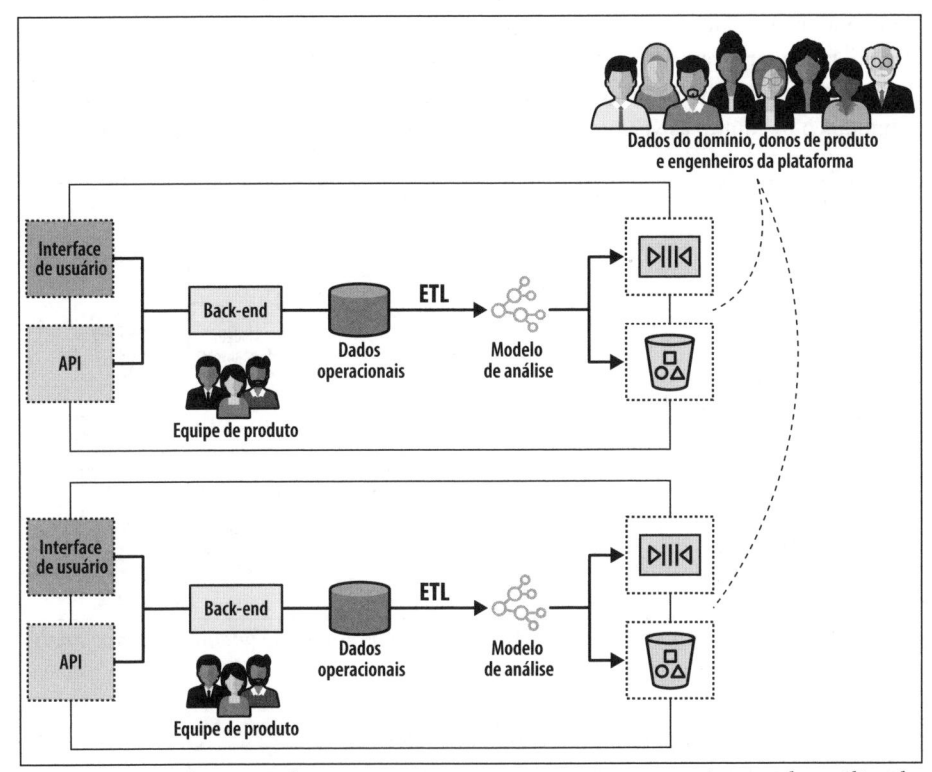

Figura 16-14. O grupo de governança, que garante que o ecossistema de análise de dados distribuídos seja interoperável, saudável e atenda às necessidades da organização

Combinando Malha de Dados e Domain-driven Design

Esses são os quatro princípios nos quais a arquitetura de malha de dados se baseia. A ênfase na definição de limites e o encapsulamento dos detalhes da implementação por trás de portas de saída bem definidas tornam evidente que a arquitetura da malha de dados é baseada no mesmo raciocínio do domain-driven design. Além disso, alguns padrões de domain-driven design podem auxiliar muito a implementação da arquitetura da malha de dados.

Antes de tudo, a linguagem ubíqua e o conhecimento do domínio resultante são essenciais para planejar os modelos analíticos. Como vimos nas seções de data warehouse e data lake, falta conhecimento de domínio nas arquiteturas tradicionais.

Em segundo lugar, expor os dados do contexto delimitado em um modelo diferente de seu modelo operacional é o padrão de host aberto. Nesse caso, o modelo analítico é uma linguagem publicada adicional.

O padrão CQRS facilita a geração de múltiplos modelos dos mesmos dados. Ele pode ser utilizado para transformar o modelo operacional em um modelo analítico. A capacidade do padrão CQRS de gerar modelos do zero facilita a geração e o atendimento simultâneo de múltiplas versões do modelo analítico, como mostra a Figura 16-15.

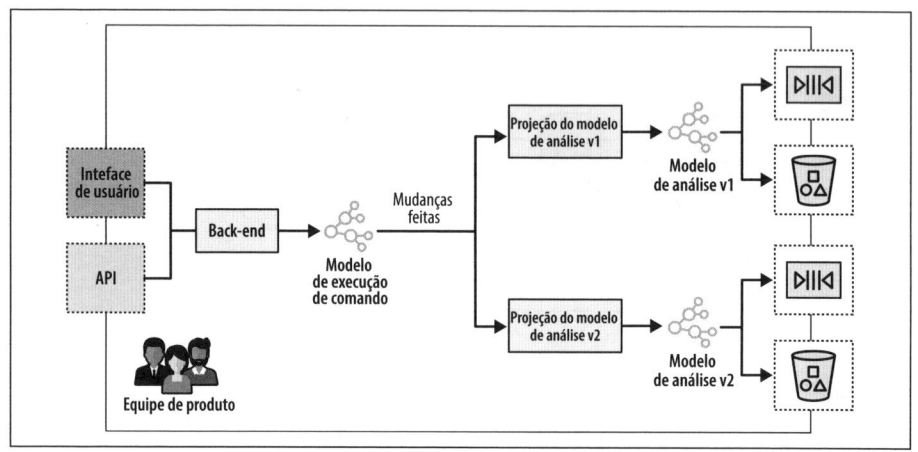

Figura 16-15. Utilizando o padrão CQRS para servir simultaneamente os dados analíticos em duas versões de esquema diferentes

Finalmente, como a arquitetura da malha de dados combina os diferentes modelos de contextos delimitados para implementar casos de uso analíticos, os padrões de integração de contextos delimitados para modelos operacionais também se aplicam aos modelos analíticos. Duas equipes de produto podem desenvolver seus modelos analíticos em parceria. Outra pode implementar uma camada anticorrupção para se proteger de um modelo analítico ineficiente. Ou as equipes podem seguir caminhos separados e produzir implementações duplicadas dos modelos analíticos.

Conclusão

Neste capítulo, você aprendeu sobre os diferentes aspectos da criação de sistemas de software, em particular, a definição e o gerenciamento de dados analíticos. Discutimos os modelos predominantes para os dados analíticos, incluindo os esquemas estrela e floco de neve, e como o gerenciamento de dados é tradicionalmente feito nos data warehouses e nos data lakes.

A arquitetura da malha de dados tem como objetivo endereçar os desafios das arquiteturas tradicionais de gerenciamento de dados. Em sua essência, ela aplica os mesmos princípios do domain-driven design, mas aos dados analíticos: decompor o modelo analítico em unidades gerenciáveis e garantir que os dados analíticos possam ser acessados e utilizados de forma confiável através de suas interfaces públicas. Finalmente, o

CQRS e os padrões de integração de contexto delimitado podem auxiliar a implementação da arquitetura da malha de dados.

Exercícios

1. Qual das declarações seguintes está correta de acordo com as diferenças entre os modelos transacional (OLTP) e analítico (OLAP)?

    a. Os modelos OLAP devem expor opções de consulta mais flexíveis do que os modelos OLTP.

    b. Os modelos OLAP devem passar por mais atualizações do que os modelos OLTP, assim, devem ser otimizados para as gravações.

    c. Os dados OLTP são otimizados para operações em tempo real, no entanto, é aceitável esperar segundos ou até minutos pela resposta de uma consulta.

    d. A e C estão corretas.

2. Que padrão de integração de contexto delimitado é essencial para a implementação da arquitetura da malha de dados?

    a. Núcleo compartilhado

    b. Serviço de host aberto

    c. Camada anticorrupção

    d. Parceria

3. Qual padrão de arquitetura é essencial para a implementação da arquitetura da malha de dados?

    a. Arquitetura em camadas.

    b. Portas e adaptadores.

    c. CQRS.

    d. Os padrões de arquitetura não podem suportar a implementação de um modelo OLAP.

4. A definição da arquitetura da malha de dados exige decompor os dados nos "domínios". Qual é o termo DDD para indicar os domínios da malha de dados?

    a. Contextos delimitados.

    b. Domínios de negócios.

    c. Subdomínios.

    d. Não há sinônimo para os domínios da malha de dados no DDD.

Palavras Finais

Para concluir nossa exploração do domain-driven design, quero voltar à citação com a qual começamos:

> *Não faz sentido falar sobre a solução antes de identificarmos o problema, e não faz sentido falar sobre implementação antes de identificarmos qual é a solução.*
> — Efrat Goldratt-Ashlag

Essa citação resume perfeitamente nossa jornada DDD.

Problema

Para fornecer uma solução de software, primeiro temos que entender o problema: qual é o domínio de negócio em que estamos trabalhando, quais são os objetivos do negócio e qual é a estratégia para alcançá-los.

Usamos a *linguagem ubíqua* para ter uma compreensão profunda do domínio de negócio e a lógica que temos de implementar no software.

Você aprendeu a administrar a complexidade do problema do negócio, dividindo-o em *contextos delimitados*. Cada contexto delimitado implementa um modelo único do domínio de negócio, destinado a resolver um problema específico.

Vimos como identificar e categorizar os blocos de construção dos domínios de negócios: *subdomínios principais*, *de suporte* e *genéricos*. A Tabela E-1 compara esses três tipos de subdomínios.

Tabela E-1. Os três tipos de subdomínios

Tipo de subdomínio	Vantagem competitiva	Complexidade	Volatilidade	Implementação	Problema
Principal	Sim	Alta	Alta	Interna	Interessante
Genérico	Não	Alta	Baixa	Comprar/adotar	Resolvido
De suporte	Não	Baixa	Baixa	Interna/terceirizada	Óbvio

Solução

Você aprendeu a utilizar esse conhecimento para planejar soluções otimizadas para cada tipo de subdomínio. Vimos quatro padrões de implementação da lógica de negócio (*script de transação*, *registro ativo*, *modelo de domínio* e *modelo de domínio orientado a eventos*) e os cenários em que cada padrão brilha. Você também viu três padrões de arquitetura que fornecem a estrutura necessária para a implementação da lógica de negócios: *arquitetura em camadas*, *portas e adaptadores*, e *CQRS*. A Figura E-1 resume a heurística para a tomada de decisão tática utilizando esses padrões.

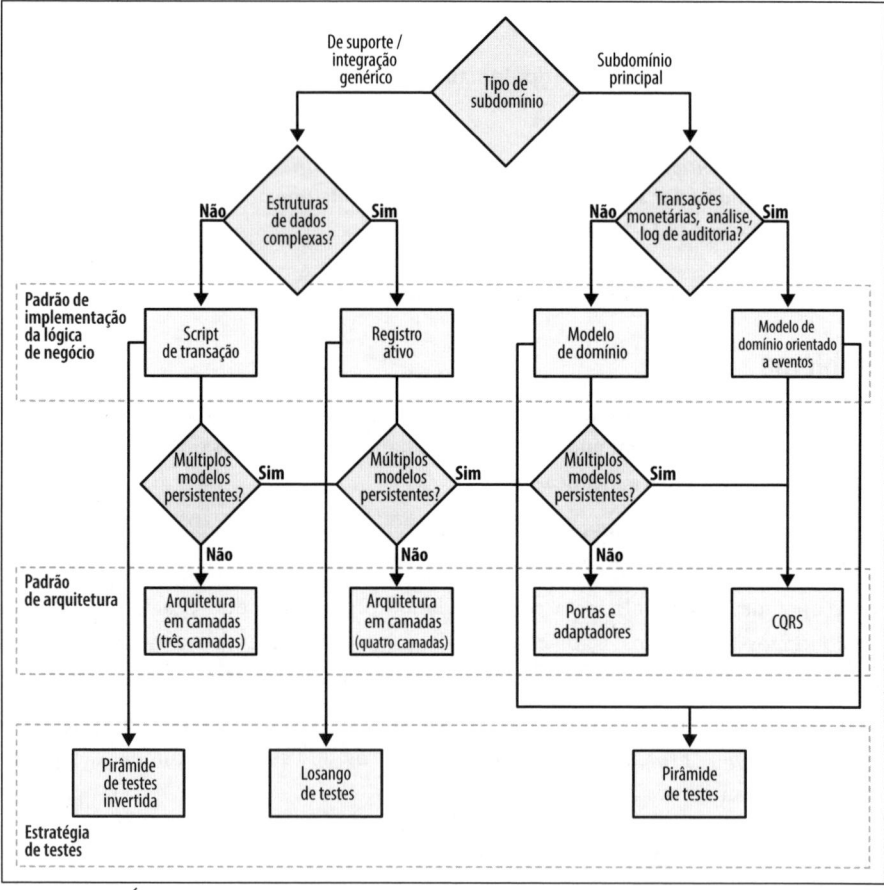

Figura E-1. Árvore de decisão que resume a heurística para a tomada de decisão tática

Implementação

Na Parte III, vimos como transformar teoria em prática. Você aprendeu como construir efetivamente uma linguagem ubíqua, realizando uma sessão de EventStorming, como manter o design em forma à medida que o domínio de negócio evolui e como introduzir e começar a usar o domain-driven design em projetos brownfield.

Na Parte IV, discutimos a interação entre domain-driven design e outras metodologias e padrões: microsserviços, arquitetura orientada a eventos e malha de dados. Vimos que não só o DDD pode ser usado junto com essas técnicas, mas que elas de fato se complementam.

Leitura Adicional

Espero que este livro tenha despertado seu interesse por domain-driven design. Se quiser continuar aprendendo, veja alguns livros que recomendo de todo o coração [a maioria sem publicação no Brasil].

Domain-Driven Design Avançado

- Evans, E. (2003). *Domain-Driven Design: Atacando as Complexidades no Coração do Software*. Alta Books.

  O livro original de Eric Evans que introduziu a metodologia domain-driven design. Embora não reflita os aspectos mais recentes do DDD, tais como eventos de domínio e event sourcing, ainda é uma leitura essencial para se tornar faixa preta em DDD.

- Martraire, C. (2019). *Living Documentation: Continuous Knowledge Sharing by Design*. Boston: Addison-Wesley.

  Neste livro, Cyrille Martraire propõe uma abordagem baseada em domain-driven design para o compartilhamento de conhecimento, documentação e testes.

- Vernon, V. (2013). *Implementando Domain-Driven Design*. Alta Books.

  Outro clássico atemporal do DDD. Vaughn Vernon fornece discussões aprofundadas e exemplos detalhados sobre domain-driven design e o uso de seu conjunto de ferramentas estratégicas e táticas. Como base de aprendizado, Vaughn usa um exemplo real de iniciativas fracassadas com o DDD e a jornada de rejuvenescimento das equipes com a aplicação de correções de curso essenciais.

- Young, G. (2017). *Versioning in an Event Sourced System*. Leanpub.

  No Capítulo 7, discutimos que pode ser um desafio desenvolver um sistema orientado a eventos. O livro é dedicado a esse tópico.

Padrões de Arquitetura e Integração

- Dehghani, Z. (Deve ser publicado em 2022). *Data Mesh: Delivering Data-Driven Value at Scale*. Boston: O'Reilly.

  Zhamak Dehghani é o autor do padrão da malha de dados visto no Capítulo 16. Nesse livro, Dehghani explica os princípios por trás da arquitetura de gerenciamento de dados e como implementar a arquitetura da malha de dados na prática.

- Fowler, M. (2002). *Padrões de Arquitetura de Aplicações Corporativas*. Editora Bookman.

  O clássico livro de padrões de arquitetura de aplicação que citei várias vezes nos Capítulos 5 e 6. É o livro no qual o script de transação, o registro ativo e os padrões de modelos de domínio foram definidos originalmente.

- Hohpe, G. e Woolf, B. (2003). *Enterprise Integration Patterns: Designing, Building, and Deploying Messaging Solutions*. Boston: Addison-Wesley.

  Muitos dos padrões discutidos no Capítulo 9 foram originalmente introduzidos neste livro. Leia o livro para aprender sobre outros padrões de integração de componentes.

- Richardson, C. (2019). *Microservice Patterns: With Examples in Java*. New York: Manning Publications.

  Neste livro, Chris Richardson fornece muitos exemplos detalhados de padrões frequentemente utilizados na arquitetura de soluções baseadas em microsserviços. Entre os padrões discutidos estão saga, gerenciador de processo e caixa de saída, que vimos no Capítulo 9.

Modernização de Sistemas Antigos

- Kaiser, S. (Deve ser publicado em 2022). *Adaptive Systems with Domain-Driven Design, Wardley Mapping, and Team Topologies*. Boston: Addison--Wesley.

  Susanne Kaiser compartilha sua experiência na modernização de sistemas antigos, utilizando domain-driven design, mapeamento Wardley e topologias de equipe.

- Tune, N. (Deve ser publicado em 2022). *Architecture Modernization: Product, Domain, & Team Oriented*. Leanpub.

  Neste livro, Nick Tune aprofunda como utilizar o domain-driven design e outras técnicas para modernizar a arquitetura de projetos brownfield.

- Vernon, V. e Jaskula, T. (2021). *Implementing Strategic Monoliths and Microservices*. Boston: Addison-Wesley.

  Um livro prático no qual os autores demonstram ferramentas de engenharia de software atemporais, incluindo descoberta e aprendizagem rápidas, abordagens orientadas a domínio e tratamento das complexidades da implementação adequada de soluções baseadas em blocos monolíticos e microsserviços, tudo isso focando o aspecto mais importante: entregar uma estratégia de negócios inovadora.

- Vernon, V. e Jaskula, T. (2021). *Strategic Monoliths and Microservices*. Boston: Addison-Wesley.

  Neste livro, Vaughn e Tomasz promovem o pensamento estratégico do software, explorando como alcançar inovações importantes, utilizando o aprendizado baseado na descoberta, juntamente com uma abordagem orientada a domínio, e como selecionar a arquitetura e as ferramentas mais objetivas para o trabalho: microsserviços, blocos monolíticos ou uma combinação, e como fazê-los trabalhar juntos.

EventStorming

- Brandolini, A. (Ainda não publicado). *Introducing EventStorming*. Leanpub.

  Alberto Brandolini é o criador do workshop EventStorming e, neste livro, ele detalha o processo e a lógica por trás do EventStorming.

- Rayner, P. (Ainda não publicado). *The EventStorming Handbook*. Leanpub.

  Paul Rayner explica como ele usa o EventStorming na prática, incluindo inúmeras dicas e truques para facilitar uma sessão de sucesso.

Conclusão

É isso aí! Muito obrigado por ler este livro. Espero que tenha gostado e utilize o que aprendeu com ele.

O que eu espero que você tire deste livro são a lógica e os princípios por trás das ferramentas DDD. Não siga cegamente o DDD como um dogma, mas entenda o raciocínio em que ele se baseia. Esse entendimento aumentará muito suas oportunidades de aplicar o DDD e obter valor com ele. Entender essa filosofia é também o segredo para alavancar o valor ao incorporar os conceitos da metodologia individualmente, sobretudo nos projetos brownfield.

Por fim, sempre observe sua linguagem ubíqua e, na dúvida, faça um EventStorming. Boa sorte!

Aplicando o DDD: Um Estudo de Caso

Neste apêndice, compartilharei como começou minha jornada domain-driven design: a história de uma empresa iniciante que, para os propósitos deste exemplo, chamaremos de "Marketnovus". Na Marketnovus, empregamos a metodologia DDD desde o dia em que a empresa foi fundada. Ao longo dos anos, não apenas cometemos todos os possíveis erros de DDD, mas também tivemos a oportunidade de aprender com eles e consertá-los. Usarei essa história e os erros que cometemos para demonstrar o papel que os padrões e as práticas do DDD desempenham no sucesso de um projeto de software.

Este estudo de caso é composto de duas partes. Na Parte I, mostrarei as histórias de cinco contextos delimitados da Marketnovus, quais decisões de projeto foram tomadas e quais foram os resultados. Na segunda parte, explicarei como essas histórias refletem o material que você aprendeu neste livro.

Antes de começarmos, preciso ressaltar que a Marketnovus não existe mais. Como resultado, este apêndice não é de forma alguma promocional. Além do mais, como é uma empresa extinta, tenho liberdade para falar honestamente sobre nossas experiências.

Cinco Contextos Delimitados

Antes de mergulharmos nos contextos delimitados e como eles foram projetados, como profissionais de DDD bem comportados, temos que começar por definir o domínio de negócio da Marketnovus.

Domínio de Negócio

Imagine que você esteja criando um produto ou um serviço. A Marketnovus permitiu que você terceirizasse todas as suas tarefas relacionadas ao marketing. Os especialistas da Marketnovus elaboraram uma estratégia de marketing para seu produto. Seus redatores e designers gráficos produziram toneladas de material criativo, como banners e páginas do site, utilizados para realizar campanhas publicitárias, promovendo o produto. Todos os leads gerados por essas campanhas passavam pelos agentes de vendas da Marketnovus, que faziam as ligações e vendiam o produto.

Figura A-1. Processo de marketing

Mais importante, o processo de marketing forneceu muitas oportunidades de otimização, e era exatamente disso que o departamento de análise estava encarregado. Eles analisaram todos os dados para garantir que a Marketnovus e os clientes recebessem o maior custo-benefício, pela identificação das campanhas mais bem-sucedidas, celebrando os criativos mais eficazes ou assegurando que os agentes de vendas trabalhassem nos leads mais promissores.

Como éramos uma empresa autofinanciada, tínhamos que começar a trabalhar o mais rápido possível. Como resultado, logo após a fundação, a primeira versão de nosso sistema de software teve que implementar o primeiro terço de nossa cadeia de valor:

- Um sistema de gestão de contratos e integrações com editores externos
- Um catálogo para nossos designers gerenciarem os materiais criativos
- Uma solução de gestão de campanhas para a realização de campanhas publicitárias

Fiquei sobrecarregado e tive que encontrar uma maneira de compreender todas as complexidades do domínio de negócio. Felizmente, não muito antes de começarmos a trabalhar, li um livro que prometia exatamente isso. É claro, estou falando do trabalho essencial de Eric Evans, *Domain-Driven Design: Atacando as Complexidades no Coração do Software.*

Se você leu o Prefácio do livro, sabe que ele forneceu as respostas que eu vinha buscando há tempos: como projetar e implementar a lógica de negócio. Assim, para mim não foi um livro fácil de compreender na primeira leitura. No entanto, senti que já tinha conseguido entender bem o DDD só de ler os capítulos de design tático.

Adivinhe como o sistema foi inicialmente projetado? Com certeza deixaria certo indivíduo[1] proeminente da comunidade DDD muito orgulhoso.

Contexto Delimitado 1: Marketing

O estilo de arquitetura de nossa primeira solução poderia ser resumido de forma clara como "agregados por todo lado". Agência, campanha, veiculação, funil, editora: qualquer substantivo nos requisitos foi proclamado como agregado.

Todos esses agregados residiam em um contexto delimitado enorme e solitário. Sim, um grande e assustador bloco monolítico, sobre o qual todos alertam atualmente.

E, é claro, não eram os agregados. Eles não forneciam nenhum limite transacional e quase não tinham nenhum comportamento. Toda a lógica de negócio foi implementada em uma enorme camada de serviços.

Quando você pretende implementar um modelo de domínio, mas acaba com o padrão de registro ativo, muitas vezes é chamado de antipadrão "modelo de domínio anêmico". Em retrospectiva, o projeto foi um exemplo de como não implementar um modelo de domínio. No entanto, as coisas pareciam bem diferentes do ponto de vista do negócio.

Do ponto de vista do negócio, o projeto foi considerado um enorme sucesso! Apesar da arquitetura falha, conseguimos entregar um software funcional de maneira muito rápida para o mercado. Como fizemos isso?

Um toque de mágica

De alguma forma, conseguimos criar uma linguagem ubíqua robusta. Nenhum de nós tinha experiência anterior em marketing online, mas ainda podíamos dialogar com os especialistas de domínio. Nós os entendíamos, eles nos entendiam e, para nosso espanto, os especialistas de domínio acabaram sendo pessoas muito simpáticas! Eles realmente gostavam do fato de que estávamos dispostos a aprender com eles e sua experiência.

A comunicação fluida com os especialistas de domínio nos permitiu compreender o domínio de negócio em pouco tempo e implementar sua lógica de negócio. Sim, era um bloco monolítico muito grande, mas, para dois desenvolvedores em uma garagem, era bom o suficiente. Mais uma vez, produzimos um software funcional de maneira muito rápida para o mercado.

---

[1]   @DDDBorat é uma conta de paródia no Twitter conhecida por compartilhar maus conselhos sobre domain-driven design.

Nossa compreensão inicial do domain-driven design

Nosso entendimento do domain-driven design nessa fase poderia ser representado com o diagrama simples da Figura A-2.

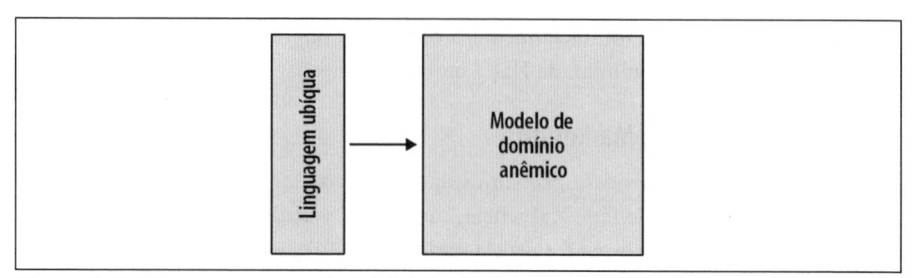

Figura A-2. Nossa compreensão inicial do domain-driven design

Contexto Delimitado 2: CRM

Logo após a implantação da solução de gestão da campanha, leads começaram a entrar, e estávamos com pressa. Nossos agentes de vendas precisavam de um sistema robusto de gestão de relacionamento com o cliente (CRM) para gerenciar os leads e seus ciclos de vida.

O CRM tinha que agregar todos os leads recebidos, agrupá-los com base em diferentes parâmetros e distribuí-los nos vários departamentos de vendas ao redor do mundo. Também tinha que se integrar com os sistemas internos de nossos clientes, para notificá-los sobre mudanças nos ciclos de vida dos leads e complementar nossos leads com informações adicionais. E, é claro, o CRM tinha que oferecer o máximo de oportunidades de otimização possível. Por exemplo, precisávamos garantir que os agentes trabalhassem nos leads mais promissores, atribuir leads aos agentes com base em suas qualificações e desempenho anterior e permitir uma solução muito flexível para calcular as comissões dos agentes.

Como nenhum produto pronto atendia nossas exigências, decidimos implantar nosso próprio sistema CRM.

Mais "agregados"!

A abordagem inicial de implementação era continuar focando os padrões táticos. Mais uma vez, usamos cada substantivo como agregado e os colocamos no mesmo bloco monolítico. Mas, dessa vez, algo parecia errado desde o início.

Percebemos que, com muita frequência, adicionávamos prefixos estranhos aos nomes dos "agregados": por exemplo, CRMLead e MarketingLead, MarketingCampaign e CRMCampaign. Curiosamente, nunca utilizávamos esses prefixos nas conversas com os especialistas do domínio. De alguma forma, eles sempre entendiam o significado pelo contexto.

Então lembrei que o domain-driven design tem uma noção de contextos delimitados que tínhamos ignorado até o momento. Depois de revisar os capítulos relevantes do livro de Evans, aprendi que os contextos delimitados resolvem exatamente a mesma questão com a qual estávamos lidando: eles protegem a consistência da linguagem ubíqua. E, mais, na época, Vaughn Vernon havia publicado seu artigo "Effective Aggregate Design". O artigo explicitava todos os erros que estávamos cometendo ao projetar os agregados. Estávamos tratando os agregados como estruturas de dados, mas eles desempenham um papel muito maior ao proteger a consistência dos dados do sistema.

Recuamos e redesenhamos a solução CRM para refletir essas revelações.

Design da solução: Take dois

Começamos dividindo nosso bloco monolítico em dois contextos delimitados distintos: marketing e CRM. É claro que aqui não chegamos aos microsserviços; apenas fizemos o mínimo para proteger a linguagem ubíqua.

No entanto, no novo contexto delimitado, o CRM, não repetiríamos os mesmos erros cometidos no sistema de marketing. Chega de modelos de domínios anêmicos! Aqui implementaríamos um modelo de domínio real, com agregados reais, de acordo com o livro. Em particular, prometemos que:

- Cada transação afetaria apenas uma instância do agregado.
- Em vez de ORM, cada agregado só definiria o escopo transacional.
- A camada de serviço seguiria uma dieta muito rigorosa, e toda a lógica de negócio seria refatorada nos agregados correspondentes.

Ficamos muito entusiasmados em fazer as coisas da maneira correta. Mas logo ficou evidente que montar um modelo de domínio corretamente é difícil!

Em relação ao sistema de marketing, tudo levou muito mais tempo! Foi quase impossível acertar os limites transacionais na primeira vez. Tivemos que avaliar pelo menos alguns modelos e testá-los, só para descobrir mais tarde que aquele não considerado era o correto. O preço de fazer as coisas da maneira "correta" era altíssimo: muito tempo.

Logo ficou óbvio para todos que não havia chances de cumprir os prazos! Para nos ajudar, a gerência decidiu transferir a implementação de algumas funcionalidades para... a equipe de administradores do banco de dados.

Sim, para implementar a lógica de negócio nos procedimentos armazenados.

Essa única decisão resultou em muitos danos mais adiante. Não que o SQL não seja a melhor linguagem para descrever a lógica de negócio. Não, o verdadeiro problema era um pouco mais sutil e fundamental.

Torre de Babel 2.0

Essa situação produziu um contexto delimitado implícito cujo limite afetou uma das nossas entidades de negócio mais complexas: o Lead.

O resultado foi duas equipes trabalhando no mesmo componente do negócio e implementando recursos intimamente relacionados, mas com o mínimo de interação entre elas. Linguagem ubíqua? Jamais! Literalmente, cada equipe tinha seu próprio vocabulário para descrever o domínio de negócio e suas regras.

Os modelos eram inconsistentes. Não havia uma compreensão compartilhada. O conhecimento foi duplicado, e as mesmas regras foram implementadas duas vezes. Certamente, quando a lógica teve que mudar, as implementações ficaram sem sincronia imediatamente.

Nem preciso dizer que o projeto não foi entregue a tempo e estava cheio de bugs. Problemas de produção desagradáveis que passaram despercebidos durante anos corromperam nosso bem mais precioso: nossos dados.

A única saída para essa bagunça foi reescrever completamente o agregado Lead, dessa vez com limites adequados, o que fizemos alguns anos mais tarde. Não foi fácil, mas a bagunça era tão grande que não havia outra maneira de resolvê-la.

Uma compreensão maior do domain-driven design

Embora o projeto tenha fracassado bastante pelos padrões de negócio, nossa compreensão do DDD evoluiu um pouco: criar uma linguagem ubíqua, proteger sua integridade usando contextos delimitados e, em vez de implementar um modelo de domínio anêmico em todos os lugares, implementar um modelo de domínio apropriado em todos os lugares. O modelo é ilustrado na Figura A-3.

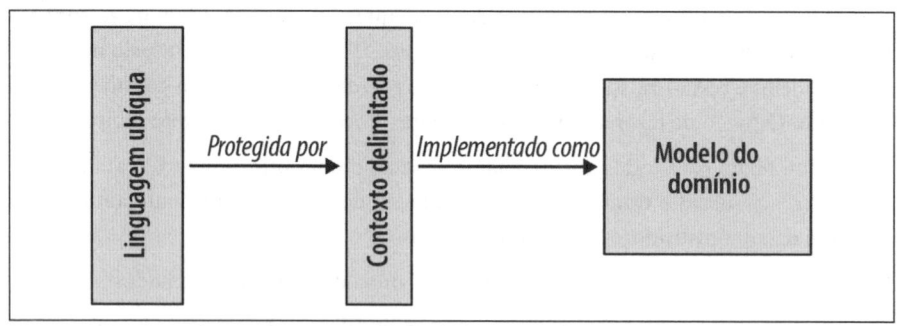

Figura A-3. Introdução de conceitos de design estratégico na nossa compreensão de domain-driven design

Naturalmente, uma parte crucial do domain-driven design faltava aqui: subdomínios, seus tipos e como eles afetam o design de um sistema.

Inicialmente, queríamos fazer o melhor trabalho possível, mas acabávamos perdendo tempo e esforço na construção de modelos de domínio para subdomínios de suporte. Como disse Eric Evans, nem todo sistema grande será bem projetado. Aprendemos isso da maneira mais difícil e quisemos usar o conhecimento adquirido em nosso próximo projeto.

Contexto Delimitado 3: Processadores de Eventos

Após o lançamento do sistema de CRM, suspeitávamos que havia um subdomínio implícito espalhado entre o marketing e o CRM. Sempre que o processo de tratamento dos eventos de entrada de clientes tinha que ser modificado, precisávamos introduzir mudanças nos contextos delimitados de marketing e do CRM.

Como conceitualmente esse processo não pertencia a nenhum deles, decidimos extrair essa lógica em um contexto delimitado específico chamado "processadores de eventos", mostrado na Figura A-4.

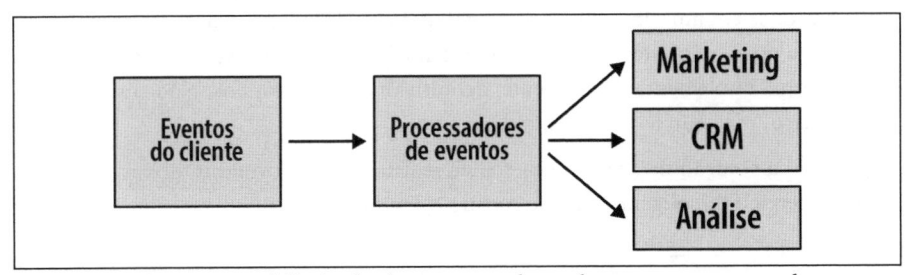

Figura A-4. O contexto delimitado dos processadores de eventos que trata dos eventos de entrada de clientes

Como não ganhamos dinheiro com a forma como movemos os dados e não havia nenhuma solução pronta que pudesse ter sido usada, os processadores de eventos pareciam ser um subdomínio de suporte. Nós o projetamos como tal.

Nada de extravagante dessa vez: apenas arquitetura em camadas e alguns scripts de transação. A solução funcionou muito bem, mas por pouco tempo.

À medida que nossos negócios evoluíam, implementamos cada vez mais recursos nos processadores de eventos. Começou com pessoas do BI pedindo flags: uma flag para marcar um novo contato, outra para marcar vários eventos iniciais, mais algumas flags para indicar algumas invariantes do negócio etc.

Com o tempo, essas flags simples evoluíram para uma lógica de negócio real, com regras complexas e invariantes. O que começou como scripts de transação evoluiu para um completo subdomínio de negócios principal e completo.

Infelizmente, nada de bom acontece quando se implementa uma lógica de negócio complexa como scripts de transação. Como não adaptamos nosso projeto para lidar com a lógica de negócio complexa, acabamos com uma grande bola de lama. Cada modificação na base de código ficava cada vez mais cara, a qualidade foi caindo, e fomos forçados a repensar o design dos processadores de eventos. Fizemos isso um ano mais tarde. Naquela época, a lógica de negócio havia se tornado tão complexa que só podia ser abordada com o event sourcing. Refatoramos a lógica dos processadores de evento em um modelo de domínio orientado a eventos, com outros contextos delimitados assinando seus eventos.

Contexto Delimitado 4: Bônus

Um dia, os gerentes do departamento de vendas nos pediram para automatizar um procedimento simples, mas chato, sendo feito manualmente: calcular as comissões dos agentes de vendas.

Novamente, começou de forma simples: uma vez por mês, basta calcular uma porcentagem das vendas de cada agente e enviar o relatório para os gerentes. Como antes, ponderamos se era um subdomínio principal. A resposta foi não. Não estávamos inventando nada novo, não estávamos ganhando dinheiro com o processo e, se fosse possível comprar uma implementação existente, definitivamente o faríamos. Não era principal, não genérico, mas outro subdomínio de suporte.

Projetamos a solução de acordo: objetos de registro ativos, orquestrados por uma camada de serviço "inteligente", como mostra a Figura A-5.

Figura A-5. Contexto delimitado de bônus implementado usando os padrões de registro ativo e da arquitetura em camadas

Assim que o processo se automatizou, todos na empresa se tornaram criativos em relação a ele. Nossos analistas quiseram otimizar o processo. Eles queriam experimentar diferentes porcentagens, vincular porcentagens aos valores e preços de venda, desbloquear comissões adicionais para atingir diferentes objetivos etc. Adivinhe quando o design inicial se deteriorou?

Mais uma vez, a base de código começou a se transformar em uma bola de lama incontrolável. Acrescentar novos recursos ficou cada vez mais caro, bugs começaram a aparecer, e, quando você está lidando com dinheiro, até o menor bug pode ter GRANDES consequências.

Design: Take dois

Como no projeto dos processadores de eventos, em algum momento não podíamos mais suportar isso. Tivemos que jogar fora o código antigo e reescrever a solução do zero, dessa vez como um modelo de domínio orientado a eventos.

E, assim como no projeto dos processadores de evento, o domínio de negócio foi inicialmente categorizado como um domínio de suporte. À medida que o sistema foi evoluindo, foi se transformando gradualmente em um subdomínio principal: encontramos maneiras de fazer dinheiro com os processos. Entretanto, há uma diferença marcante entre esses dois contextos delimitados.

Linguagem ubíqua

Para o projeto dos bônus, tínhamos uma linguagem ubíqua. Mesmo que a implementação inicial fosse baseada em registros ativos, ainda poderíamos ter uma linguagem ubíqua.

Conforme a complexidade do domínio crescia, a linguagem utilizada pelos especialistas do domínio também se tornava cada vez mais complicada. Em algum momento, ele não podia mais ser modelado usando registros ativos! Essa constatação nos permitiu perceber a necessidade de uma mudança no design muito antes do que aconteceu no projeto de processadores de eventos. Economizamos muito tempo e esforço ao não tentar encaixar uma peça quadrada em um buraco redondo, graças à linguagem ubíqua.

Uma compreensão clássica do domain-driven design

Nesse ponto, nossa compreensão do domain-driven design havia finalmente evoluído para algo clássico: linguagem ubíqua, contextos delimitados e diferentes tipos de subdomínios, cada um projetado de acordo com suas necessidades, como mostra a Figura A-6.

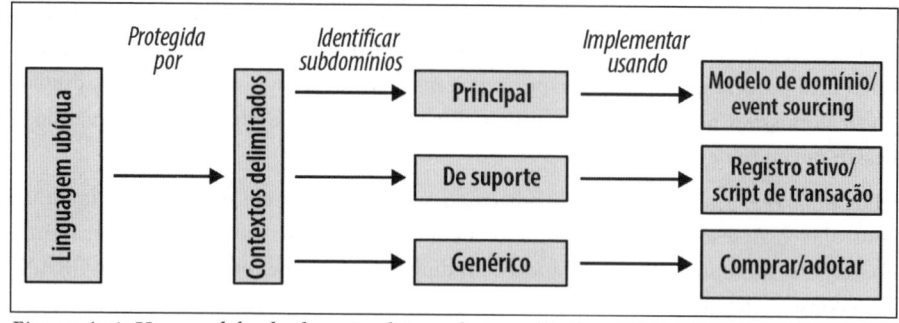

Figura A-6. Um modelo de domain-driven design clássico

Mas as coisas tomaram um rumo bem inesperado no nosso próximo projeto.

Contexto Delimitado 5: Hub de Marketing

Nossa administração procurava uma nova vertical lucrativa. Decidiu utilizar nossa habilidade de gerar muitos leads e vendê-los a clientes menores, com os quais não tínhamos trabalhado antes. O projeto foi chamado de "hub de marketing".

Como a administração havia definido esse domínio de negócio como uma nova oportunidade lucrativa, claramente ele era um domínio de negócio principal. Portanto, com relação ao design, usamos artilharia pesada: modelo de domínio orientado a eventos e CQRS. Uma nova palavra, *microsserviços*, também ganhava popularidade. Então, decidimos experimentar.

Nossa solução ficou como a implementação exibida na Figura A-7.

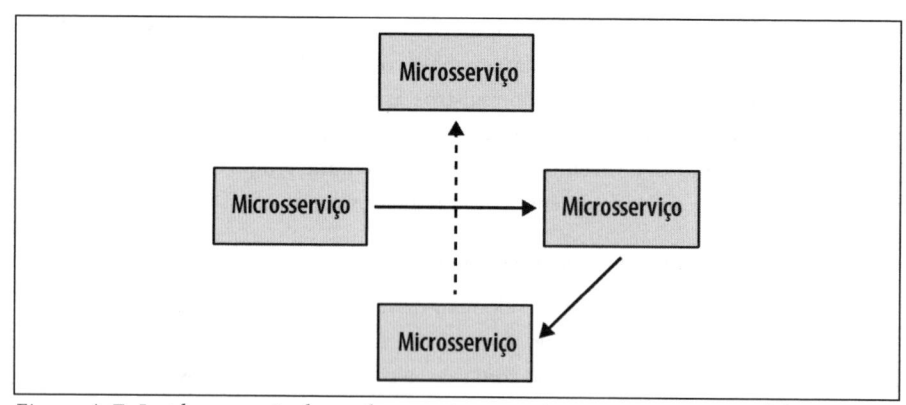

Figura A-7. Implementação baseada em microsserviços para o contexto delimitado do hub de marketing

Pequenos serviços, cada um com sua própria base de dados, com comunicações síncrona e assíncrona entre eles: teoricamente, parecia uma solução perfeita. Na prática, nem tanto.

Micro?

Ingenuamente, abordamos os microsserviços pensando que, quanto menor fosse o serviço, melhor. Por isso, traçamos os limites de serviços ao redor dos agregados. No jargão DDD, cada agregado se tornou um contexto delimitado individual.

Mais uma vez, inicialmente o design parecia ótimo. Ele nos permitia implementar cada serviço de acordo com suas necessidades específicas. Apenas um utilizaria o event sourcing, e o resto seriam agregados baseados em estado. Além disso, todos eles seriam mantidos e desenvolvidos de forma independente.

Entretanto, conforme o sistema foi crescendo, os serviços ficaram mais e mais falantes. No fim das contas, quase todos os serviços exigiam dados de todos os outros para completar algumas operações. O resultado? O que deveria ser um sistema desacoplado acabou se tornando um bloco monolítico distribuído: um verdadeiro pesadelo de manutenção.

Infelizmente, havia outro problema, muito mais fundamental, nessa arquitetura. Para implementar o hub de marketing, utilizamos padrões mais complexos para modelar o domínio de negócio: modelo de domínio e modelo de domínio orientado a eventos. Criamos esses serviços com cuidado. Mas tudo foi em vão.

O verdadeiro problema

Apesar de a empresa ter considerado o hub de marketing como um subdomínio principal, ele não tinha complexidade técnica. Por trás da arquitetura complexa havia uma lógica de negócio muito simples, tão simples que deveria ter sido implementada apenas com registros ativos.

No fundo, os empresários estavam buscando o lucro através das nossas relações com outras empresas, e não com o uso de algoritmos inteligentes.

A complexidade técnica acabou sendo muito mais alta do que a complexidade do negócio. Para descrever tais discrepâncias nas complexidades, usamos o termo *complexidade acidental*, e nosso design inicial acabou sendo exatamente isso. O sistema foi superprojetado.

Discussão

Estes eram os cinco contextos delimitados sobre os quais eu queria falar: marketing, CRM, processadores de evento, bônus e hub de marketing. Obviamente, um domínio de negócio tão amplo quanto a Marketnovus envolvia muito mais contextos delimitados, mas quis compartilhar os contextos delimitados com os quais aprendi mais.

Agora que já vimos os cinco contextos delimitados, iremos analisá-los de uma perspectiva diferente. Como a aplicação correta ou incorreta dos elementos principais do domain-driven design influencia nossos resultados? Vejamos.

Linguagem Ubíqua

Na minha experiência, linguagem ubíqua é o "subdomínio principal" do domain-driven design. A habilidade de falar a mesma língua com nossos especialistas de domínio é indispensável. Acabou sendo uma maneira muito mais eficiente de compartilhar o conhecimento do que testes ou documentos.

E, mais, para nós, a presença de uma linguagem ubíqua é um grande indicador de sucesso de um projeto:

- Quando começamos, a implementação do sistema de marketing estava longe de ser perfeita. Entretanto, a linguagem ubíqua robusta compensou as deficiências da arquitetura e nos permitiu cumprir os objetivos do projeto.

- No contexto de CRM, estragamos tudo. Sem intenção, tínhamos duas linguagens descrevendo o mesmo domínio de negócio. Tentamos ter um design adequado, mas, por causa dos problemas de comunicação, acabamos com uma enorme bagunça.

- O projeto dos processadores de evento começou como um simples subdomínio de suporte, e não investimos na linguagem ubíqua. Lamentamos demais essa decisão quando a complexidade começou a crescer. Teríamos levado muito menos tempo se tivéssemos começado inicialmente com uma linguagem ubíqua.

- No projeto de bônus, a lógica de negócio ficou muito mais complexa, mas a linguagem ubíqua nos permitiu perceber a necessidade de uma mudança na estratégia de implementação bem antes.

Portanto, a linguagem ubíqua não é opcional, independentemente de você estar trabalhando em um subdomínio principal, de suporte ou genérico.

Aprendemos a importância de investir na linguagem ubíqua o mais cedo possível. Requer imenso esforço e paciência "consertar" uma linguagem se ela é falada por algum tempo em uma empresa (como foi o caso com nosso sistema de CRM). Fomos capazes de consertar a implementação. Não foi fácil, mas, no final, conseguimos. Porém, o caso da linguagem foi diferente. Durante anos, algumas pessoas ainda estavam usando os termos conflitantes definidos na implementação inicial.

Subdomínios

Como você aprendeu no Capítulo 1, há três tipos de subdomínios (principal, de suporte e genérico), e é importante identificar os subdomínios em jogo ao projetar a solução.

A identificação do tipo de subdomínio pode ser um desafio. Como vimos no Capítulo 1, é importante identificar os subdomínios no nível de granularidade relevante para o sistema de software que você está criando. Por exemplo, nossa iniciativa do hub de marketing foi concebida para ser a fonte de lucro adicional da empresa. Entretanto, o aspecto de software dessa funcionalidade era um subdomínio de suporte, enquanto utilizar relações e contratos com outras empresas era a vantagem competitiva real, o verdadeiro subdomínio principal.

E, mais, como você aprendeu no Capítulo 11, identificar o tipo de subdomínio não é suficiente. Também é necessário estar atento às possíveis evoluções do subdomínio. Na Marketnovus, testemunhamos quase todas as possíveis combinações de mudanças nos tipos de subdomínios:

- Os processadores de eventos e os bônus começaram como subdomínios de suporte, mas, assim que descobrimos formas de monetizar esses processos, eles se tornaram nossos subdomínios principais.

- No contexto do marketing, implementamos nosso próprio catálogo de criativos. Não havia nada realmente especial ou complexo nele. Entretanto, alguns anos depois, surgiu um projeto de código aberto que oferecia ainda mais recursos do que tínhamos originalmente. Assim que substituímos nossa implementação por esse produto, o subdomínio de suporte se tornou genérico.

- No contexto de CRM, tínhamos um algoritmo que identificava os leads mais promissores. Aperfeiçoamos o algoritmo com o tempo e tentamos diferentes implementações, mas por fim ele foi substituído por um modelo de aprendizado de máquina rodando em um serviço gerenciado por um provedor de nuvem. Tecnicamente, um subdomínio principal tornou-se genérico.

- Como vimos, nosso sistema de hub de marketing começou como um subdomínio principal, mas acabou sendo um subdomínio de suporte, já que a vantagem competitiva residia em uma dimensão completamente diferente.

Como você aprendeu ao longo deste livro, os tipos de subdomínios afetam uma ampla gama de decisões de design. Não identificar corretamente um subdomínio pode ser um erro caro, como, por exemplo, no caso dos processadores de eventos e do hub de marketing.

Mapeando decisões de design para os subdomínios

Veja um truque que inventei na Marketnovus para facilitar a identificação de subdomínios: reverter a relação entre subdomínios e decisões táticas de design. Escolha o padrão de implementação da lógica de negócio. Sem especulação ou gold plating; basta escolher o padrão que se encaixa nos requisitos em questão. A seguir, mapeie o padrão escolhido para um tipo de subdomínio adequado. Finalmente, verifique o tipo de subdomínio identificado com a visão do negócio.

A inversão da relação entre subdomínios e decisões táticas de design cria um diálogo adicional entre você e a empresa. Às vezes os empresários precisam de nós tanto quanto nós precisamos deles.

Se eles pensam que algo é um negócio principal, mas você pode hackeá-lo em um dia, então é sinal de que você precisa procurar subdomínios mais refinados ou que devem ser levantadas questões sobre a viabilidade desse negócio.

Por outro lado, as coisas ficam interessantes se um subdomínio é considerado de suporte pela empresa, mas só pode ser implementado utilizando técnicas avançadas de modelagem: modelo de domínio ou modelo de domínio orientado a eventos.

Primeiro, os empresários podem ter ficado excessivamente criativos com suas exigências e acabaram criando uma complexidade acidental nos negócios. Isso acontece. Nesse caso, as exigências podem, e provavelmente devem, ser simplificadas.

Em segundo lugar, pode ser que os empresários ainda não percebam que empregam esse subdomínio para ganhar uma vantagem competitiva adicional. Isso aconteceu no caso do projeto de bônus. Descobrindo esse desajuste, você ajuda a empresa a identificar novas fontes de lucro mais rapidamente.

Não ignore os problemas

Mais importante ainda, nunca ignore o "problema" ao implementar a lógica de negócio do sistema. É um sinal crucial para evoluir e melhorar o modelo do domínio de negócio e as decisões de design tático. Neste último caso, significa que o subdomínio evoluiu e que é hora de voltar e repensar seu tipo e estratégia de implementação. Se o tipo mudou, fale com os especialistas do domínio para entender o contexto do negócio. Se você precisar reprojetar a implementação para atender a novas realidades do negócio, não tenha medo desse tipo de mudança. Uma vez que a decisão de como modelar a lógica do negócio é tomada conscientemente e você está ciente de todas as opções possíveis, fica muito mais fácil reagir à mudança e refatorar a implementação para um padrão mais elaborado.

Limites dos Contextos Delimitados

Na Marketnovus, experimentamos algumas estratégias para estabelecer os limites dos contextos delimitados:

- Limites linguísticos: Dividimos nosso bloco monolítico inicial nos contextos de marketing e CRM para proteger as linguagens ubíquas.
- Limites baseados em subdomínios: Muitos de nossos subdomínios foram implementados em seus próprios contextos delimitados; por exemplo, processadores de eventos e bônus.

- Limites baseados em entidades: Como discutimos anteriormente, essa abordagem teve sucesso limitado no projeto do hub de marketing, mas funcionou em outros.
- Limites suicidas: Como você deve se lembrar, na implementação inicial do CRM, separamos um agregado em dois contextos delimitados diferentes. Nunca tente isso em casa, está bem?

Qual dessas estratégias é a recomendada? Nenhuma delas é a melhor para todos os casos. Pela nossa experiência, é muito mais seguro extrair um serviço de um maior do que começar com serviços que são muito pequenos. Portanto, preferimos começar com limites maiores e decompô-los mais tarde, quando mais conhecimento foi adquirido sobre o negócio. Qual é a amplitude desses limites iniciais? Como vimos no Capítulo 11, tudo volta ao domínio de negócio: quanto menos você souber sobre ele, mais amplos serão os limites iniciais.

Essa heurística nos serviu bem. Por exemplo, nos casos dos contextos delimitados de marketing e CRM, cada um abrangia múltiplos subdomínios. Com o passar do tempo, fomos decompondo gradualmente os limites inicialmente amplos em microsserviços. Como definimos no Capítulo 14, ao longo da evolução dos contextos delimitados, ficamos na faixa dos limites seguros. Conseguimos não ultrapassar os limites de segurança, fazendo a refatoração somente depois de adquirirmos conhecimento suficiente do domínio de negócio.

Conclusão

Nas histórias dos contextos delimitados da Marketnovus, mostrei como nossa compreensão do domain-driven design evoluiu com o tempo (consulte a Figura A-6 para uma atualização):

- Sempre começamos construindo uma linguagem ubíqua com os especialistas de domínio para aprender o máximo possível sobre o domínio de negócio.
- No caso dos modelos conflitantes, decompusemos a solução em contextos delimitados, seguindo os limites linguísticos da linguagem ubíqua.
- Identificamos os limites dos subdomínios e seus tipos em cada contexto delimitado.
- Para cada subdomínio, escolhemos uma estratégia de implementação, utilizando a heurística do design tático.
- À medida que mais conhecimento de domínio foi adquirido, e, se fosse necessário, decompusemos os contextos delimitados em contextos com limites mais estreitos.

Se compararmos essa visão de domain-driven design com a que começamos, eu diria que a principal diferença é que passamos de "agregados por todo lado" para "linguagem ubíqua por todo lado".

Para me despedir, como já contei a história de como a Marketnovus começou, quero compartilhar como ela terminou.

A empresa se tornou lucrativa muito rapidamente e, no final, foi adquirida por seu maior cliente. Naturalmente, não posso atribuir seu sucesso somente ao domain-driven design. No entanto, durante todos esses anos, estivemos constantemente no "modo de startup".

O que chamamos de "modo de startup" em Israel é chamado de "caos" no resto do mundo: exigências e prioridades de negócio em constante mudança, prazos apertados e uma pequena equipe P&D. O DDD nos permitiu enfrentar todas essas complexidades e continuar fornecendo um software funcional. Assim, quando olho para trás, a aposta que fizemos no domain-driven design valeu muito a pena.

Respostas dos Exercícios

Capítulo 1

1. D: B e C. Apenas os subdomínios principais fornecem vantagens competitivas que diferenciam a empresa de sua concorrência no setor.

2. B: Genérico. Subdomínios genéricos são complexos, mas não envolvem nenhuma vantagem competitiva. Portanto, é preferível utilizar uma solução existente e comprovada.

3. A: Principal. Subdomínios principais são os mais voláteis, pois são as áreas em que a empresa visa fornecer novas soluções e frequentemente exigem algumas interações para encontrar a solução mais otimizada.

4. O domínio de negócio da WolfDesk são os sistemas de gestão de Help Desk.

5. Podemos identificar os seguintes subdomínios principais que permitem que a WolfDesk se diferencie da concorrência e que dão suporte ao seu modelo de negócio:

   a. Algoritmo de gestão do ciclo de vida de tickets, que deve fechar os tickets e encorajar os usuários a abrir tickets novos

   b. Sistema de detecção de fraude para prevenir o abuso de seu modelo de negócio

   c. Piloto automático que facilita o trabalho dos agentes de suporte aos locatários e reduz ainda mais o ciclo de vida dos tickets

6. Os seguintes subdomínios de suporte podem ser identificados na descrição da empresa:

   a. Gestão das categorias de tickets do locatário

   b. Gestão dos produtos do locatário, em relação a quais consumidores podem abrir tickets de suporte

   c. Entrada dos horários de trabalho dos agentes de suporte ao locatário

7. Os seguintes subdomínios genéricos podem ser identificados na descrição da empresa:

    a. Formas "padrão do setor" de autenticar e autorizar os usuários

    b. Uso de provedores externos para autenticação e autorização (SSO)

    c. A infraestrutura de computação sem servidor que a empresa utiliza para garantir a escalabilidade elástica e minimizar os custos de computação da integração de novos locatários

Capítulo 2

1. D: Todas as partes interessadas no projeto devem contribuir com seu conhecimento e compreensão do domínio de negócio.

2. D: A linguagem ubíqua deve ser utilizada em toda a comunicação relacionada ao projeto. O código-fonte do software também deve "falar" a linguagem ubíqua.

3. Os clientes da WolfDesk são *locatários*. Para começar a utilizar o sistema, os locatários passam por um rápido processo de *integração*. O sistema de cobrança da empresa é baseado no número de *tickets* abertos durante o *período de cobrança*. O algoritmo de gerenciamento do *ciclo de vida de um ticket* garante que os *tickets inativos* sejam fechados automaticamente. O algoritmo de *detecção de fraude* da WolfDesk evita que os locatários abusem do modelo de negócios. A funcionalidade *piloto automático de suporte* tenta encontrar soluções para os novos tickets automaticamente. Cada *ticket* pertence a uma *categoria* de suporte e está associada a um *produto* para o qual o locatário fornece suporte. O *agente de suporte* só pode processar os tickets durante o seu *horário de trabalho*, que é definido pelos *cronogramas de turnos*.

Capítulo 3

1. B: Contextos delimitados são projetados, subdomínios são descobertos.

2. D: Todas as alternativas. O contexto delimitado é o limite de um modelo e o modelo só é aplicável em seu contexto delimitado. Os contextos delimitados são implementados em projetos/soluções independentes, o que permite que cada contexto delimitado tenha seu próprio ciclo de desenvolvimento. Por fim, um contexto delimitado deve ser implementado por uma única equipe de desenvolvimento e, portanto, também é um limite de propriedade.

3. D: Depende. Não há um tamanho perfeito para o contexto delimitado em todos os projetos e casos. Diferentes fatores, como modelos, restrições da organização e exigências não funcionais, afetam o escopo ideal do contexto delimitado.

4. D: B e C estão corretas. Um contexto delimitado só deve ser de propriedade de uma equipe. Ao mesmo tempo, a mesma equipe pode ter múltiplos contextos delimitados.

5. Pode-se presumir que o modelo de operação, implementando o ciclo de vida *dos tickets*, será diferente do utilizado para a detecção de fraudes e o recurso de piloto automático de suporte. Os algoritmos de detecção de fraude geralmente exigem uma modelagem mais orientada à análise, enquanto, provavelmente, o recurso de piloto automático utilizará um modelo otimizado para usar com algoritmos ML.

Capítulo 4

1. D: Caminhos separados. O padrão envolve a implementação duplicada de uma funcionalidade em múltiplos contextos delimitados. A duplicação de uma lógica de negócios complexa, volátil e crítica deve ser evitada de todas as formas.

2. A: Subdomínio principal. Um subdomínio principal é mais propenso a utilizar uma camada anticorrupção para se proteger de modelos ineficazes expostos pelos serviços ascendentes ou conter as mudanças frequentes nas interfaces públicas ascendentes.

3. A: Subdomínio principal. Um subdomínio principal está mais propenso a implementar o serviço de host aberto. Desacoplar seu modelo de implementação da interface pública (linguagem publicada) torna a evolução do subdomínio principal mais conveniente sem afetar seus consumidores descendentes.

4. B: Núcleo compartilhado. O padrão de núcleo compartilhado é uma exceção à regra de propriedade do contexto delimitado por uma única equipe. Ele define uma pequena parte do modelo, que é compartilhado e pode ser desenvolvida simultaneamente por múltiplos contextos delimitados. A parte compartilhada do modelo deve ser a menor possível.

Capítulo 5

1. C: Nenhum dos padrões pode ser utilizado para implementar um subdomínio principal. Os padrões do script de transação e registro ativo são melhores nos casos da lógica de negócios simples, enquanto os subdomínios principais envolvem uma lógica de negócios mais complexa.

2. D: Todos os problemas acima são possíveis:

   a. Se a execução falhar após a linha 6, o chamador voltar a tentar a operação e o mesmo agente for escolhido pelo método `FindLeastButyAgent`, o contador ActiveTickets do agente será aumentado em mais 1.

b. Se a execução falhar após a linha 6, mas o chamador *não* tentar a operação novamente, o contador será aumentado e o ticket não será criado.

c. Se a execução falhar após a linha 12, o ticket será criado e atribuído, mas a notificação na linha 14 não será enviada.

3. Se a execução falhar após a linha 12 e o chamador tentar a operação novamente e for bem-sucedido, o mesmo ticket será persistido e atribuído duas vezes.

4. Todos os subdomínios de suporte da WolfDesk são bons candidatos para a implementação como script de transação ou registro ativo, pois sua lógica de negócio é relativamente simples:

a. Gerenciamento das categorias de um ticket do locatário

b. Gerenciamento dos produtos de um locatário, em relação a quais consumidores podem abrir tickets de suporte

c. Entrada dos cronogramas de trabalho dos agentes de suporte ao locatário

Capítulo 6

1. C: Os objetos de valor são imutáveis (eles também contêm dados e comportamento).

2. B: Os agregados devem ser projetados para ser tão pequenos quanto possível, contanto que as exigências de consistência de dados do domínio de negócio estejam intactas.

3. B: Para garantir limites transacionais corretos.

4. D: A e C.

5. B: Um agregado encapsula toda a lógica de negócio, mas a lógica de negócio que manipula um registro ativo pode ser localizada fora de seus limites.

Capítulo 7

1. A: Os eventos de domínio utilizam objetos de valor para descrever o que aconteceu no domínio de negócio.

2. C: Múltiplas representações de estado podem ser projetadas e você pode sempre acrescentar projeções adicionais no futuro.

3. D: As letras B e C estão corretas.

4. O algoritmo do ciclo de vida do ticket é um bom candidato para implementação como modelo de domínio orientado a eventos. A geração de eventos de domínio para todas as transições de estado pode tornar mais conveniente projetar representações de estado adicionais otimizadas para o algoritmo de detecção de fraude e a funcionalidade do piloto automático de suporte.

Capítulo 8

1. D: A e C.
2. D: B e C.
3. C: Camada de infraestrutura.
4. E: A e D.
5. Trabalhar com múltiplos modelos projetados pelo padrão CQRS não contradiz as exigências do contexto delimitado de ser um limite de modelo, pois apenas um dos modelos é definido como fonte confiável e é utilizado para fazer mudanças nos estados dos agregados.

Capítulo 9

1. D: B e C.
2. B: Publicar mensagens de maneira confiável.
3. O padrão da caixa de saída pode ser utilizado para implementar a execução assíncrona dos componentes externos. Por exemplo, ele pode ser usado para enviar mensagens de e-mail.
4. E: A e D estão corretas.

Capítulo 10

1. Modelo de domínio orientado a eventos, arquitetura CQRS e estratégia de teste focada em testes unitários.
2. Os turnos podem ser modelados como registros ativos, trabalhando no padrão de arquitetura em camadas. A estratégia de teste deve se concentrar principalmente nos testes de integração.
3. A lógica de negócio pode ser implementada como um script de transação, organizado em uma arquitetura em camadas. De uma perspectiva de teste, vale a pena se concentrar nos testes de ponta a ponta, verificando o fluxo total de integração.

Capítulo 11

1. A: Parceria entre cliente-fornecedor (conformista, camada anticorrupção e serviço de host aberto). Conforme a organização cresce, pode ser mais desafiador para as equipes integrarem seus contextos delimitados de forma específica. Como resultado, elas mudam para um padrão de integração mais formal.
2. D: A e B. A alternativa A está correta porque os contextos delimitados seguem caminhos separados quando o custo de duplicação é mais baixo do que o overhead de colaboração. A alternativa C está incorreta, pois é uma ideia terrível duplicar a implementação de um subdomínio principal. Assim, a alternativa B está correta, pois o padrão de caminhos separados pode ser utilizado para subdomínios genéricos e de suporte.

3. D: B e C.
4. F: A e C.
5. Ao atingir certo nível de crescimento, a WolfDesk pode seguir os passos da Amazon e implementar sua própria plataforma de computação para otimizar ainda mais a habilidade de escalonar de forma elástica e otimizar os custos da infraestrutura.

Capítulo 12

1. D: Todos os envolvidos com conhecimento do domínio de negócio que você quer explorar.
2. F: Todas as respostas são boas razões para realizar uma sessão de EventStorming.
3. E: Todas as respostas são possíveis resultados de uma sessão de EventStorming. O resultado que você deve esperar depende do seu propósito inicial para realizar a sessão.

Capítulo 13

1. B: Analisar o domínio de negócio da organização e sua estratégia.
2. D: A e B.
3. C: A e B.
4. Um agregado com um limite de contexto delimitado pode tornar todos os dados do contexto delimitado uma parte de uma grande transação. Também é provável que as questões de desempenho com essa abordagem sejam evidentes desde o início. Uma vez que isso aconteça, o limite transacional será removido. Como resultado, não será mais possível pressupor que as informações residentes no agregado são fortemente consistentes.

Capítulo 14

1. A: Todos os microsserviços são contextos delimitados (mas nem todos os contextos delimitados são microsserviços).
2. D: O conhecimento do domínio de negócio e suas complexidades expostas no limite do serviço e refletidas por sua interface pública.
3. C: Limites entre os contextos delimitados (mais amplos) e os microsserviços (mais estreitos).
4. D: A decisão depende do domínio de negócio.

Capítulo 15

1. D: A e B estão corretas.
2. B: Transferência de estado por eventos.
3. A: Serviço de host aberto.

4. B: S2 deve publicar notificações de evento, sinalizando para que S1 emita uma solicitação síncrona para obter a informação mais atualizada.

Capítulo 16

1. D: A e C estão corretas.
2. B: Serviço de host aberto. Uma das linguagens publicadas expostas pelo serviço de host aberto podem ser dados OLAP otimizados para um processamento analítico.
3. C: CQRS. O padrão CQRS pode ser utilizado para gerar projeções do modelo OLAP fora do modelo transacional.
4. A: Contextos delimitados.

Referências

Brandolini, A. (sem data). *Introducing EventStorming*. Leanpub.

Brooks, F. P., Jr. (1974). *The Mythical Man Month and Other Essays on Software Engineering*. Reading, MA: Addison-Wesley.

Eisenhardt, K. e Sull, D. (2016). *Simple Rules: How to Succeed in a Complex World*. London: John Murray.

Esposito, D. e Saltarello, A. (2008). *Architecting Applications for the Enterprise: Microsoft® .NET*. Redmond, WA: Microsoft Press.

Evans, E. (2003). *Domain-Driven Design: Atacando as Complexidades no Coração do Software*. Alta Books.

Feathers, M. C. (2005). *Working Effectively with Legacy Code*. Upper Saddle River, NJ: Prentice Hall PTR.

Fowler, M. (2002). *Patterns of Enterprise Application Architecture*. Boston: Addison-Wesley.

Fowler, M. (2019). *Refactoring: Improving the Design of Existing Code* (2ª ed.). Boston: Addison-Wesley.

Fowler, M. (sem data). *What do you mean by "Event-Driven"?* Recuperado em 12 de agosto de 2021, from *https://martinfowler.com/articles/201701- event-driven.html*.

Gamma, E., Helm, R. e Johnson, R. (1994). *Design Patterns: Elements of Reusable Object-Oriented Software*. Reading, MA: Addison-Wesley.

Gigerenzer, G., Todd, P. M. e ABC Research Group (Research Group, Max Planck Institute, Germany). (1999). *Simple Heuristics That Make Us Smart*. New York: Oxford University Press.

Goldratt, E. M. (2005). *Beyond the Goal: Theory of Constraints*. New York: Gildan Audio.

Goldratt, E. M. e Goldratt-Ashlag, E. (2018). *The Choice*. Great Barrington, MA: North River Press Publishing Corporation.

Goldratt-Ashlag, E. (2010). "The Layers of Resistance — The Buy-In Process According to TOC". (Capítulo 20 do manual *Theory of Constraints*.) Bedford, England: Goldratt Marketing Group.

Garcia-Molina, H. e Salem K. (1987). *Sagas*. Princeton, NJ: Department of Computer Science, Princeton University.

Helland, P. (2020). Data on the outside versus data on the inside. *Communications of the ACM, 63*(11), 111–118.

Hohpe, G. e Woolf, B. (2003). *Enterprise Integration Patterns: Designing, Building, and Deploying Messaging Solutions*. Boston: Addison-Wesley.

Khononov, V. (2022). *Balancing Coupling in Software Design*. Boston: Addison-Wesley.

Khononov, V. (2019). *What Is Domain-Driven Design?* Boston: O'Reilly.

Martraire, C. (2019). *Living Documentation: Continuous Knowledge Sharing by Design*. Boston: Addison-Wesley.

Millett, S. e Tune, N. (2015). *Patterns, Principles, and Practices of Domain-Driven Design* (1ª ed.). Nashville: John Wiley & Sons.

Myers, G. J. (1978). *Composite/Structured Design*. New York: Van Nostrand Reinhold. Ousterhout, J. (2018). *A Philosophy of Software Design*. Palo Alto, CA: Yaknyam Press.

Richardson, C. (2019). *Microservice Patterns: With Examples in Java*. New York: Manning Publications.

Vernon, V. (2013). *Implementing Domain-Driven Design*. Boston: Addison-Wesley. Vernon, V. (2016). *Domain-Driven Design Distilled*. Boston: Addison-Wesley.

West, G. (2018). *Scale: The Universal Laws of Life and Death in Organisms, Cities and Companies*. Oxford, England: Weidenfeld & Nicolson.

Wright, D. e Meadows, D. H. (2009). *Thinking in Systems: A Primer*. London: Earthscan.

Índice

Sobre o Autor

Vlad (Vladik) Khononov é engenheiro de software com mais de 20 anos de experiência no setor, durante os quais ele trabalhou para empresas grandes e pequenas em funções que vão de webmaster a arquiteto-chefe. Vlad mantém uma carreira ativa na mídia como palestrante público, blogueiro e autor. Ele viaja pelo mundo dando consultoria e falando sobre domain-driven design, microsserviços e arquitetura de software em geral. Vlad ajuda as empresas a entenderem seus domínios de negócios, a desvendarem sistemas antigos e a enfrentarem desafios arquitetônicos complexos. Ele vive no norte de Israel com sua esposa e um número razoável de gatos.

Colofão

O animal na capa do *Aprenda Domain-Driven Design* é um macaco-mona (*Cercopithecus mona*), que pode ser encontrado nas florestas tropicais da África Ocidental e das ilhas caribenhas, onde foram introduzidos após o tráfico escravista. Eles saltam das árvores de copa média para copa superior, usando suas longas caudas para se equilibrar.

Os macacos-mona têm o pelo marrom mais escuro ao redor de seus rostos, membros e na cauda. Suas partes inferiores, incluindo o interior de suas pernas, são brancas. As fêmeas têm em média 40cm de comprimento, enquanto os machos têm em média 50cm — e as caudas acrescentam outros 66 cm ou mais. Os longos tufos de pelos nas bochechas dos macacos-mona podem ter coloração amarela ou cinza, e seus narizes têm uma coloração rosa claro. As bochechas servem como bolsas para comida conforme eles coletam alimentos, segurando o máximo que seus estômagos conseguem suportar.

Os macacos-mona comem frutas, sementes, insetos e folhas, e vivem por cerca de 30 anos na natureza. Todos os dias, eles coletam alimentos várias vezes em grandes grupos. Grupos com mais de 40 macacos já foram documentados; geralmente um macho lidera o grupo, acasalando com várias fêmeas e lutando contra machos concorrentes. Esses grupos podem ser muito barulhentos.

Os macacos-mona têm um status de conservação de Espécie Quase Ameaçada devido às atividades humanas. Muitos dos animais nas capas da O'Reilly estão em risco de extinção; todos eles são importantes para o mundo.

A ilustração da capa é de Karen Montgomery, baseada em uma gravura em preto e branco do livro *Royal Natural History de Lydekker*. As fontes da capa são Gilroy Semibold e Guardian Sans. A fonte do texto é Adobe Minion Pro; a fonte do título é Adobe Myriad Condensed; e a fonte do código é Ubuntu Mono de Dalton Maag.

ROTAPLAN
GRÁFICA E EDITORA LTDA
Rua Álvaro Seixas, 165
Engenho Novo - Rio de Janeiro
Tels.: (21) 2201-2089 / 8898
E-mail: rotaplanrio@gmail.com